集人文社科之思 刊专业学术之声

集 刊 名：华侨华人文献学刊

主办单位：华侨大学华侨华人与区域国别研究院

俄亥俄大学邵友保博士海外华人文献研究中心

Journal of World Confederation of Institutes and Libraries for Chinese Overseas Studies(No.12)

华侨华人文献学刊〔第十二辑〕

集刊序列号：PIJ-2015-153

集刊主页：www.jikan.com.cn/ 华侨华人文献学刊

集刊投约稿平台：www.iedol.cn

JOURNAL OF WORLD CONFEDERATION OF INSTITUTES
AND LIBRARIES FOR CHINESE OVERSEAS STUDIES (No.12)

世界海外华人研究与文献收藏机构联合会会刊

华侨大学华侨华人与区域国别研究院
俄亥俄大学邵友保博士海外华人文献研究中心　　联合主办

華僑華人文獻學刊

李祥附题

第十二辑

吴小安　张禹东　庄国土　主　编

〔美〕Jeff Ferrier　副主编

社会科学文献出版社
SOCIAL SCIENCES ACADEMIC PRESS (CHINA)

CONTENTS 目录

华人社会

论 20 世纪初柔佛政治体制改变对经济结构的影响……………… 廖筱纹 / 3

从历史学到人类学：马来西亚华人社会帮权结构研究………… 黄文波 / 23

多重视角下的新加坡精武体育会………… 石沧金　龙矜频 / 44

俄罗斯学界关于帝俄远东地区中国侨民研究述评……………… 潘晓伟 / 61

华商与侨领

朝鲜华商与清政府的关系
　　——以同顺泰为例（1892~1905）………………… 冯国林 / 77

试析张弼士对客家精神的传承与发展 ………………… 苗体君 / 101

印尼侨领陈丙丁生平考述 ………………………… 骆　曦 / 117

归侨与侨乡

试析 20 世纪 40 年代影响暹罗侨汇的现实因素
　　——基于潮汕侨批和华文报纸的解读 ……………… 张　钊 / 139

书评

"侨乡-唐人街"框架下的华人社区研究
　　——评《唐人街：镀金的避难所、民族城邦和全球文化
　　流散地》 …………………………………………… 郭瑞敏 ／ 153
报刊与生活
　　《〈华侨日报〉与香港华人社会（1925-1995）》书评 …… 王　纳 ／ 166

《华侨华人文献学刊》征稿启事 ……………………………………… ／ 176

CONTENTS

Chinese Community

Exploring the Influence of Political System Changes on Economic Structure in Johor during the Early 20th Century .... Lew Siew Boon / 3

From History to Anthropology: The Basic Context and Development Path of the Study on the Social Power Structure of Malaysian Chinese .... Huang Wenbo / 23

A Study of Singapore Chin Woo Athletic Association from Multiple Perspectives .... Shi Cangjin Long Jinpin / 44

A Review of Research on Chinese Expatriates in the Far East of Imperial Russia by the Russian Academic Circles .... Pan Xiaowei / 61

Chinese Businessmen and Overseas Chinese Leaders

Relations between the Chinese Businessmen in Korea and the Qing Government (1892-1905) —Take Tongshuntai as A Case .... Feng Guolin / 77

An Analysis of Zhang Bishi's Inheritance and Development
  of Hakka Spirit .... Miao Tijun / 101
A Study of Tan Pia Teng the Leader of Overseas Chinese
  in Indonesia .... Luo Xi / 117

Hometown of Overseas Chinese and Returned Overseas Chinese

An Analysis of Reality Factor of Remittances from Siam During 1940s:
  on the Base of the Collections of Teochew Qiaopi and Chinese
  Newspaper .... Zhang Zhao / 139

Book Reviews

A Study of the Chinese Community in the Framework of "Overseas
  Chinese Township-Chinatown"
  —Review of Chinatown: The Gilded Sanctuary, Ethnic Enclave,
    and Global Cultural Diaspora .... Guo Ruimin / 153
Newspapers and Life: Book Review of Wah Kiu Yat Po (Overseas
  Chinese Daily News) and the Development of Chinese Society
  in Hong Kong, 1925-1995 .... Wang Na / 166

Contributions Wanted .... / 176

华人社会

论 20 世纪初柔佛政治体制改变对经济结构的影响

廖筱纹[*]

摘　要　20 世纪初，甘蜜①的需求量戏剧般地急速下降，橡胶业却迅速兴起，柔佛华人甘蜜业者纷纷投向橡胶业。与此同时，柔佛在英国的巨大压力下，于 1909 年被迫接受其管理。英国管理柔佛后，对柔佛港主制度下的土地政策进行大刀阔斧的改革，这些政策大大影响了以甘蜜种植业为生的华人种植家及华工。本文分析了在英国及全球局势的大背景下，英国介入并掌控柔佛政治后对其经济体制的影响，重点探讨了甘蜜业的衰退与橡胶业崛起的原因，以及柔佛华人的应对和所受影响。

关键词　柔佛　港主制度　华人　甘蜜　橡胶

一　引言

柔佛自 19 世纪中叶开埠种植甘蜜以来，快速进入甘蜜业的黄金期，在盛产之时，其出口量是新加坡转口贸易中的佼佼者。② 在经过半个世纪的甘蜜种植黄金期后，19 世纪末柔佛的经济重心从甘蜜业转移至橡胶业，这项转型和 20 世纪初英国对柔佛的全面掌控与接管有密切的关联。英国对柔佛的干预早在 1824 年英荷条约签订后就已经开始，但当时英国对新加坡北部

---

* 廖筱纹，马来西亚新纪元大学学院国际教育学院助理教授，新加坡国立大学中文系博士，研究方向为新马华人历史与民俗研究。

① 甘蜜最初的用途是搭配槟榔咀嚼食用及入药，后来移民马来群岛的华人将甘蜜用来鞣革及织染。

② 新加坡是该区域的重要转口港（Entrepot），转口贸易是其主要商业活动，周边国家的商品通过新加坡进行中转，再出口到消费国。

的柔佛领土并不急于控制，主要原因是当时柔佛境内的天然资源有限，且其地理位置与商业的重要性远不如海峡殖民地，甚至是马来半岛其他地区。到 19 世纪 40 年代，当柔佛天猛公依布拉欣（Temenggung Ibrahim，1810 - 1862）开始招徕华人移民到境内种植甘蜜与胡椒时，新加坡英国人也主导了这两种经济作物的出口贸易。甘蜜种植业为天猛公依布拉欣带来可观的收入后，曾让身在麻坡的苏丹阿里（Sultan Ali，1824 - 1877）都想分得一杯羹，后经英国人介入，天猛公依布拉欣和苏丹阿里通过签订 1855 年的条约解决双方管辖的范围及权力。在英国的认可下，柔佛行政权先后掌握在天猛公依布拉欣和其子苏丹阿布峇卡（Sultan Abu Bakar，1833 - 1895）的手中。英国对柔佛的介入秉持的原则是不影响英国的利益，1880 年以前英国对柔佛的态度是温和且包容的，直到 1880 年以后，双方的关系基于经济和政治利益开始起了一些变化，英国在 1909 年接管柔佛后，双方的角力也正式落幕，英国的掌控也对以华人为主体的甘蜜业产生了持久的影响。

若要论柔佛的经济发展，必须从英国对柔佛的政治影响谈起。Nadarajah Nesamalar 分析了英国殖民政府在 1914 年以前分别对柔佛行政、交通建设和宪法实施等方面进行的干预。作者提到英国对于柔佛的兴趣始于 1880 年，因为此前英国认为柔佛没有经济价值，但华人到来后成功开发了新的经济圈，同时英国殖民政府亟须土地扩展其政治宏图，英国便开始和苏丹协商。作者对于柔佛如何成为马来亚最后一个加入英国殖民政府的州属有深入的讨论，但经济层面着墨不多。[①] 而 Ahmad Fawzi 的视角则从马来统治者发展柔佛的贡献展开，认为自 1874 年英国建立马来联邦以前，马来土邦就拥有自己的管理制度，他以柔佛的苏丹行政管理证明在英政府介入柔佛以前，柔佛苏丹已有一套有效管理和发展柔佛的行政系统，柔佛的现代化发展并非在英殖民政府介入以后才开始，作者从马来人的角度分析柔佛王室的行政管理能力，经济方面却少有涉及。[②] Ichiro Sugimoto 则着眼于经济的视角，从柔佛财务分析的角度对 1910 ~ 1940 年英政府干预前后柔佛的经济发展做出分析，作者认为，1896 年苏丹伊布拉欣（Sultan Ibrahim，1873 - 1959）继

---

① Nesamalar Nadarajah, *Johore and the Origins of British Control 1895 - 1914*, Kuala Lumpur: Arenabuku, 2000, pp. 161 - 216.

② Fawzi Mohd. Basri, *Johor 1855 - 1917: Perkembangan dalam Pentadbirannya*, Kuala Lumpur: Universiti Malaya, 1982, pp. 147 - 186.

承王位时柔佛的财务情况已经崩坏，因此英国殖民政府介入后首先取消港主制度是必要的，新的税收制度成功扭转了柔佛长期不良的财务状况。①

无论如何，这些研究对于柔佛由于政治原因而快速从甘蜜业转向橡胶种植方面的探讨并不深入，而过去对于柔佛的经济作物甘蜜的研究则停留在华人的角色或贡献方面，并没有从数据上分析甘蜜业的没落及港主制度取消对华人的影响；而针对橡胶业在柔佛快速发展之缘由的研究更是少之又少，Ichiro 的研究虽有提及橡胶业在柔佛最需要发展的时刻，遇上全球对橡胶的需求提高而让柔佛经济有了天时地利的发展机会，但有关柔佛开埠以来至二战前，甘蜜业过渡到橡胶业的原因及相关情况还是模糊不清的。过去的研究没有利用柔佛档案及进出口数据作为论述的支撑，因此在论及甘蜜业转向橡胶业时都含糊带过，实际上，柔佛橡胶业取代甘蜜业与英国对殖民地具有经济利益的种植作物及原产品的控制和侵略有直接的关系，为了控制经济，殖民政府以强势的政治手段控制马来半岛，柔佛便是一个最好的例子。本文利用柔佛官方档案及进出口数据，来剖析 20 世纪初在英国政府的干预下，原属于华人控制的柔佛甘蜜产业如何转向由西方人掌控的橡胶业，并从中探讨柔佛政治结构的改变对主导经济的华人产生的影响。

二 柔佛政治结构改变的前因后果

20 世纪 80 年代，苏丹阿布峇卡在经济和外交上展现其卓越的成就，这让他开始尝试使柔佛成为独立的国家，脱离英国殖民政府的摆布。1880 年前后是一个明显的转捩点，在这以前，阿布峇卡与海峡殖民地的总督关系密切，关于柔佛的问题都会先与总督磋商，1880 年后，阿布峇卡似乎更愿意听信于自己委任的英国私人顾问，他们对阿布峇卡的影响力似乎比海峡殖民地总督更大。在他们的鼓励下，阿布峇卡开始考虑大规模发展柔佛经济。为实现这一目标，阿布峇卡给予英国企业家大面积土地的特许经营权和垄断权。此时，殖民地政府对柔佛的内政开始表现出比以往更大的兴趣。

---

① Ichiro Sugimoto, "An Analysis of the State of Johore's Finances, 1910 - 1940", *JMBRAS*, Vol. 80, No. 2, 2007, pp. 67-87.

海峡总督华尔德（Frederick Aloysius Weld，1823－1891）借口阿布峇卡与英国私人企业家串通及其管理柔佛司法不当为借口，欲将英国的控制权扩展到柔佛。虽然如此，殖民地官员对阿布峇卡仍然具有信心，认为他在管理上仍旧会持续咨询和听取英国的建议。阿布峇卡为打消英国政府的疑心，废除了英国私人顾问的特许权，只在柔佛境内发展大规模的经济计划。殖民地政府这才放下戒心，至少，他们认为柔佛作为新加坡的腹地，暂时不会争取政治独立。

阿布峇卡没有低估英国控制柔佛的野心，在与英国政府的不断抗争中，他于1885年到伦敦与英国签订了新条约。条约中，阿布峇卡保证他对英国绝对忠诚，将柔佛对外关系的权力交给英国，并且同意在处理外国事务上优先咨询英国，得到批准后才会进一步行事，与之交换的条件是英国必须承认他的苏丹地位及确认阿布峇卡家族在柔佛的永久权力。这项协议成功延缓了华尔德总督欲全面控制柔佛的危机。① 阿布峇卡被英国封为苏丹后，为防前者将来以行政管理不善为由入驻柔佛，他逐步推行柔佛宪政，确立了高效且进步的马来精英新统治方向。新的柔佛宪法规定，柔佛政权世袭，不能转给其他王室、马来家庭或任何外国势力，阿布峇卡这项有远见的宪法保障了柔佛王室主权地位延续至今。

然而，阿布峇卡于1895年逝世，其子依布拉欣继承王位。依布拉欣接任柔佛苏丹之位时，缺乏政治上的敏锐，也缺乏经验，未能利用阿布峇卡所做的保障措施，为柔佛尽力争取独立的机会。在依布拉欣执政之初，他将所有的时间和精力都用在个人爱好上，还消耗了大部分的柔佛财政收入。加上阿布峇卡执政时，并未引进现代管理制度来改善柔佛的宪法和行政，导致柔佛没有现代化的管理方式，更多的是依靠旧有的马来专制制度。依布拉欣接任苏丹后，非但没有做出改变，② 反而更加不遵从海峡殖民地政府的意愿。依布拉欣掌权的第一个五年实行专制、违宪和低效率的管理方式，令英国政府有借口介入柔佛的行政管理。

---

① Great Britain. Parliament. House of Commons, *An Agreement between Her Majesty's Secretary of State for the Colonies on behalf of the Queen and the Sultan of the State and Territory of Johore*, London: Eyre and Spottiswoode, 1886, pp. 1-2.

② Nesamalar Nadarajah, *Johore and the Origins of British Control, 1895 - 1914*, Kuala Lumpur: Arenabuku, 2000, pp. 48-54.

到 20 世纪初，橡胶业飞速发展，马来半岛各地的橡胶园如雨后春笋般迅速出现。有别于甘蜜种植依赖河流，利用水路运输农产品出口到新加坡，橡胶种植需要良好的陆路和铁路才能迅速发展。马来半岛各地的橡胶都要通过柔佛运输到作为区域转口港的新加坡出口，为达到快速运输的目的，英国迫切需要兴建中央铁路，从北马衔接至新加坡。1899 年瑞天咸（Frank Swettenham，1850-1946）提出在柔佛兴建铁路的建议，但遭到苏丹依布拉欣的拒绝，另一边，依布拉欣开始与英国私人企业家和资本家洽谈兴建铁路计划。在马来联邦建立中央铁路贯穿柔佛是英国的一大目标，英国在与依布拉欣的沟通过程中遇到了前所未有的阻碍。依布拉欣和他的马来管理层不满英国对柔佛内政的干预，所以在铁路计划中采取杯葛的态度。英国政府这时下定决心要全面掌控柔佛，以确保铁路计划不被柔佛的马来统治者影响。①

除了经济方面的考量，英国还担心外国私人企业进入柔佛会妨碍其未来夺取该地区的政治管理权，并可能在接管铁路时面临困难。考虑到这些长远的计划，殖民地官员否决了依布拉欣和他的私人顾问提出的所有关于铁路计划的建议，其中涉及私人资本和技术知识及苏丹掌管铁路的控制权。英国威胁苏丹依布拉欣，如果后者不配合，柔佛铁路将不能衔接马来联邦的铁路。1904 年，依布拉欣迫于现实只能屈服于英国。铁路由柔佛和马来联邦官员组成的委员会共同建造。早前与苏丹依布拉欣签署合约的工程师和承包商得到了高额的补偿，马来联邦承诺为铁路建造提供资金作为回报，柔佛政府则同意每年向联邦政府支付 3% 的利息。这条铁道路线从金马士（Gemas）连接至新山（Johor Bahru），新加坡政府则提供从新山至兀兰（Woodlands）的渡轮服务。1908 年双方又签署了一项特别协议，从金马士到昔加末（Segamat）的铁路经营权改由马来联邦铁路管理局拥有。柔佛境内的铁路终于在 1909 年 7 月 1 日正式开始运作。1911 年，即铁路建成两年后，双方又讨论了关于将铁路全权租赁给马来联邦的协议，这意味着柔佛马来政府最终还是无法保有铁路的控制权。②

---

① Chai Hon Chan, *The Development of British Malaya 1896-1909*, Kuala Lumpur：Oxford University Press, pp. 189-195.

② Amarjit Kaur, *Bridge and Barrier：Transport and Communications in Colonial Malaya, 1870-1957*, Singapore；New York：Oxford University Press, 1985, p. 56.

1909 年 10 月，海峡殖民地总督安德森（John Anderson，1858-1918）请求英国安排人员协助柔佛内部的管理，1910 年，坎贝尔（D. G. Campbell，1867-1918）被任命为柔佛总顾问官（General Adviser）。① 在殖民地政府看来，这是英国在扩大权力以实现控制柔佛，而柔佛苏丹却视顾问官为行政管理的顾问而已，认知上的差异导致双方冲突不断。更甚的是，依布拉欣不愿将所有柔佛收入用于发展，这与殖民地政府的想法与计划相悖。殖民地政府认为发展中的柔佛必须严格控制收入与支出，才能有效地实行管理。英国为一劳永逸，决定完全控制柔佛。1914 年，英国以柔佛马来政府管理新山监狱不当为由，向苏丹依布拉欣施压，要求他签署将总顾问的权力扩大到与驻扎官（Residents）权力同等的协议。这项协议的签订，意味着柔佛正式进入英国统治的时代。英国统治柔佛后，首先要解决的就是 19 世纪中期马来王室针对华人制定的旧政策，这些政策让华人主导柔佛经济长达六七十年，但阻碍了英国要大力发展的橡胶业。

三 政治体制改变对经济结构的影响

（一）英国取消不合时宜的经济政策

自 1910 年英国派驻柔佛顾问官起，殖民地政府就已迫不及待地开始对柔佛的旧制度进行改革，英国政府认为，这些政策是导致柔佛经济停滞不前的主要原因，然而这些政策正是华人赖以维生的制度，也是 19 世纪中叶至 20 世纪初，柔佛经济来源的主要渠道。这些政策的取消，最直接影响的是打破了华人主导经济的结构，英国政府引进的西方企业取而代之，实施与其他马来土邦相似的经济政策，大举发展橡胶业。在这些政策中，英国最先处理的是颁布新的土地法令，重新规划柔佛土地发展，接下来逐步取消柔佛的饷码制度，限制赌、当、酒及鸦片专卖——这些专卖都是马来统治者和华商共同谋取利益的管道——从而对旧有以华人为主的经济制度产生了永久的影响。饷码制度被取消后，英政府进一步于 1917 年取消港主制度，颁布社团法令和落实全面禁赌令。

① R. O. Winstedt, *A History of Johore, 1365-1941*, Kuala Lumpur: MBRAS, 1992, p. 144.

1. 取消饷码制度

饷码专卖是殖民地政府迫切要解决的问题，其中又以鸦片与赌博饷码为首要。此前新加坡与柔佛的鸦片饷码是一起招承的，1910 年海峡政府取消了新、柔饷码联合承包的制度，而赌博一直是海峡殖民地政府视为毒瘤的问题，因此饷码制度是除了港主制度外，被视为迫切需要取消的旧制。柔佛饷码制度最主要的有五码，即鸦片、酒、赌、当及宰猪五种项目。自 1911 年开始，英国政府先后颁布对五码的改革与禁止的法令，它们是"1911 年饷码税收法令"（The Revenue Farms Enactment，1911）[①]"1911 年鸦片法令"（The Opium and Chandu Enactment，1911）[②]、"1917 年禁止赌博法令"［The Public Gaming（Suppression）Enactment，1917］[③] 及"1917 年典当法令"（The Pawnbrokers Enactment，1917）[④]

柔佛政府首先于 1911 年 8 月 16 日颁布"1911 年饷码税收法令"，在此法令下制定"赌码规则"，规定赌码承充人不得在未获得政府批准的情况下，在其管理的范围内增加或扩大赌博场所，只有在农历新年的前五天、农历七月的前五天、农历九月的十七日、十八日和十九日，允许开放赌场给大众娱乐。[⑤] 尔后在 1917 年 10 月 22 日，政府进一步通过"1917 年禁止赌博法令"以全面禁赌，此法令规定任何人不得在任何地方经营赌铺。

同在 1911 年 8 月 16 日制定的还有"典当码规则"，在此规定下，任何人未经政府的批准，不得在任何地方开设当铺。[⑥] 同赌码一样，政府于 1917 年颁布"1917 年典当法令"，并规定法令于 1918 年 1 月 1 日起生效。新法令与旧法令最大的差别在于，所有典当铺都需要向政府申请批准营业证才

---

① CO653-1-"The Revenue Farms Enactment，1911，"in *Johore Government Gazette*，Vol. I，No. 4，31 August 1911，Singapore：Straits Times Press Limited，pp. 171-175.

② CO653-1-"The Opium and Chandu Enactment，1911，"in *Johore Government Gazette*，Vol. I，No. 5，30 November 1911，Singapore：Straits Times Press Limited，pp. 234-241.

③ CO653-2-"The Public Gaming（Suppression）Enactment，1917，"in *Johore Government Gazette*，Vol. VII，No. 10，1 November 1917，Singapore：Kelly & Walsh Limited Printers，pp. 74-78.

④ CO653-2-"The Pawnbrokers Enactment，1917，"in *Johore Government Gazette*，Vol. VII，No. 10，1 November 1917，Singapore：Kelly & Walsh Limited Printers，pp. 116-125.

⑤ CO653-1-"The Revenue Farms Enactment，1911，"in *Johore Government Gazette*，Vol. I，No. 4，31 August 1911，Singapore：Straits Times Press Limited，pp. 171-175.

⑥ CO653-1-"The Revenue Farm Enactment，1911，"in *Johore Government Gazette*，Vol. I，No. 4，31 August 1911，Singapore：Straits Times Press Limited，pp. 171-175.

能开设，典当执照每三年必须重新向政府申请更新一次。

1911 年 11 月 15 日柔佛政府进一步颁布"1911 年鸦片法令"①，以禁止和管制鸦片。在此法令中，鸦片分为熟鸦片、生鸦片、鸦片渣和政府鸦片。"熟鸦片"是指已经可以吸食、咀嚼或吞咽的鸦片，"生鸦片"是鸦片制剂，经过加工后可成为熟鸦片，而"鸦片渣"是被吸食过的渣质，而"政府鸦片"则是指由海峡殖民地政府制备出售给柔佛的生鸦片。在此法令下，鸦片承包不再经过港主或鸦片承包人，而是由政府统一授权给指定的人售卖，除了政府，任何人不得进口政府鸦片或贩卖鸦片。柔佛合法售卖和吸食鸦片一直持续到 1941 年太平洋战争前为止。鸦片不仅是柔佛政府主要税收来源之一，也是留住华工的一个手段。一些种植园、橡胶园和矿区因未获得售卖鸦片的营业执照，导致园区内的华工不断逃走，进而面临华工短缺的问题。鸦片没有被全面禁止，除了英政府看到赚取鸦片营销的巨大利润以外，华工对鸦片的高需求也许是另一个主要因素。

2. 颁布社团法令

自柔佛开埠以来，秘密会社义兴公司是柔佛唯一合法的会社组织，也是华人社会在柔佛的地位象征，义兴公司和构成柔佛经济主干的饷码制度及港主制度有密切的关系。1914 年，柔佛接受英国顾问官直接管理后，殖民地政府第一个要改革的便是柔佛的秘密社团组织。1915 年 2 月 18 日，柔佛议会颁布"1915 年社团法令"（The Societies Enactment，1915）②，并于 1915 年 5 月 1 日生效。在这项法令下，十人或更多人组成的俱乐部、公司或协会都需要向政府注册为社团，社团组织需有主席、秘书以及委员会等成员。任何在柔佛非注册又不被豁免的社团，都可被视为非法社团。管理或协助管理非法社团的人，可被处以不超过三年的监禁，且任何人担任非法社团或参加非法社团的会议，或准许非法社团在其处所举行非法会议，又或以非法社团名义收取认捐或派发认捐名单，皆可被处罚款和监禁。

---

① CO653-1-"The Opium and Chandu Enactment, 1911," in *Johore Government Gazette*, Vol. I, No. 5, 30 November 1911, Singapore: Straits Times Press Limited, pp. 234-241.

② CO653-1-"The Societies Enactment, 1915," in *Johore Government Gazette*, Vol. V, No. 3, 1 March 1915, Singapore: Kelly & Walsh Limited Printers, pp. 21-30.

　　在以上社团法令的规定下，政府于 1916 年 6 月 4 日宪报的第 75 条①刊登柔佛义兴公司注册为社团，但同一日的宪报第 76 条又公布义兴公司被勒令解散。政府副秘书 Ismail bin Bachok 列明，义兴公司被解散的原因是政府认为义兴公司进行有损国家福利的活动，政府也任命林进和（Lim Chin Ho）与陈吉弟（音译，Tan Ji Ti）为义兴公司清盘的负责人。② 义兴公司在走过七十年的辉煌历史后，从此由合法走向非法，各地的义兴分会纷纷改为别的名号并注册成为合法组织，或转为地下组织持续活动。

3. 取消港主权利法令

　　除了饷码制度与义兴公司，港主制度是殖民政府所不能容忍的旧制度。1917 年 11 月 26 日，柔佛州议会通过"1917 年港主权利废除法令"［The Kangchu Rights（Abolition）Enactment，1917］③，此法令是政府专门为废除港主权利制度拟定的，所有"港主权利"（Kangchu Rights）于 1917 年 12 月 31 日完全终止。法令中阐明政府将支付港主一笔赔偿金，政府所拟定的补偿金从国家收入中支出。根据法令，港主权利赔偿金额的计算方式是根据 1917 年 12 月 31 日之前的三年内，从执行港主权利时获得的平均年利润的五倍，不过港主向政府所提出的赔偿金额，需由苏丹委任的专员进行评估后来确定。

　　1917 年取消港主制度之际，顾问官曾于 1916 年末计算了全柔佛还在运作的港区。据统计，一共有 65 个港脚的港主或代港主还有行使港主的权利。④ 这份调查列表提供了柔佛在港主权利取消前夕的港区和港主的正确信息，也反映出柔佛甘蜜贸易没落时代的港区数量。这时港区的甘蜜种植园只有少数正在生产甘蜜和胡椒，只不过港主依然享有饷码承包的权利，这也是英国政府要取消港主权利的主因。

---

① 　CO653-1-"The Societies Enactment，1915，"in *Johore Government Gazette*，Vol. V，No. 3，1 March 1915，Singapore：Kelly & Walsh Limited Printers，pp. 21-30.

② 　CO653-1-"The Societies Enactment，1915-Notice of Dissolution of Society，"in *Johore Government Gazette*，Vol. V，No. 3，1 March 1915，Singapore：Kelly & Walsh Limited Printers，pp. 21-30.

③ 　CO653-2-"The Kangchu Rights（Abolition）Enactment，1917，"in *Johore Government Gazette*，Vol. VII，No. 11，1 December 1917，Singapore：Kelly & Walsh Limited Printers，pp. 130-135.

④ 　GA520-1916-List of Surat Sungai with full particulars，Johor Archives.

表 1　1916 年柔佛港脚和港主名单

峇株		素哩喇	
港名	港主	港名	港主
合春港	莊明慶	吉舌永泰港	陳建衆
勉屨港	—	和信港	楊天偉
邦糯港	姚忠	和祥港	楊永就
財盛港	劉之澗	和平港	朱任發
金峰港	劉欺	源發港	李文明
上合港	謝徒願	和盛港	陳景謙
世發港	謝炳青	和興港	陳二弟
新永平港	巫許順明	和成港	王啓成
老永平港	巫許順明	福順港	黄正香
梅和盛港	—	順成港	許青園
榮興港仔	張丙順	永豐隆	巫許尋泉
順天港	王成壁	金金港	黄科順
三合港	謝春光	吧西港	李文賜
永順利	—	大□[1]極仁和港	楊美俊
蔴界		小蹈板港	陳成天
港名	港主	南汲港	陳廣武
吧咚永裕成港	巫許鴻恩	老黄港	黄科順
利豐港	張合	鐵功港	許慶合
頭条永成豐港	林忠亮	中林港	林廣昌
貳条	—	南順豐港	陳嘉錸
叁条崑順成發港	鄭乾山	老東順	—
玉射順和成港	林喬松、余龍榮	下頂泰盛港	冼甲有
四条永大成港	劉恩	老紀港	紀經衛
源順港	余雲亭	老財成港	鄭長和
五条源永勝港	陳龍松	新財成港	鄭長和
得和成港	余龍榮	保嚟成港	陳鵝
老巫許港正豐港	黄喬詩	和豐港	陳尋和
新巫許港正豐港	黄喬詩	德華興港	楊元愷
六条謙順成	許人偉	巫許前港	巫許得好
六条新港	—	黄厝後港	黄□江
七条宜豐港	陳名標	西洋港	王成壁

续表

素哩唎			
港名	港主		
德盛港	陈武力		
老文律	陈武力		
新古来保义成	陈秋和		
老古来振平港	许如□		

资料来源：抄录自柔佛档案馆档案 C. L. M. 803-1917-Kangkars。
①原始档案无法辨识，下同。

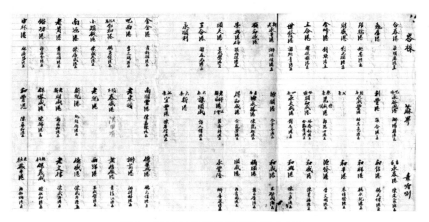

图 1　1916 年柔佛的港脚和港主名单

资料来源：取自柔佛档案馆 CLM803-1917-Kangkars。

这些排山倒海的新政策和新法令对柔佛的甘蜜业产生直接的冲击，最大的改变是柔佛的经济结构原本由华人掌控，在英国殖民以后，华人便逐渐不再处于主导地位。20 世纪初期橡胶业兴起时，财力雄厚的欧商进入柔佛市场购买土地，并大量种植大型橡胶园，大部分的华人种植主只能沦为小园主。

（二）华人的经济主导角色被取代

英国政府在 1910 年颁布新的土地法令，让原本持港契的园主变成非法占地者，除非向英国政府申请具有法律效力的地契，而申请新地契就需要改变种植作物，从而鼓励由甘蜜种植转为橡胶种植。这项政策特别鼓励城市地区的港契持有者踊跃向政府申请，因为城市的交通便利，无须解决橡胶成品运输的问题。柔佛档案馆存有一批 1910 年申请新地契的档案，下文举例说明华人在当时的处境和应对办法。

1910 年，新加坡甘蜜种植者佘有进的儿子佘柏城（Seah Peck Seah）申请位于士姑来 Sungai Ayer Puteh 的一片 2000 英亩名为财盛港（Chye Seng Kang）的土地。这片土地原来是在港契的规定下种植胡椒和甘蜜，1908 年 8 月，其中有 150 英亩的土地已经改种橡胶，园丘里有 150 名劳工。在申请函里，佘氏说有鉴于橡胶业的繁荣，他已经准备好营运资金，把他的土地发展成橡胶园。① 在土地法令的条规里，其中一条是规定所有的地契申请在程序上都需要经过政府委派的土地测量师的测量及判定土地的界限。佘氏的土地和周边的土地发生地界争议，经由政府土地测量局前往测量与裁定后才发出地契，耗时三年。在地契发出前，佘氏交付了保险费 4059 元、土地税 724.50 元和注册费 12 元，共计 4795.50 元的费用后才领取到地契，政府最终于 1913 年 10 月 25 日发出佘氏财盛港的地契。又，佘柏城的一个儿子佘松城（Seah Song Seah）在 1910 年 8 月 15 日也向政府申请位于柔佛中部令甘（Rengam）一片 3000 英亩的土地，但不同的是，他以 5% 的产品出口税代替免付地契保险费和地税。② 佘柏城在靠近令甘火车站也有一片 5500 英亩的土地，不过他放弃了其中 1000 英亩的土地，将其给了另一名新加坡商人刘廷标（Low Teng Peow）。③ 地契申请也突出了一个事实，那就是有许多住在新加坡的商人在柔佛拥有土地，在柔佛政府鼓励申请地契的政策发出后，大部分申请者都是来自新加坡的商人，柔佛的小园主所占的比例相对少很多。

在政府的鼓励和优惠政策下，大部分甘蜜园主都受到鼓舞，转换地契改种橡胶等其他农作物。1911 年，麻坡顾问官助理访问了麻坡和岑株巴辖的大型橡胶园，据他所见，这些橡胶园大多处于繁荣的状态。值得注意的是，他在勘察岑株巴辖的 21 个港脚后发现，只有两个还在如常运作，其中

---

① CLM89-1910-Seah Peck Seah applies for a grant of 2, 000 acres situate at Sungai Ayer Puteh Skudai, 6 April 1910, Johor Archives.

② CLM80-1910-Seah Song Seah applies for 3, 000 acres at Renggam. CLM338-1910-Covering letter from Seah Peck Seah re the survey of and the title to be issued over the 5, 500 acres of land allocated to him in the neighbourhood of Renggam, Johor Archives.

③ CLM338-1910-Covering letter from Seah Peck Seah re the survey of and the title to be issued over the 5, 500 acres of land allocated to him in the neighbourhood of Renggam, Johor Archives.

峇株巴辖（Batu Pahat）甘蜜种植园的左手港（Sungai Simpang Kiri）和右手港（Sungai Simpang Kanan）的甘蜜园大部分已经荒废，有的园主已经种上橡胶，峇株巴辖的大港主梅亚三在峇株巴辖就有 1115 英亩的橡胶种植园。① 可见，英国政府的政策已经奏效。

不过，也有部分园主依然对橡胶种植的长久性抱持怀疑态度，但这种态度在 1913 年发生了改变。1913 年，椒蜜公局（The Gambier and Pepper Society）② 的成员和头家向政府反映许多甘蜜种植人想要申请地契改种橡胶，原因是 1913 年下旬甘蜜园主陷入更难以为继的困境，甘蜜和胡椒的市场价钱自 1910 年开始不再有丰厚的利润，到 1913 年，情况仍不见好转。峇株巴辖因为甘蜜行情不好而宣告破产的例子不少。如 1913 年 6 月，峇株巴辖的甘蜜商 Chop Yong Joo Heng、Chop Koon Whatt 和 Chop Lee Seng 因面临财务困境，而被高庭判没收种植园公开拍卖。③ 这些破产的甘蜜商给其他园主起到了警示作用，甘蜜已经没有了市场价值，转换其他种植业是唯一的出路。

这时橡胶业蓬勃兴起，英政府鼓励那些已经种植橡胶的甘蜜园主向政府申请出产橡胶的执照，每年只需一元的费用，橡胶园主把胶乳卖给港主，而港主再向政府申请收购和转卖胶乳的执照，将胶乳转卖出去。这样种植人与港主在甘蜜和橡胶同时出产的情况下，能够增加收入。麻坡的地税官也大力建议当地的园主转种橡胶，以摆脱经济困境。④ 麻坡这样的情况不是个案，全柔佛的甘蜜种植人都面对同样的窘况。

此时柔佛政府为鼓励更多华人转种橡胶，允许华人种植主无偿使用土地，只需缴纳农作物出产税。在橡胶价格飙升之时，政府希望能借市场的新趋势鼓励更多的园主申请地契。在政府推动下，椒蜜公局向政府表达甘蜜种植园主已改变初衷，决定申请地契种植橡胶的意愿。不过，顾问官考虑到胡椒和甘蜜的出口税率是 7%，而橡胶的税率是 5%，申请地契种植橡胶则只需缴 2.5%，为了平衡税收，顾问官建议状况还良好的甘蜜种植园无

① CO653-1-"Johore in 1911," in *Johore Government Gazette 1912*，pp. 12-17.
② 新加坡甘蜜与胡椒的中介华商为维护自身的商业利益，于 1865 年成立的商业行会。
③ GA112-1913-Chop Tong Nguan（Chop Yong Joo Heng & Chop Koon Whatt）gambir traders in Johore，Johor Archives.
④ No. 8，SS4，1913，Johor Archives.

须急着改种橡胶，优先批准已经枯竭且出产不利和已经掺种橡胶的甘蜜园园主的申请。① 这些鼓励政策虽然加速了华人小园主改种橡胶，但大部分的土地还是由欧洲及日本公司企业化种植橡胶，华人橡胶园大多属于小园主，占总橡胶园土地的比例较小，昔日华人主导经济的地位在经过英国的一系列改革政策后，已不复存在。

（三）橡胶业迅速取代甘蜜业的经济地位

1900 年代下半叶，明确的市场信息已经足以唤起许多华人种植主与马来农民种植橡胶。外资的大笔投入，华商与欧商种植橡胶的成功范例，华人转售橡胶园获得巨大利润的信息，国际橡胶价格不断上扬，这些因素都促使柔佛许多华人和马来园主考虑以橡胶种植为主业或副业。② 后来甘蜜价格不理想，甘蜜种植人背负从出资人那里预支的巨大债务，这些债务远远超过甘蜜种植园的价值。为了缓解种植人的经济压力，加上市场的转向，柔佛政府也快速做出相应的政策。坎贝尔在出任柔佛总顾问官后的几个月内，就在 1910 年 9 月 11 日的《柔佛宪报》（*Johore Government Gazette*）上发表了 53 页涉及土地改革法令制定及 30 页土地法令的内容。显然，英国干涉柔佛后的首要任务，就是马上着手重新规划柔佛的土地，以便铺平柔佛橡胶种植的发展道路。这项土地法令最大的吸引力在于给橡胶种植人出口税的优惠政策从 5% 降低到 2.5%。③

根据 1910 年的《柔佛常年报告书》（*The Annual Report of the General Adviser to the Government of Johore*），柔佛当年的公共债务高达 11676310 元，债务主要源自修建铁路的开销，而总税收只有 3323185 元。值得注意的是，收入最丰的依然是甘蜜，单此一项就税入 180 万元，橡胶则有 150 万元。为了应付债务，柔佛必须提高收入，于是 1913 年柔佛政府实行新的税收制度，以确保提高税收的效率。对比 1911 年与 1913 年的税收比例，很明显地，1913 年的政府税收提高了 124%。这项举措被英国政府视为柔佛迈向进步和

---

① No. 8, SS4, 1913, Johor Archives.
② 戴渊：《英属马来亚华人资本主义经济》，南大教育与研究基金会，2018，第 125 页。
③ F. J. Weld, *The Annual Report of the General Adviser to the Government of Johore for the Year 1915*, Kuala Lumpur: The Federated Malay States Government Printing Office, 1916, p. 12.

繁荣的正确发展道路,[①] 却给甘蜜种植人带来无限的债务压力。甘蜜的出口税利率是 7%,而有地契条件的种植橡胶者只需要缴纳 2.5% 的出口税,相较之下,甘蜜种植人比橡胶种植人需要承担更大的征税压力,所以甘蜜种植人转向橡胶种植或脱售土地也是必然的趋势。

1913 年,甘蜜的出口量从 1912 年的 238290 担跌至 208740 担,而橡胶的产量则从 1912 年的 22118 担(1316.5 吨)增加到 1913 年的 47541 担(2830 吨),增长了 115%。这是因为 1909 年至 1910 年国际橡胶价格暴涨,市场一片狂热。1910 年伦敦橡胶价格从 1 月的每磅 5 先令 4 便士暴涨到 4 月的 12 先令 9 便士,不少外资橡胶公司都报出获利丰厚的喜讯,[②] 这项讯息起到了刺激性和决定性的作用。1911 年和 1912 年柔佛大量的土地都已经改为橡胶种植,接下来的几年中,橡胶市场一直保持这种极快的增长速度。反观甘蜜出口量下滑的主要原因是甘蜜的价格在 1913 年全年处于下跌的状态,1 月份的最低价格为 8 元,12 月份的最低价格是 6.45 元,甘蜜种植人不断抱怨甘蜜价格导致他们蒙受亏损。这个现象也驱使种植人转向种植橡胶,同时致使甘蜜和胡椒产量迅速减少。[③]

坎贝尔在 1914 年柔佛年度报告中提到,甘蜜出口减少是值得高兴的一件事,因为甘蜜是临时性的经济作物,极为浪费土地资源,[④] 坎贝尔自上任以来就积极改变柔佛旧有的土地政策,他乐见甘蜜种植园转换成橡胶种植地。与 1913 年相比,1914 年胡椒的产量下降了 37.5%,出口的吨数占新加坡总出口的 14.5%。甘蜜也在意料之中产量减少,降低了约 11%,占新加坡总出口的 49%。反观橡胶的产量却直线上升,1913 年橡胶的出口是 46466 担,1914 年就达到 88544 担,相比之下,一年内的出口量增加了 90.6%,税收增长近 56%。[⑤]

1915 年至 1917 年正值欧战期间,英国公司的海外投资受到限制,还需缴纳超额利税,这也限制了英国商人对马来亚橡胶种植业的投资,但柔佛

---

① CO653-1- "Johore in 1913," in *Johore Government Gazette 1914*, p. 11.

② CO653-1- "Johore in 1913," in *Johore Government Gazette 1914*, p. 9.

③ CO653-1- "Johore in 1913," in *Johore Government Gazette 1914*, p. 4.

④ D. G. Campbell, *Johore Annual Report for the year 1914*, Singapore: Kelly & Walsh Limited Printers, 1915, p. 14.

⑤ D. G. Campbell, *Johore Annual Report for the year 1914*, Singapore: Kelly & Walsh Limited Printers, 1915, p. 16.

的橡胶种植业并未因此停歇，小型橡胶园反而获得发展的空间，小农户数量不断增加。[1] 这可以从 1916 年后的橡胶产量和出口利润得到证实。与 1916 年相比，1917 年柔佛的出口值增加了 7514320 元，增幅为 17.9%，占柔佛总出口额的 76%，为柔佛财政带来 1573349 元的收入，比 1916 年的 1107904 元增加了 465445 元，即 42%。甘蜜在 1917 年的出口量为 100218 担，比起 1916 年（143106 担）下降了 30%，出口收入也锐减 27.3%。虽然如此，甘蜜的出口量依然占新加坡甘蜜总出口量 187069 担的 53.6%，依旧保有主要出口地的地位，[2] 这也显示甘蜜在国际市场上的需求已经不高。1917 年，柔佛的贸易总值已经高达 66631391 元，盈余累积达 500 万元，其中 300 万被用来偿还建造铁路的贷款。[3]

到了 1920 年，橡胶的出口量达到 450787 担，与 1919 年的 468631 担相比，下降了 4.0%，收入也从 1919 年的 1689445 元下降到 1518828 元，降幅 10.1%，1920 年橡胶的出口量占新加坡总出口 2261541 担的 19.9%。而甘蜜的价钱在 1919 年暴涨至 23.30 元，不过因为橡胶种植受到市场的热捧，甘蜜的产量并未因高价而提升，反而持续下降。1920 年的甘蜜出口仅 47397 担，比 1919 年的 74746 担再度减少 36.6%，收入也萎缩了 32.1%，但是甘蜜的出口量仍占新加坡总出口量的 32.4%。[4]

图 2 和图 3 为 1912 年至 1920 年柔佛甘蜜、橡胶的产量及出口额的比较，可以发现，从 1912 年起甘蜜的产量就开始下滑，甘蜜在 1912 年的产量是 238290 担，1920 年仅产出 47397 担；反观橡胶，1912 年产出 22118 担，1919 年提高到了 53203400 担，提高了 2404%。虽然橡胶的产量从 1916 年才开始超越甘蜜，但是出口值在 1912 年就已经是甘蜜的 2.37 倍。甘蜜在 1912 年占柔佛收入的 25.8%，到了 1920 年仅占 1.5%，橡胶则从 1912 年的 18.3% 上升到 1919 年的 41.7%，柔佛四成的收入来自橡胶出口，是最大收入来源。

---

[1]　戴渊：《英属马来亚华人资本主义经济》，南大教育与研究基金会，2018，第 126 页。

[2]　D. G. Campbell, *Johore Annual Report for the year 1917*, Kuala Lumpur: The Federated Malay States Government Printing Office, 1918, p. 10.

[3]　Khoo Kay Kim, "Sultan Ibrahim's Reign (up to 1941)," in R. O. Winstedt, *A History of Johore, 1365-1941*, Kuala Lumpur: MBRAS, 1992, p. 144.

[4]　H. Marriott, *Johore Annual Report for the Year 1920*, Kuala Lumpur: The Federated Malay States Government Printing Office, 1921, pp. 4-5.

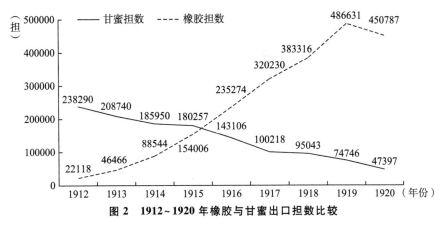

图 2　1912~1920 年橡胶与甘蜜出口担数比较

资料来源："Johore in 1911", in *Johore Government Gazette 1912*；"Johore in 1912", in *Johore Government Gazette 1913*；"Johore in 1913", in *Johore Government Gazette 1914*；*Johore Annual Report for the year 1914*；*Johore Annual Report for the year 1915*；*Johore Annual Report for the year 1916*；*Johore Annual Report for the year 1917*；*Johore Annual Report for the year 1918*；*Johore Annual Report for the year 1919*；*Johore Annual Report for the year 1920*.

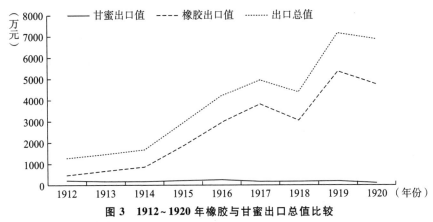

图 3　1912~1920 年橡胶与甘蜜出口总值比较

资料来源：同图 2。

　　20 世纪以来的橡胶商人的特征是基本都有一定的商业基础，他们拥有土地和一定资本，且有种植经济作物的经验，还熟悉出口市场，并与洋行保持密切关系。这个特征体现为柔佛拥有甘蜜种植园的许多新加坡商人不但资金充裕，而且在柔佛政府实行优惠的土地政策时，第一时间响应，使柔佛土地改革后种植橡胶的势头一时无两，柔佛的经济产业也在这时候有了翻天覆地的变化。1919 年正值第一次世界大战结束不久，对全球的经济也起到刺激作用，汽车工业的发展继续推动橡胶业的发展。[①] 1920 年，橡胶价格达到每磅 1.15 元，吸引更多华人参与橡胶种植业。这是 20 世纪初，柔佛甘蜜业衰退、橡胶业崛起的两大主要原因。

四　结语

19 世纪 70 年代至第一次世界大战前，全球列强竞争激烈，英国加速了其在殖民地的资源掠夺。1895 年，英国分别对马来半岛的雪兰莪、森美兰、霹雳和彭亨进行干涉，建立了马来联邦。1909 年，其又从暹罗手中取得吉兰丹、吉打、玻璃市、登嘉楼的管辖权，余下的柔佛成为英国全面统治马来半岛最后一个迫切的目标。英国对整个马来半岛的掌控，最大的目的是资源掠夺，柔佛在地理位置上将新加坡与马来半岛其他地区分隔开来，有碍新加坡和马来半岛的物资输送。英国对柔佛政治和经济的干预从 1824 年英荷条约签署后就已经开始，只是在阿布峇卡统治时期，其政治手腕足以与英国抗衡，随着 20 世纪初英国对马来土邦的殖民目标越来越强烈，年轻的依布拉欣已经无可避免地必须接受英国势在必得的强硬态度，最终，英国于 1909 年成功地完全掌控柔佛，并紧锣密鼓实施了一系列改革政策。

世界经济需求的转变，是导致英国加速控制柔佛的主要原因之一。到了 19 世纪末叶，新加坡与柔佛的甘蜜业从极盛时期来到一个转折点，整个甘蜜业在全球与马来半岛政治和经济的巨大转变下，辉煌不再。分析历年《海峡殖民地进出口报告书》的精确数据，可以清楚看到橡胶与甘蜜两种不同农作物一起一落的历史画面。20 世纪初橡胶业异军突起，成为人类历史上最重要的经济作物之一。英国没有广阔的土地，只能依靠海外殖民地的资源辅助，因此迫切需要扩大对海外殖民地的掠夺。柔佛是英国对殖民地掌控政策下的一颗棋子，面对英国殖民者的强大势力，柔佛无可避免地在 1909 年被纳入马来属邦，英国也完成了对马来半岛的瓜分。

英国掌控柔佛，从经济层面来说，受影响最大的是华人群体。英政府掌控前的柔佛，从华工到华商组成的华人甘蜜种植与贸易产业链，成为柔

---

① "Rubber," *The Singapore Free Press and Mercantile Advertiser*, February 10, 1920, p. 12.

佛经济的主要来源，华人和柔佛王室配合无间，可以说，柔佛自开埠以来，其经济来源便主要仰赖华人。华人在海外生存，一直以来被视为各地经济的主导角色，这是因为华人目的很明确，即无论何时何地皆以赚取最大的经济利益为目标。在 20 世纪初世界经济走向及柔佛政治转向大局已定的情况下，华人知道需要顺应时势，踏上新的经济列车，这个决定不能被视为背叛了马来王室，因为大势所趋下，如果华人不配合英国政府的策略，坚持使用旧的港契，他们将破产，难以生存。有人解读海外华人的特征是"流动的（fluidity）群体"，所谓的"流动"也包含了华人能够顺势而为，在权衡利弊后为自己争取最大的经济报酬，这在柔佛华人身上得到了充分体现。

Exploring the Influence of Political System Changes on Economic Structure in Johor during the Early 20th Century

Lew Siew Boon*

Abstract：At the beginning of the 20th century, the gambier industry experienced a dramatic decline in demand in Singapore and Johor. Concurrently, the rubber industry rapidly emerged, leading many Chinese gambier traders to shift to the rubber trade. Under immense pressure from Britain, Johor was forced to accept British administration in 1909, resulting in the entire Malay Peninsula's politics, economy, and resources falling under British control. Upon assuming control in Johor, Britain implemented drastic reforms to the *Kangchu* system, as the previous leasehold system conflicted with British administrative policies and interests in the Malay Peninsula. Subsequently, a series of ordinances were enacted, significantly affecting Chinese planters and laborers reliant on the gambier cultivation industry. This paper examines the factors contributing to the decline of Johor's gambier industry and the concurrent emergence of its rubber industry during the late 19th

---

* Lew Siew Boon, Assistant Professor at the Institute of International Education, New Era University College. PhD in Chinese Studies from the National University of Singapore, specializing in Singaporean and Malaysian Chinese History and Folklore.

century within the context of global and British circumstances. It also analyzes the decline of the gambier industry and the rise of the rubber industry, as well as the impact on and responses of the Chinese community in Johor.

Keywords：Johor；*Kangchu* System；Chinese；Gambier；Rubber

从历史学到人类学：马来西亚华人社会
帮权结构研究

黄文波[*]

摘　要　帮权政治或帮权势力是马来西亚华人社会中的显著特征，由此建构了帮权结构下的华人社会体系。从 19 世纪至今，马来西亚华人社会中始终存在着或显或隐的帮权结构，且其随着历史进程和社会变迁发生了形变，主流且单一的地缘性帮群逐渐被多元化的社团所取代，华人社会也实现了从帮群小认同向族群大整合的转变。一些学者对此进行了阐述、解构和分析，提出了许多重要的见解和观点，揭示了华人社会的帮群文化特质。在历史学及全局视野研究趋向同质与饱和的情况下，从人类学及地域视角的角度来说，仍有进一步对马来西亚华人社会帮权结构之内涵及影响开展研究的现实意义。

关键词　帮权结构　马来西亚　华人社会　帮群　族群

一　相关概念及研究背景

马来西亚是一个多元种族社会，其中主要存在马来人、华人和印度人三大族群，在此基础上形成了具有各自族群特征的社会形态。与马来人声称自身为土著民族不同，华人是有据可查的从中国迁移至此的外来民族。郑和下西洋后，华人族群在马来半岛形成；18～19 世纪英国殖民统治马来亚时期，华人开始大规模南来谋生，经过数百年的发展与变迁，形塑了当前的马来西亚华人社会。由于马来西亚华人社会是一个由移民构建的有机

＊　黄文波，广西民族大学民族学与社会学学院博士研究生，研究兴趣为华侨华人史。

体，又因为其与马来人社会和印度人社会存在一定的相互联合与排斥机制，因此在这个有机体内外，均存在着结构性和功能性的分化，使得其呈现出一种既松散又联系的基本形态。

早在 20 世纪 30 年代，陈达在对包括英属马来亚等地华人社会进行考察时，就注意到海外华人有同乡聚居一处，加入同一行业的情形，他认为南洋华人的地理分布和职业选择，可以按照华人的家乡进行划分。① 二战以后，一些学者开始关注新加坡、马来亚等地的华人族群、帮派组织与社会发展之间的关系，对华人社会的文化和结构、族群政治等提出了重要的学术见解。尤其是新加坡学者最早提出了"帮（帮群）""帮权""帮权政治"等概念，对新马华人社会进行了解构和剖析，建立了华侨华人学界普遍接受和认可的"帮权结构"理论。该理论认为，在华人族群的大概念下，来自同一地域操同一方言的群体，由于具有相似的文化习惯和祖籍地认同，主要以地缘和业缘为纽带建立起团体组织，形成了帮群和帮派政治。② 又由于受到殖民统治的影响，各帮群在政治、经济、文化等领域，为了维护自身的权利，既有分野也有联合，构成了以帮权结构为特征的多层次的华人社会形态。在行文之前，笔者梳理出马来西亚华人社会发展进程当中存在的一些概念：华人帮群，简称帮或帮群，又称方言群，指殖民时代以来不同地籍的华人以方言为主要纽带聚合起来形成的集团组织；帮权政治，指华人社会中操不同方言的帮群通过职业安排、血缘关系及文化习俗等，对经济、政治资源进行掌控，进而形成联合与对抗的态势；③ 帮群派系，指帮群之中的小帮群或亚帮群；华人社团，指以地缘、血缘、业缘、文缘等关系网络联接起来的华人组织，在当代制度型社会中一定程度上可以替代华人帮群；华人社群，指以语言、宗教、风俗等要素聚集而成的具有共同利益的华人团体；华人族群，指与马来人、印度人等相提并论的华人。

马来西亚华人社会是一个典型的移民社会，自从华人移民出现以来，就产生了不同籍贯、血缘、方言、习俗、宗教等原生性的差异，以及不同

---

① 陈达：《南洋华侨与闽粤社会》，商务印书馆，1938，第 51~52 页。

② 参见陈荆和、〔新〕陈育崧《新加坡华文碑铭集录》，香港中文大学出版社，1972；〔新〕林孝胜《新加坡华社与华商》，新加坡亚洲研究学会，1995；〔新〕麦留芳《方言群认同：早期星马华人的分类法则》，中研院民族研究所，1985 等。

③ 陈荆和、〔新〕陈育崧：《新加坡华文碑铭集录》，香港中文大学出版社，1972，第 15 页。

职业、教育、兴趣等次生性的区别。于是，在这种差别下自然而然就形成了集团组织，即帮群。在早期，华人社会各帮群对以经济效益为主的社会资源进行挤占和分配，从而表现出帮群相互之间冲突与合作的"帮权政治"，帮群的领导层多由具有经济实力和社会资本的华商充当，① 因此形成了以他们为代表的内聚而排他的帮权势力。② 在华人会馆出现之前，华人庙宇通常是帮权政治的活动阵地，被视为帮权政治的象征，权且得名"帮权庙宇"；华人义山又是体现帮权政治最高集权化和最终约束力的重要场合，或可命名为"帮权义山"；此外，还有一些经济或宗亲组织机构，能够补充体现帮权政治和帮权势力的内涵。

从国家建构及国家政治权力的角度来说，无论是在殖民政府统治时代抑或是当代多元族群政治的架构下，马来西亚华人在这些方面都归于从属或次要地位，具体表现在除经济以外的各大领域当中。但在实际上，马来西亚华人社会始终遵循着中国儒家等级思想的暗线，即华人族群内部也具有非官方的等级制度。进一步来讲，华人社会内部结构的特点之一就是随着各帮群的相互肘掣与对抗，以及联系与合作而产生或此消彼长或共进共退的变化；非官方的等级制度就是帮群中的杰出人士通过商业资本、社会资本和象征资本而成为最高或较高社会地位的拥有者，受到尊敬与推崇，进而得以掌控帮群的政治权力。反过来，在帮群赋予的政治权力笼罩下，帮群领袖更加具备帮群资源与利益分配的话语权，从而进行制度安排，带领帮群走向或好或坏的前进道路。

帮权政治和帮权势力在很长的一段历史时期内，成为马来西亚华人社会的显著特征，建构了帮权结构下的华人社会体系。在殖民时代，帮群概念较国家概念更能表现出马来西亚华人族群的认同与实质，帮群及帮群领袖具有很大的能量，对华人社会的各种组织结构都产生影响，甚至起支配作用。而在当代，由于马来西亚国内社会实施民主变革，多元族群政治的架构已经形成，华人社会也在不断变迁。在此背景下，华人社会"帮权政治"的概念逐渐敏感化并淡化，华人帮群隔阂也在渐渐消融，但不可否认的是，这种社会结构依旧广泛且隐性存在于马来西亚各地的华人社会当中。

---

① 〔新〕柯林木、吴振强：《新加坡华族史论集》，南洋大学毕业生协会，1972，第36页。

② 张应龙主编《海外粤籍华人社团发展报告》，暨南大学出版社，2018，第89页。

显而易见的是，过去的帮群概念被现在的社团概念所取代，然而社团在华人社会内部同样具有严密的组织管理制度，社团之间在大小事务方面同样既有对立也有团结。在殖民时代，帮群领袖在沟通殖民地与宗主国、马来半岛与世界、华人与中国方面发挥着重要的作用，而在当代社会，社团领袖也同样具备相似的影响。因此，帮权政治不仅存在于过去"分而治之"的殖民社会，而且依旧存在于变革后的当代社会，华人社会的帮权结构从表象上看似发生了变化，实则并没有发生彻底的颠覆。

毛泽东指出，中国的男子普遍要受三种有系统的权力的支配，即：国家系统（政权）、家族系统（族权）、鬼神系统（神权），[①] 三种权力在不同场域分别具有权威性。但在海外华人社会尤其是新马华人社会中，以地缘为联系的帮群权力发展成为一种特别的权威。新马华人社会帮权研究主要受到中国（含港澳台）以及新加坡、马来西亚学者的关切，也有少数西方学者涉及。[②] 马来西亚的研究与新加坡的研究既有理论和实践上的相似之处，也存在普遍性与特殊性的二元对立，其中最大的不同，是新加坡主要以质性研究为主，从历史资料中形成结论和理论；马来西亚则是以量化研究为侧重点，在结论和理论的共识下，对不同地理区域的特征进行深挖。[③] 客观地说，马来西亚的相关研究要晚于新加坡，鉴于新加坡和马来西亚在历史上的特殊关系，"新马"经常被合体提及，早期研究中也存在一些重叠之处，一方面，新加坡的研究是相对独立的，而马来西亚的研究可以包含

① 《毛泽东选集》第一卷，人民出版社，1991，第31页。

② 参见〔新〕林孝胜《石叻古迹》，南洋印务有限公司，1975；〔新〕吴华《新加坡华族会馆史》，新加坡南洋学会，1975；Sharon A. Carstens, *Chinese Associations in Singapore Society*, ISEAS-Yusof Ishak Institute Singapore，1975；〔新〕杨进发《战前星华社会结构与领导层初探》，新加坡南洋学会，1977；〔新〕宋旺相《新加坡华人百年史》，新加坡中华总商会，1993；〔新〕崔贵强《新加坡华人——从开埠到建国》，教育出版私营有限公司，1994；〔澳〕王赓武《中国与海外华人》，台湾商务印书馆，1994；李威宣《新加坡华人游移变异的我群观》，唐山出版社，1999；曾玲、庄英章《新加坡华人的祖先崇拜与宗乡社群整合》，唐山出版社，2000；曾玲《坟山组织、社群共祖与帮群整合——十九世纪的新加坡华人社会》，《亚洲文化》2000年第24期；〔新〕刘宏《论战后新加坡华人社会结构的演变与帮权网络的特征》，载唐力行《"国家、地方、民众的互动与社会变迁"国际学术研讨会暨第九届中国社会史年会论文集》，商务印书馆，2004；林孝胜《新华研究：帮权、人物、口述历史》，新加坡青年书局，2010；〔澳〕颜清湟《新加坡早期的潮州人与福建人：海外华人权力结构和权力关系的比较研究》，《华人研究国际学报》2010年第1期；等等。注：此处仅列出部分新加坡的相关研究，马来西亚的相关研究将在下文展开。

③ 参见下文所列近二十年来槟城、吉隆坡、马六甲、柔佛、沙捞越各州（区）的研究情况。

新加坡，这就使得新加坡的研究更系统化，更容易透视问题和凝练观点。但从另一方面来说，这也给马来西亚的研究提供了更多的选择空间，马来西亚较为宽广的国土领域也能够较好地提供深入研究的样本。

二 马来西亚华人社会帮权政治研究

由于马来西亚具备华语世界的元素，在各个地区以华人学者为主要力量的共同努力下，当前中文学界探讨马来西亚华人社会的研究成果较为丰硕，对华人社会中帮群的形成、发展和变迁的相关研究成果也层出不穷。早在 20 世纪早期，就已经有部分学者关注到马来亚（当时包括新加坡）华人社会中存在结构性功能，如英国的巴素在研究马来亚华人历史过程中，就指出华人来自不同乡土，有福建帮、广府帮、客家帮等，各自聚族结党。① 真正掀起相关研究高潮的则是自 20 世纪中后期以来，中外学者主要通过历史学的文献研究法和人类学的田野调查法，深入探讨马来西亚华人社会的族群分类及帮群关系，帮权结构的相关研究开始显著化、集群化、系统化。

从 20 世纪 50 年代开始，一些学者提出要透过表象检视马来（西）亚华人社会的背后结构。田汝康在东马地区开展田野调查工作后指出，海外华人社会中存在许多有组织的社团，但是要透过现象看本质，特别是要弄清那些官方认可的社团的组织架构，他认为华人社会经济阶层呈金字塔状，殖民政府通过华人社团对华人社区进行间接统治，而华人社团的背后存在着一个发达的资助体系。② 美国学者威廉·纽厄尔（William H. Newell）是较早关注马来西亚华人社会结构的西方学者，他在槟城威斯利省一个潮州人村庄进行了为期一年的调研，主要关注当地的社会秩序和宗教习俗，以及村庄与邻近社区的关系，并将研究重点放在家庭纠纷和职业模式方面，探索华人社会中非正式的联系，譬如农民和中产阶级的关系。③ 这些较早在

---

① 余炜：《巴素著〈近代马来亚华人〉评介》，《中国文化研究所学报》1971 年第 2 期。

② Tien Ju-Kang, *The Chinese of Sarawak：A Study of Social Structure*, London：London School of Economics Monigraphs on Social Anthropology, 1953, pp. 68-78.

③ William H. Newell, *Treacherous River：A Study of Rural Chinese in North Malaya*, Kuala Lumpur：University of Malaya Press, 1962; Quoted from：*Reviews. Bulletin of the School of Oriental and African Studies*, Volume 27, Issue 2, June 1964, pp. 486-487.

马来（西）亚开展的人类学研究，可谓当地华人社会帮权结构研究的雏形，虽然没有明确提出后来的相关概念，但为概念的发展与应用奠定了必要的基础，并为剖析马来西亚华人社会的深层结构打开了新的天地。

20世纪70年代以后，有关新马华人社会"帮权结构"的概念开始出现并生根发芽。陈荆和与陈育崧最早提出了"帮（帮群）"①及"帮权"的概念，指出同一方言群或同一籍贯人士组织起来形成不同团体，这些团体通过积累资本、控制行业，形成具有隔阂且相互竞争的帮权社会。这种以宗亲氏族为基础的帮的结构在别处是找不到的，也正是早期新马华人社会的重要特征。此外，庙宇和坟山也是新马华人社会帮群中最重要的象征。②而稍早之前，李亦园考察了柔佛州麻坡的华人方言群情况，探讨华人社区领袖的结构和变迁。他将众多的华人社团进行分解，指出重要领袖在不同社团兼职，充当社团纽带进行网络联结，最早揭示"执事关联"及其暗含的经济结构。③他们的研究确立了以籍贯、宗亲、经济等因素联结的社团是马来亚华人社会帮权结构最基本的外在表现形式。这些主要概念的确立，不仅解构了彼时显著存在的帮权政治，更是对历史上马来亚华人社会围绕社团、庙宇、义山、学校呈现的帮权势力进行研究提供了指导性原则。

日本学者是较早关切马来西亚华人社会帮权政治的一股研究力量，并且主要采用历史的视角。今堀诚二分析早期华人社团的创建成立、演变变迁及管理模式，认为由于华人社团都是由华商进行领导的，因此它们都属于基尔特式的垄断商业团体，以商业经济为核心业务活动。④须山卓则指出19—20世纪英属马来亚的华人社区本身亦形成了一个多元社会，潮州人、福建人、客家人等帮群各有垄断的行业，就此提出了"帮权经济"的观点来阐述各方言群的发展和关系。⑤他们对帮权政治与经济运行的密切关系进

---

① 陈剑虹指出日本学者须山卓于1961年在新加坡举办的第一届东南亚史学家会议中提出将"帮"或"帮群"概念融入东南亚历史研究中，从时间上看更早。参见陈景熙《故土与他乡：槟城潮人社会研究》，三联书店，2016，第1页。

② 陈荆和、〔新〕陈育崧：《新加坡华文碑铭集录》，香港中文大学出版社，1972，第3~31页。

③ 李亦园：《一个移殖的市镇：马来亚华人市镇生活的调查研究》，中研院民族学研究所，1970，第137页。

④ 〔日〕今堀诚二：《马来亚华人社会》，刘果因译，槟城嘉应会馆扩建委员会，1974，第4页。

⑤ Taku Suyama, *Pang Societies and the Econony* [*sic*] *of Chinese Immigrants: A Study on the Communalism in Southeast Asia*, Nagasaki: Institute of Southeast Asian Studies of Nagasaki University, 1976, pp. 193–213.

行了较为深入的分析，进一步剖析了华人社会的组织结构。这些研究虽然提出了一些与帮权结构相关的经济概念，但其中也存在概念上的不足，如今堀诚二显然是混淆了商人领导与商业垄断两个概念。① 这或许与他们作为他者的视角，仅从纯粹的历史学方法论进行审视，而没有深度融入和了解华人社会有关。

历史学的理论方法是钩沉马来亚华人社会帮权结构的基本手段，而真正掀起相关研究的高潮是在 20 世纪 80 年代以后，以麦留芳、颜清湟等为代表的学者进行了较为系统的研究。麦留芳在一系列论著当中，解析了帮群及商会的运作、方言群意识及身份认同等，② 特别指出马来亚华人的社群归属感和认同感建立在方言的基础之上，用方言群分类是比较科学的。方言群内部的认同意识具有整合作用，方言群之间虽有冲突但并不割裂，其中的"认同中和"发挥着作用。③ 麦留芳是新马华人社会帮权结构研究重要的开拓者之一，他本身是新加坡华人，较之日本学者更具有内部视角，档案文献的收集更加得心应手。而比较重要的是方法论，其除了采用传统的历史文献法揭示早期帮权政治活动之外，还以历史人类学的方法，对所生活时代存在的帮权势力进行考察，如关注槟城华人社会的社会结盟模式并衡量出华人帮群的刚性。④

颜清湟也从内部角度对早期新马华人社会进行深入剖析：在社会结构和职能中，重点探讨华人社会如何出现组织分化，如何在隔离和冲突中相互对待和接触，分解出帮群中又有小帮、小帮中又有派系的架构；在社会历史问题中，帮群与黄赌毒及人身控制、变动冲突等负面问题也具有很大的关联。⑤ 他还讨论了华人社会发展的内在动力，包括各方言群、土生华人与新客华人以及阶层的分化与冲突，指出当一方言群占优势而其他方言群

① 〔马〕吴龙云：《平章会馆与中华总商会及槟城华人社会：廿世纪初期的帮群、领袖及其互动》，博士学位论文，新加坡国立大学中文系，2006，第 5 页。

② 参见〔新〕麦留芳《华人地缘群体与方言群体》，《"中央研究院"民族学研究所集刊》第 63 期，1988；〔新〕麦留芳《星、马华族移民的阶级与方言群意识：研究资料与趋向》，《海外华人研究》1989 年第 1 期等。

③ 〔新〕麦留芳：《方言群认同：早期星马华人的分类法则》，中研院民族研究所，1985，第 3-9 页。

④ Mak Lau-Fong, "The Social Alignment Patterns of the Chinese in 19th Century Penang", *Modern Asian Studies* 23, *No.* 2 (*May* 1989)：259-276.

⑤ 〔澳〕颜清湟：《新马华人社会史》，粟明鲜译，中国华侨出版公司，1991，第 165~205 页。

附庸的时候，各方言群之间的分裂、对峙和冲突现象就会减少，当各方言群势均力敌的时候，情况则相反。① 颜清湟是历史学家，他在上述相关代表性著作中涉及的新马华人社会帮权结构研究，主要是从历史角度和整体视野，捕获到一种豁然开朗的活动现象和规律感。而在更早时期撰写的方法论指引中，他指出必须重视地域性社团和宗亲会成立的特刊资料、会馆的会议记录、报纸和档案，以及碑文和庙宇资料；采取的正确研究方法应该是利用理论的假设，回到资料中去求证，再从资料中寻求结论。②

麦留芳、颜清湟等学者主要从历史学的角度切入，他们针对新马华人社会的帮权结构研究取得了较为丰硕的成果，同时也开了涉及马来（西）亚相关研究的先河。在他们的开拓下，马来（西）亚帮权结构相关研究逐渐走向一个高峰，许多学者都更进一步提出了相应的见解和观点。如林远辉和张应龙指出帮权结构对马来（西）亚华人社会发展的不利方面，他们认为帮群组织的领导权掌握在华商手里，领导权存在终身制和世袭现象，实际上已经把下层华侨排除在领导层之外。这些帮群组织既像强大的纽带，把华侨联系起来凝聚成统一体，也使华侨社会呈现某种程度的分裂，在内部也模糊了剥削者与被剥削者的界限。③ 此外，默泽（Wolfgang Moese）、吴华、田英成、古鸿廷、何启良、林水檺、林开忠、黄建淳、刘子政④等学者的著作都主要通过历史文献资料或结合田野实地调研，从不同面向和层级对关涉马来（西）亚华人社会帮权结构内容进行了拓展和耕耘，产出了一批具有学术水准的代表作品。

综上所述，在 20 世纪中后期，关于帮权结构的相关研究，基本上是建

---

① 〔澳〕颜清湟：《从历史角度看海外华人社会变革》，《华侨华人历史研究》1989 年第 3 期。

② 〔澳〕颜清湟：《十九世纪和二十世纪初新加坡与马来亚华侨社会史研究的一些问题》，《南洋问题》1984 年第 1 期。

③ 林远辉、张应龙：《新加坡马来西亚华侨史》，广东高等教育出版社，1991，第 261~263 页。

④ 参见 Wolfgang Moese, Gottfried Reinknecht and Eva Schmitz-Seisser, *Chinese Regionalism in West-Malaysia and Singapore*, Hamburg: Gesellschaft für Naturund Völkerkunde Ostasiense. V., 1979；〔新〕吴华《马来西亚华族会馆史略》，新加坡东南亚研究所，1980；〔马〕田英成《沙捞越华族社会结构与形态》，华社资料研究中心，1991；古鸿廷《东南亚华侨的认同问题：马来亚篇》，联经出版社，1994；〔马〕何启良、林水檺《马来西亚华人史新编》，马来西亚中华大会堂总会，1998；〔马〕林开忠《建构中的"华人文化"——族群属性、国家与华教运动》，华社研究中心，1999；黄建淳《砂拉越华人史研究》，东大图书股份有限公司，1999；〔马〕刘子政《砂拉越华族史论集》，砂拉越华族文化事业，2000；等等。

立在新马华人社会史基础上，并以人为核心发散出有关经济联盟、籍贯团体、方言群体、宗亲家庭乃至秘密会社等组织形态的研究内容。从学者分布来看，有中国学者的铺垫、新马学者的推动、日本学者的参与以及西方学者的关注。而从学科领域来看，主要涉及历史学和历史人类学，主流模式是传统的华侨史研究，这其实也是早期华侨华人研究中最重要的范畴。前辈学者秉持这种学术思维，逐渐从新马华人社会史的表征研究发展到帮权结构的透视研究。他们先从机制外部描述华人社会形成和发展的历史，再到族群内部描述帮群产生的原因、发展、分化和互动等，最后转到表象背后拆解帮权结构的内涵、框架和网络。不可否认，前辈学者对于相关研究做出了开拓性的贡献，如历史学产生的学术成果，勾勒、分解并优化了帮权结构的整体、内部和外部的研究面向，塑造和圈定了以帮权为中心的全新概念和使用范围，明确了新马华人社会当中一直存在的帮权结构的作用和意义。但由于史学资料的雷同性，许多研究重于史实描述而轻于理论辨析，如没有过多地探讨社会历史变迁与帮群组织功能演变的关系。并且马来（西）亚华人社会帮群政治的相关历史研究，多为依附于新加坡的研究，"新马"的排序就显示出"新重马轻"的特点，以新加坡表现的特征嵌套至马来西亚。虽然这是一个事实，也具有可行性，但也可以说明关于马来西亚的相关研究工作不是非常的专业、细致，或者马来西亚的相关研究存在滞后性。在历史学的定性研究之下，也有一些研究成果令人眼前一亮，诸如历史人类学方面的产出。学者们深入田野场域，以观察的方法和他者的视角收集到独有的一手资料，显然更具有个人深层次的思考和解读，学科理论功力和现实说服力更为深厚。这些采用历史人类学方法的学术论著的问世虽然已过去半个世纪，但迄今仍对我们开展相关研究具有很强的借鉴作用和启示意义。

三 马来西亚华人社群和社团研究

随着马来西亚的民主化、多元化、现代化进程，关于马来西亚华人社会的研究，已经逐步剥离了"帮权政治"的话语体系，转变为"华人社群"与"华人社团"的相关话题，其中华人社团又是华人社群中最具典型性的代表。这种文化话语的转变仍然以经济、政治氛围的演进为根基。从宏观上来说，是为了适应经济全球化、一体化的体系；从中观上来说，是马来西亚多元文化国家塑造的愿景使然；从微观上来说，是华人社会自身为求同存异共谋发展的需求。与此同时，在学科视角上，历史学和人类学的研究范式呈现此消彼长的趋势，历史叙事的手法渐趋饱和，田野调查成为一种学术时尚。特别是新世纪以来，在这种概念转化和学科指引下，学者们的相关研究又增添了不少新的内容。

（一）华人社群相关研究成果

华人社群是华人社会的缩影，由于其更具有整合功能，因此其内部的帮权结构更为稳固。在对马来西亚华人社会进行宏观层面及有机整体的考量之后，近20年来，马来西亚华人社群研究地域化的特征非常显著。中外学者主要从地域视角，通过历史和现状两个维度关注马来西亚华人社会族群与亚族群、融入与适应、守正与变革、认同与分离等二元辩证关系，以及华人社群的职业分布、宗教信仰等情况。当前，西马的槟城、吉隆坡、马六甲、柔佛，以及东马的沙捞越等地，都是学者们已经或持续开展研究的重点区域。

槟城方面，黄贤强①持续关注了华人社会之间的微妙互动以及帮群之间的权力结构，阐释了槟城华人领袖与地缘及方言的联系，进一步印证了某一地籍人士长期独占或垄断某一行业的马来西亚华人社会经济结构的特点。张少宽探讨了在槟城华人社会权力结构中，福建帮和广东帮如何轮流充当最高领事。在领事来源中，福建帮以五大姓为基础，多与宗祠、家庙有关联，而广东帮则多出自秘密社会。② 此外，他还探究了福建帮和广东帮的义冢、庙宇如何反映了槟城华人社群的帮权活动。③ 张晓威解析了槟榔屿华人社会帮权政治运作的实质是闽南帮和一个由广府、客家、潮州及海南等方言群联合的"帮联"之间的抗衡与合作，"帮联"的组织特色，就是一个跨省籍和跨方言群的联合阵线。④ 吴龙云分析了槟城福建和广东两帮在华人社

---

① 参见〔新〕黄贤强《清末槟城副领事戴欣然与南洋华人方言群社会》，《华侨华人历史研究》2004年第3期；〔新〕黄贤强《槟城华人社会领导阶层的第三股势力》，《跨域史学：近代中国与南洋华人研究的新视野》，厦门大学出版社，2008；等等。
② 〔马〕张少宽：《槟榔屿华人史话》，燧人氏出版社，2002。
③ 〔马〕张少宽：《槟榔屿华人史话（续编）》，南洋田野研究室，2003。
④ 〔马〕张晓威：《十九世纪槟榔屿华人方言群社会与帮权政治》，《海洋文化学刊》2007年第3期。

会中的角色和地位，以及两帮之间的关系，认为帮群是随着历史和社会变迁发展的，指出"帮"具有自我巩固和自我保护的意义。① 他还对20世纪初期槟城中华大会堂及中华总商会与槟城华人社会的互动进行了观照。② 陈景熙分析探讨槟城潮人移民社会的构建和在地化发展的过程中，韩江家庙、潮州会馆、韩江互助会、韩江学校、德教会紫云阁等各类潮人社会组织的历史轨迹及其所展现的社会建构和文化传承的机制。③ 宋燕鹏指出在时间上，槟城五大家族在19世纪早期经历了原始积累，19世纪50年代就完成了宗族组织构建；在认同上，血缘宗亲认同高于闽南地域认同，其早期最主要的表现是福建公家，并以此来划定闽南区域边界。④ 此外，他还撰写了一系列高质量的有关槟城华人社群的研究论文。⑤ 其他新加坡、马来西亚学者如王琛发、陈剑虹、陈爱梅、黄裕端⑥等的一些研究也都有涉及槟城华人社群相关专题。由此可见，槟城华人社群的研究属于一段时期以来地域化研究中最为热点的区域。为什么槟城的研究如此得到重视，一是槟城被誉为华人之城，华人比例达到四成，与生俱来占有透视典型华人社会的天然优势；二是槟城曾与新加坡等地共同组成英国在马来亚最早的殖民地——

① 〔马〕吴龙云：《遭遇帮群：槟城华人社会的跨帮组织研究》，新加坡国立大学中文系、八方文化创作室，2009，第222页。

② 〔马〕吴龙云：《平章会馆与中华总商会及槟城华人社会：廿世纪初期的帮群、领袖及其互动》，新加坡国立大学中文系，2006。

③ 陈景熙：《故土与他乡：槟城潮人社会研究》，三联书店，2016。

④ 宋燕鹏：《宗族、方言与地缘认同——19世纪英属槟榔屿闽南社群的形塑途径》，《海洋史研究》（第十五辑），社会科学文献出版社，2020。

⑤ 参见宋燕鹏《地域认同与社群边界——20世纪上半叶英属马来亚槟榔屿福建籍社群的形成》，《八桂侨刊》2018年第2期；宋燕鹏《观念、组织与认同准则——19世纪英属槟榔屿邱氏宗族再建构与社群形塑》，《华侨华人历史研究》2018年第2期；宋燕鹏《跨越地缘、混合方言与认同边界——19世纪以来槟榔屿广东暨汀州社群的形塑途径》，《厦门大学学报》（哲学社会科学版）2021年第5期；宋燕鹏《祖籍观念、方言集聚与圈层认同——马来西亚槟榔屿大埔社群的形塑途径》，《湖北民族大学学报》（哲学社会科学版）2022年第6期；宋燕鹏《极乐寺与早期槟城华人探析》，《八桂侨刊》2016年第2期；等等。

⑥ 参见〔马〕王琛发《槟城华人社会的客家人领事》，《槟城客家两百年》，槟城客属公会，1998；〔马〕陈剑虹《从金石碑文与官方档案管窥19世纪槟榔屿潮人的帮权结构与政治》，载黄挺主编《潮学研究》（第十四辑），花城出版社，2008；〔马〕陈爱梅《马来西亚福佬人和客家人关系探析：以槟城美湖水长义山为考察中心》，《全球客家研究》2017年第9期；Wong Yee Tuan, *Penang Chinese Commerce in the 19th Century: The Rise and Fall of the Big Five*, Singapore: ISEAS-Yusof Ishak Insititue, 2015, 等等。

海峡殖民地，这种历史背景的相似性使得对其的研究可以在较大程度上参考新加坡；三是槟城的华人社会具有自身的研究传统，学术传承和更新方面具有肥沃的厚土。

吉隆坡方面，张晓威梳理了吉隆坡客家帮权政治发展演变的情形，从惠州客家帮掌控帮权政治的领导权到客家帮和广肇帮分庭抗礼，再到广肇帮兴起并取而代之，帮权政治呈现出交替与内外冲击的关系。① 周云水关注了具有帮权性质的吉隆坡广东义山，认为其经历了"以义为主""以利为先""义利兼顾"的义利之辨三个阶段，展现了华人社群帮权政治伴随时代变迁的一个侧面。② 宋燕鹏和陈爱梅厘清了吉隆坡广东社群从广肇会馆到广东会馆再到中华大会堂层层递进的组织架构，并以义山为切入点探讨了广东社群的认同边界与内部之分以及广东会馆的建立和族群意识的构建。③

马六甲方面，郭平兴描述了马六甲惠州客家成立海山公司以保护客籍人士的利益，又通过将公司改成会馆、购买义山提供墓地、兴建惠民学校等措施实现了较大发展，发挥了群体公共祠堂、宗教信仰与传播、社会教育与医疗等功能。④ 宋燕鹏论述了马六甲的广东人通过三多庙的统合构建了神缘下的小地缘，再通过马六甲广东会馆的建立，实现了从小地缘到大地缘的联结，建构了马六甲的广东省意识，植入了中国原乡籍贯的观念。⑤

柔佛方面，白伟权指出 19 世纪潮州义兴在新山华人社会中充当着领导阶层，建构了以潮州人为主的市镇。但 20 世纪之后，随着潮州义兴解散以及社会经济变迁，形成了五大帮群共存的面貌，他们通过义山、庙宇、学校等实现了不同形式的整合。⑥ 蔡桂芳梳理了柔佛华人移民到来并形成边界的背景下，原先的潮人势力由兴到衰的变迁过程，其从地位独尊、一帮独

---

① 〔马〕张晓威：《甲必丹叶观盛时代的吉隆坡客家帮权政治发展（1889—1902）》，《全球客家研究》2017 年第 9 期。

② 周云水：《义利之辨：马来西亚吉隆坡广东会馆的传统与变革》，《嘉应学院学报》2020 年第 1 期。

③ 宋燕鹏、陈爱梅：《马来亚独立前吉隆坡广东社群的形塑及整合途径》，《民族研究》2022 年第 6 期。

④ 郭平兴：《20 世纪前马六甲惠州会馆研究》，《惠州学院学报》2018 年第 5 期。

⑤ 宋燕鹏：《神缘集聚、地缘认同与社团统合——19 世纪以来马六甲广东社群的形塑途径》，《河北师范大学学报》（哲学社会科学版）2021 年第 6 期。

⑥ 〔马〕白伟权：《马来西亚柔佛州新山华人社会的变迁与整合（1855—1942）》，新纪元学院，2015。

大的帮权演变成五帮共和的格局，而华侨公所从体制上保证了五帮共和的实践。① 安焕然指出二战后至今，福建社群超越了传统宗乡会馆的功能角色，通过执事关联，从对福建同乡的互助延伸到跨帮群甚至是跨种族的社区文化体育的场域，建设了"文化新山"。②

沙捞越方面，陈景熙梳理了 19 世纪中后期古晋潮人社会的建构方式与结构状况，讨论了庙宇、义山等华人宗教平台的创立，以及它们在海外华人社会建构过程中所发挥的作用。③ 陈琼渊发现理性政治参与和开放的态度是沙捞越客家族群的一大特征，如客属政治人物会遵循依靠经济实力、专业能力、社会声望等要素的进阶模式，在社会中扮演重要角色。④

其他地区方面，宋燕鹏选择了马来西亚西海岸的三个中等城镇巴生、金宝、大山脚，分别代表福建社群、广东社群和潮州社群，并分析出在中小城镇，只有神庙才能够跨越方言群和祖籍地籍贯认同，但其并不具备领导或团结其他方言群的功能。⑤ 邱克威考察了以闽南人和潮州人为主的巴冬地区的历史形成与发展过程，认为目前的方言族群结构是政治、经济条件变迁下的产物，而这种社会结构的发展变迁，正是当下马来西亚各地村镇华人社会的写照。⑥

总而言之，上述地域研究成果大多数为论文而非著作，由此可以判定，从很大程度上来说，许多学者立脚点的根本在于寻求新的研究空间，特别是在一些专题论文的选题上，具有抛弃传统华人社会整体观和大视野范式的趋向。撰写这些专题论文需要较高的创新性，同时不需要烦冗的篇章，那么在质性研究无法实现有效突破的情况下，量化研究可以作为一种填补空白的实践，也能够缩短研究周期从而实现快速产出。对于目标地域的切身

① 蔡桂芳：《从一帮独大到五帮共和：柔佛巴鲁华社潮人帮权的消长》，《华人文化研究》2015 年第 2 期。
② 〔马〕安焕然：《新山福建帮群的文化建设》，《华侨华人文献学刊》2017 年第 1 期。
③ 陈景熙：《庙宇、义山与海外华人社会建构：19 世纪砂拉越古晋潮人社会的案例》，《世界宗教研究》2020 年第 2 期。
④ 陈琼渊：《砂拉越的客属族群：社团组织与政治参与初探》，《第四届"客家研究"研究生学术论文研讨会论文集》，2004。
⑤ 宋燕鹏：《马来西亚西海岸中等城镇华人移民社会的形塑途径——以巴生、金宝和大山脚为中心的类型考察》，《南洋问题研究》2020 年第 1 期。
⑥ 〔马〕邱克威：《巴冬（Parit Jawa）闽南人的社会结构形成及其特征——马来西亚华人村镇方言群结构历史变化的多元因素考察》，《华侨华人文献学刊》2019 年第 1 期。

关注与体验，以及地方性知识的融入，使得相关的研究具有全局视角无法比拟的分散性。这充分证明了马来西亚较之新加坡具有更为广阔的研究腹地，通过地域视角回归和收拢研究主题，能够达到一定程度的补位和拾遗。

但值得一提的是，这一时期也有一些学者从全局性的视角对华人社群进行探讨，这是充分理解了帮权结构研究内涵和外延的基础，并区隔和强化了帮群、族群、社会、国家等概念。如文平强以客家次族群、华人族群和国家三重向心关系为例，认为华人方言群在应付官方的族群政策和维护自身的权利过程中保持着三层次的身份。① 美国学者柯雪润（Sharon A. Carstens）分析和解析了当代华人群体如何回应华人社会政治、经济和社会的发展，以及华人群体在马来西亚的经历如何影响国家和民族认同这两大核心问题。② 加拿大学者珍妮特·戴兰达（Janet Tai Landa）则嵌入族群贸易网络的社会规范理论，洞察新加坡和马来西亚的华商群体，透视华商群体的营销网络以及他们之间达成的各种制度安排。③ 这些研究具有一些显著的特征和趋势，譬如重视理论的运用和建构，旧题材新探讨；直视帮权结构的变迁，着眼于当前的问题关切；摆脱狭隘的帮群叙事，迈向更宏大的族群乃至国家叙事。

（二）华人社团相关研究成果

华人社团与华文教育、华文报章一道被誉为马来西亚华人社会的三大支柱。在20世纪中后期已有与马来西亚华人社团（会馆）相关的文论，但多属于资料铺陈和广泛论述，融入在华人历史研究当中。④ 华人社团作为华人社群当中一个具体组织的表现，在一定程度上可以认为是伴随"华人帮

---

① 〔马〕文平强：《马来西亚客家人与族群关系》，《2003亚太客家文化节——客家·族群·多元文化研讨会论文集》，苗栗县文化局，2003。

② Sharon A. Carstens, *Histories, Cultures, Identities: Studies in Malaysian Chinese Worlds*, Singapore: Singapore University Press, 2005.

③ Janet Tai Landa, *Economic Success of Chinese Merchants in Southeast Asia: Identity, Ethnic Cooperation and Conflict*, Berlin & Heidelberg: Springer-Verlag (e-book), 2016, pp. 43-101.

④ 参见吴华《柔佛新山华族会馆志》，新加坡：东南亚研究所，1977；杨建成《30年代南洋华侨团体调查报告书》，中华学术院南洋研究所，1984；王赓武《东南亚与华人》，中国友谊出版公司，1987；林水檺、骆静山《马来西亚华人史》，马来西亚留台校友会联合总会，1984；刘崇汉《彭亨华族史资料汇编》，彭亨华团联合会，1992；黄枝连《东南亚华族社会发展论》，上海社会科学院出版社，1992；等等。

群"淡化后的一种替换概念，① 但两者也存在本质上的不同，华人社团主要以地缘、血缘、业缘、文缘等缘性为纽带，而其中的地缘性社团才是华人帮群的主要衣钵，但帮权结构实际上广泛且隐性地存在于各类华人社团之中。新世纪以来，马来西亚华人社团持续受到学术界的关注，尤其是其中暗含帮权结构的相关研究，呈现出三种面向。

首先，中国历史学学者重视历史和现状的梳理。以石沧金为代表，其梳理了马来西亚不同时期、帮派、类型的华人社团的发展历史，总结了它们的发展特点和规律，分析了它们的组织机构及管理体系，探讨了它们与中国社会、马来西亚社会的互动关系，以及在华人社会中同政治、经济、文化等方面的密切关系。② 其还普遍关注华人社团与寺庙、祠堂、义山、互助社等帮权形式的关系，③ 华人社团之间不同的背景和活动以及华人社团内部存在的斗争与分裂。④ 在这些相关研究成果中，过去华人帮群具备的某些特征，如派系立场、精神象征、抗衡角力等，被平移到了宽泛的华人社团概念中。

其次，中国人类学学者重视理论与实践的结合。以谢剑为代表，其采用镶嵌模式进行研究，认为 20 世纪 50 年代以后，独立国家中的华人社团为求自保，必须强化国家认同，但由于族群的边界，他们仍保留原有的文化认同，而在政治经济上与其他族群合作互利；⑤ 其又采用文化变迁理论分析马来西亚客家社团的定位，探讨既保持本体认同又调试主体文化的路径，反对西方学者的两极化观点；⑥ 其还有一些相关的研究，都是在人类学微观模式下对华人社团进行缩放研究。⑦ 这些华人社团相关研究，契合了上述全局性华人社群研究的特征和趋势，使得理论化、微观化、个案化成为一种范式。

---

① 根据马来西亚 1966 年社团法，所有团体必须向政府登记注册后才能合法地在社会上活动。

② 石沧金：《马来西亚华人社团研究》，中国华侨出版社，2005。

③ 石沧金：《试析马来西亚华人社团的历史分期》，《东南亚纵横》2004 年第 7 期。

④ 石沧金：《新世纪马来西亚华人社团发展动态分析》，《世界民族》2007 年第 1 期。

⑤ 谢剑、陈美萍：《族群认同与文化适应：以马来西亚吉隆坡及雪兰莪地区客家社团的发展为例》，《第四届世界海外华人国际学术研讨会论文集》，世界海外华人研究学会，2001。

⑥ 谢剑：《文化融合抑文化内衍？以吉隆坡客家社团的发展为例》，载萧新煌主编《东南亚的变貌》，中研院民族学研究所，2000。

⑦ 谢剑：《从人类学视野试析客家族群的特征》，载陈支平、周雪香主编《华南客家族群追寻与文化印象》，黄山书社，2005。

最后，马来西亚学者重视现实困境和未来展望的书写。刘崇汉指出当前华人社团存在的问题，提到华人社团缺乏代表全部华人社会利益的总机构，导致华人族群凝聚力不足，缺乏策略性结盟与合作的思考与机制，存在山头主义思想等，认为华人领袖的素质是解决华人社团碎片化和山寨化的关键点。① 莫顺宗指出 1970 年以来，华人社团进入了"从小团结到大团结"的整合期，华人社团应善用其特点，将自身视为一个整体进行运作，通过"互联网络"应该可以在全球化时代找到它的新使命、新机运。② 这些研究成果对当代华人社团虽褒贬不一，但均建立在一个基调之上，即华人社会已从帮群小认同走向族群大整合。消弭帮群间矛盾，在族群间追求共同利益，这就是马来西亚推动多元族群政治坚实的成效，也是华人社会内部求同存异趋势的写照。

除此之外，曾少聪、祝家丰、林奋之、周燕平、郑达、王付兵、黄子坚、李雄之、薛莉清、廖文辉、房汉佳、吴韶华、高静宜、陈中和、吴煌、袁勇麟③等都针对马来西亚华人社群和华人社团（尤其是地缘性社团）等相关研究范畴或议题撰写了专著和论文，对帮群、族群等相关问题提供了独到见解，做出了一定的学术贡献。在相关研究述评中，陈美华认为，从华人社团的历史资料和发展现状来看，方言认同并不一定会造成排他性，基

---

① 〔马〕刘崇汉：《马来西亚华团组织的困局与展望》，《韩江学报》2002 年第 1 期。

② 〔马〕莫顺宗：《马来西亚华人社团：从"整体网络"到"互联网络"》，《八桂侨刊》2012 年第 4 期。

③ 参见曾少聪《漂泊与根植：当代东南亚华人族群关系研究》，中国社会科学出版社，2004；〔马〕祝家丰《权益组织之路：马来西亚华人社团的质变与分化》，载何启良等《马来西亚、新加坡社会变迁 40 年（1965—2005）》，南方学院出版社，2006；林奋之《马来西亚华人社团的新特点》，《东南亚纵横》2008 年第 3 期；周燕平《20 世纪 50 年代以来马来西亚华人社团领袖研究综述》，《当代亚太》2008 年第 1 期；郑达《试析 1980 年代以来马来西亚华人业缘社团的发展》，《八桂侨刊》2010 年第 2 期；王付兵《马来亚华人的方言群分布和职业结构》，云南美术出版社，2012；〔马〕黄子坚《北婆罗洲（沙巴）1941 年之前的福建领袖》，载成功大学编《闽南文化国际学术研讨会论文集（2011）》，乐学书局，2013；〔马〕李雄之《烟雨华团》（四），雪隆李氏宗亲会，2014；薛莉清《晚清民初南洋华人社群的文化建构———一种文化空间的发现》，三联书店，2015；〔马〕廖文辉《马来西亚闽南地缘会馆之统计与分析》，《华侨华人文献学刊》2015 年第 1 期；〔马〕房汉佳、吴韶华《砂拉越古晋的客家族群与客家公会》，河南人民出版社，2018；〔马〕高静宜、陈中和《马来西亚吉隆坡惠州会馆与广肇会馆关帝诞初探》，《八桂侨刊》2019 年第 4 期；吴煌、袁勇麟《对抗与角力：周边传播视域下马来西亚华人青年的族群认同建构》，《贵州民族大学学报》（哲学社会科学版）2023 年第 5 期；等等。

于其社会功能的差异，跨方言群的互动与合作必然存在，只是程度上有所不同。①

综上所述，新世纪以来，尤其是近年来，除马来西亚本土学者外，中国大陆和中国台湾地区高等院校及科研机构的学者对马来西亚华人社会的研究，特别是检视和解构其中帮权结构的相关内容，均表现出很高的热度，这或与马来西亚的中文语言环境和中文文献资料便于华人学者适应和利用有关；或与中国对外开放的格局和经济的快速发展有关，学者们获得了更多的项目和经费支持；或与学术研究和学科发展向着深度、广度以及交叉化发展，学者们拥有更广阔的视野、更扎实的功底有关；更多的是由于马来西亚华人社会变迁与华人族群调适出现了新形态和新动向，这对于学术知识补充和更新是一种非常重要的推动力，不同学科背景的中外学者在自观和他观模式中不断切换，产生了不少有价值的相关成果。

新世纪以来的马来西亚华人社会帮权结构相关研究仍以历史学和人类学为主，也有个别地理学、传播学的研究，但相较新世纪以前的研究具有一些值得注意的地方。一个最显著的特征是摆脱了新马合体，学者们普遍对马来西亚进行单独研究，并且更加趋向区域化、分支化、精细化的剖析。吉隆坡、槟城、柔佛、沙捞越等州乃至更小层级的地域区划成为反映马来西亚华人社会帮权结构的局部代表，学者们纷纷在这些热门地域从事人类学的田野工作，收集独特的文献资料。为迎合当代马来西亚政府的政策和理念，宽泛的华人社群、华人社团研究和梳理取代了狭隘的帮群研究，这虽然表面上淡化了"帮权政治"的概念，但"帮权政治"原有的核心内涵或许依旧存在，因而检视和解构学术问题的方式并没有发生本质上的变化。华人社群、华人社团的研究作为帮群研究的赓续，有继承更有发展，主要从之前的地缘性、血缘性、业缘性的三元结构立体化发展到各种政治、经济、文化、教育、宗教等当代领域。在研究理路中，既有整体研究也有专题研究，既有综合研究也有个案研究，既有定性研究也有定量研究，既有历史研究也有现状研究。一些研究成果出现了新的形态，例如由单篇主题的研讨论文组成一部有机衔接、较为系统的学术专著，呈现出更专业、更

---

① 陈美华：《族群、历史与认同——以马来西亚客联会的发展为探讨》，《马来西亚华人研究学刊》2008 年第 11 期。

精细的学术讨论空间。此外，马来西亚学者也纷纷崛起，将视角转移到历史和现状的帮权结构议题，他们的研究优势、方法和技巧，使得针对这个议题的研究具有更广泛的角度，从而输出更多的立论和观点，在学术界产生更多的碰撞和互动。

四　总结与展望

通过对国内外相关学术成果的初步梳理，可以看到，自马来西亚华人社会的"帮群"概念提出以来，学术界普遍接受了这个观点，并通过帮群势力和社群边界建构了华人社会内部的帮权结构。围绕着"帮群"解构出来的帮权政治、帮权势力，以及随着时代变迁而发展出来的社群、社团等相关概念的研究，始终是马来西亚华人社会的关键词并保持着热度。诚然，帮权结构受到历史的积淀和根深蒂固的思想观念的影响，它在马来西亚华人社会中不会瞬时消逝，直至今日，在马来西亚积极推动社会和谐与多元文化共融的大背景下，作为三大族群之一的华族，其社会内部垂直型的帮权结构依旧存在，而横跨各社群和社团间的隔阂也没能根除。一直以来，帮权结构是马来西亚华人社会普遍存在的结构化特征。在早期，帮权政治、帮权庙宇、帮权义山等在传统华人社会结构中具有典型的象征含义和实际意义，具有典型的分帮分派属性。现代社会中，华人社团作为构建和稳固华人社会的重要支柱，其中的帮权结构也向着更广更深的层次迈进，呈现出跨帮、超帮的主流态势，而这正是华人帮群向华人族群整合的表现，但在这个整合的过程中，帮群及帮权结构仍有存在的根基和表象。例如作为华人社群和华人社团协调机构的华人大会堂，以及通过经济纽带组成的中华商会等，其中亦暗含帮权势力。尤其是近些年来，曾经代表华族政党的马华公会丧失了长期联合执政的地位，马来西亚华人社会"变天"，华人政治及华人社团等生态亦产生了鲜明而重大的变化，特别是华人社团当中杂糅了更多的国内政治因素，蜕变成政党角逐的阵地，过去华人社团不参与政治的潜规则事实上已经被突破。华人社团家长制、派系化问题日益突出，偏离了原先的宗旨，导致华人社会不和谐。因此，华人社团特别是地缘性社团（会馆）已经不再是纯粹的帮群组织，其帮群认同观显著淡化；而其他业缘性、文缘性等社团的帮权结构更不以籍贯或方言为纽带，而是伴随国家发展进程不断追逐于己有利的利益分配制度，能够统筹这种变化的帮权结构，就在于整个华人族群的共同信仰或执念。在新时期，马来西亚华人社团也更加重视与中国的联系和交往，由此也注入了更多的国际政治因素。同时，华人社团呈现国际化、功利化、精英化与年轻化等特征，在年轻精英的掌控下，追求共同的经济利益成为一种愿景，过去分离式的帮权结构或许演进成融合式的帮权结构。因此，要解构当代的帮权政治和帮权结构，就要充分认识其中内涵的延展，要深刻理解其中转向的实质。总而言之，在当下，华人社会发展的进路不是完全针对并彻底去除帮权结构，而是在这种结构下，如何更好地调和华人族群内部的各种关系，消解纷争，和谐共生，为华人社会谋取更好的福祉。

在马来西亚的政治、经济、文化、军事四大领域中，华人在前三个领域均有参与，并扮演了重要角色。无论过去还是现在，华人社会的帮权结构与这三个领域都具有或多或少的联系，尤其在早期显现出一种典型的面貌特征。在既有帮权结构及其相关研究中，我们可以发现，老一代学者的代表麦留芳、颜清湟等侧重于宏观视野的历史学检验与分析；中生代的学者代表，如新马学者黄贤强、张晓威、吴龙云等侧重地域性视角的观察，中国学者石沧金等侧重于新世纪以来社团的质性研究，谢剑等侧重于将理论框架嵌套于当下的华人社团研究；新生代的学者代表宋燕鹏等则结合历史学、人类学的方法，亦采用地域化的视角。这也呈现出学科参与的迭代和观察角度的缩放。展望未来的研究趋势，传统的帮权结构研究或许有些过时，因为其落脚点在于历史的回放和叙事，但是基于其仍暗含于华人族群内部政治、经济、文化等领域，对于现状的剖析和地域化、鲜明化的个案研究，或许依然可以实现理论的结合与运用，其中比较值得关注的是华人帮群（社团或会馆）的积极性、多元性、外联性。但是在学术研究中我们不能始终持有二元对立的固有思维，而是需要有循序渐进或与时俱进的发展观，这种认识同样适用于对马来西亚华人社会帮权结构的研究。

综上所述，从学科方法来看，学者们对于马来西亚华人社会帮权结构的既有研究，主要从历史学和人类学的视角出发。历史学方面，学界主要是借助既有的档案文献资料，从宏观层面和整体层面进行过程的梳理，呈现普遍性的文本，从华人移民的历史、人口、方言差异等方面，讨论帮群和帮权社会形成的根源，以及这些社会文化因素对华人帮群之间的对立与互动所产生的制约作用等。在人类学方面，我们发现，通过运用其相关方法论和访谈、观察、问卷资料，以及地方性知识，在选定的局部区域范围内，以他者的视角进行着手，学界的尝试基本上取得了异质性的效果。至于其他学科，如从经济学角度进行的考察和研究，由于资料的缺乏等原因至今仍少见涉及。① 通过学术史梳理发现，历史学和人类学取得的成果可谓并驾齐驱，只是在不同的时代背景下，各自着力点的轻重，呈现出一种此起彼落的趋势。就马来西亚华人社会帮权结构研究而言，自20世纪中后期开始，首先是历史文献资料与田野调查实践相互并重的历史人类学研究，其次是历史学当中新马华人社会史的研究，最后是新世纪以来的以田野调查实践为主要手段的人类学研究，整个过程呈现出该项研究的学科进路。这种学科进路的背后实质是，历史学宏观叙事和整体研究趋于饱和难有突破。人类学可以通过中观或微观的视角进行合理转向，从田野调查实践中发现问题、分解问题，开拓研究空间。个别代表性学者能够在短时期内产出较多具有一定学术价值的研究成果，显然是找到了新向度，打开了更广阔的视窗。

既然要田野调查，就离不开田野点，那么地域和对象的选定就大有文章。马来西亚华人社会研究主题是华侨华人学界的一处富矿，具体到帮权结构研究，在当前槟城、吉隆坡、马六甲、柔佛乃至古晋等地区都成为热门区域的背景下，选择一些还不太被关注的地区，尤其是深入远离都市的聚落当中，所呈现的地方性知识或许更具特质，更具有理论和资料创新的可能。在马来西亚华人社会中传统的福建、广府、客家、潮州、海南五帮之外，关注其他帮群或亚帮群，聚焦小地域、小社团，譬如广西帮——王琛发就认为"马来半岛的广西研究刻不容缓"② ——以及新崛起的三江帮等，也不失为一种补缺拾遗的思路。除此之外，在田野调查当中，要重视展现更多当时华人以及当地文史研究者的看法与观点，③ 他们是构建历史—现状脉络的活材料。但同时要注意的是，地方历史和地方特色固然存在，微观视角和个案研究诚然可行，但也要克服思维的困顿和资料的局限，切

① 张应龙主编《海外粤籍华人社团发展报告》，暨南大学出版社，2018，第97页。
② 〔马〕王琛发：《清末以来广西人开拓马来亚半岛的历史生态》，《八桂侨刊》2014年第1期。
③ 〔马〕吴龙云：《平章会馆与中华总商会及槟城华人社会：廿世纪初期的帮群、领袖及其互动》，博士学位论文，新加坡国立大学，2006，第5页。

忌只见树木不见森林。总之，在马来西亚华人社会帮权结构依旧存在的大定论下，如何窥探其在新时期的内涵，也是需要思考的。人类学的"到田野去"，应该是一个值得提倡并有所期待的口号。

From History to Anthropology：The Basic Context and Development Path of the Study on the Social Power Structure of Malaysian Chinese

Huang Wenbo

Abstract：Pang politics or Pang power is a prominent feature of Malaysian Chinese society, which constructs a Chinese social system under the Power Structure of Pang. From the 19th century to the present, there has always been an explicit or implicit the Power Structure of Pang in Malaysian Chinese society, and it has undergone deformation with historical processes and social changes. Geopolitical Pangs have gradually been replaced by diverse societies, and Chinese society has also achieved a transformation from small group identity to large group integration. Some scholars have described and reflected on this, deconstructed and analyzed it, and put forward many important insights and viewpoints. In the context of homogenization and saturation in historical and global research, there is still practical significance in conducting further research on the connotation and impact of the power structure of Malaysian Chinese society from the perspectives of anthropology and geography.

Keywords：The Power Structure of Pang；Malaysia；Chinese Society；Pang Groups；Ethnic Groups

多重视角下的新加坡精武体育会*

石沧金　龙矜频**

摘　要　在"精武五使"文化倡议的推动下，1922 年星洲中国精武体育会正式创建。二战前，新加坡精武体育会深受中国社会特别是上海精武总会的影响；二战后，该会逐渐走向本土化。这项转变不仅促进本国华人对中华传统文化的认同，增进了不同族群的内部认同，同时也促进了新加坡的民族关系和谐，进而获得本国社会和民众的高度认可。中国改革开放后，新加坡精武体育会与祖籍国的精武体育会之间形成日益密切的跨国网络，其发展也呈现明显的国际化特征。新加坡精武体育会有效地传播了中华传统文化，增强了华侨华人对中华文化的认同感；同时，它能够促进华侨华人与不同族群之间的文化交流。

关键词　新加坡　精武体育会　本土化　跨国网络　国际化

在新加坡，华人武术组织的数量众多。其中，新加坡精武体育会（简称"精武会"）是其中最具代表性的团体之一。该会是新加坡历史上首个国术（中国武术）团体，新加坡历史最悠久的武术团体[①]，也是东南亚地区颇具代表性的精武体育会之一。

专家学者对华侨华人武术发展及团体做过深入研究，其中不少论文涉及探讨海外的精武会。孟涛、周之华的论文《华人移民对中华武术海外传

---

*　本文是 2018 年国家社科基金重大项目"中国民间信仰海外传播图谱与功能研究"（项目批准号：18ZDA228）的阶段性成果。

**　石沧金，男，暨南大学国际关系学院/华侨华人研究院研究员；龙矜频，女，博士，新加坡国家博物馆馆员。

①　彭松涛：《新加坡精武体育会》，载彭松涛编《新加坡全国社团大观 1982–1983》，文献出版公司，1983，第 O-21～O-23 页。

播的影响》① 运用口述史、文献资料和逻辑分析等研究方法，对华人移民在武术海外传播过程中的影响进行研究。上海精武体育总会编写的《精武志》②，从多角度记载和分析精武会的历史，及其社会联系和影响，资料比较全面，有助于我们整体了解精武会；书中不少资料反映了精武会的海外传播发展，尤其是近些年的海外发展动态。汤林侠《精武体育会海外发展的研究》③ 分析了精武会早期发展史、海外发展现状，并对精武会海外发展提出建议。杨媛媛《近代上海精武体育会研究：1910-1949》④ 专门分析上海精武会 1949 年以前的发展历史，其中涉及论述精武会早期在南洋地区的传播。秦利君、周亚婷《北洋政府时期中华武术在南洋地区的传播——以精武体育会为例》⑤ 分析了北洋政府时期精武会在南洋地区传播发展的动因、特点和影响。马廉祯《民国时期东南亚精武会的盛与衰》⑥ 探讨民国时期东南亚精武会由盛到衰的过程和原因。二战后至 20 世纪 50 年代中期，陈公哲先生在精武会发展历史和海外传播过程中曾是"灵魂人物"之一，并做出巨大的贡献；他根据亲身经历撰写的《精武会 50 年》⑦，向我们展现了精武会能够在我国和海外迅速传播发展及产生重要社会影响的关键因素；书中对精武会在南洋的传播着墨较多，是珍贵的一手资料。

　　马来西亚是精武会海外传播发展最重要的国家，精武会在当地也产生了深远影响。因此，研究马来西亚精武会的论文较多。著名文化人龚鹏程撰写了《马来西亚精武门的故事》⑧，文章主要分析了精武会在南洋地区的传播及国际化发展、马来西亚精武会的处境和发展、马来西亚精武会的特

---

① 孟涛、周之华：《华人移民对中华武术海外传播的影响》，《中华武术研究》2013 年第 5 期，第 11~14 页。

② 上海精武体育总会编《精武志》，文汇出版社，2021，第 1~343 页。

③ 汤林侠：《精武体育会海外发展的研究》，硕士学位论文，上海体育学院，2016，第 1~34 页。

④ 杨媛媛：《近代上海精武体育会研究：1910-1949》，硕士学位论文，华东体育大学，2014，第 1~62 页。

⑤ 秦利君、周亚婷：《北洋政府时期中华武术在南洋地区的传播——以精武体育会为例》，《南京体育学院学报》2021 年第 11 期，第 77~80 页。

⑥ 马廉祯：《民国时期东南亚精武会的盛与衰》，《安阳师范学院学报》2011 年第 5 期，第 25~30 页。

⑦ 陈公哲：《精武会 50 年》，春风文艺出版社，2006，第 1~166 页。

⑧ 龚鹏程：《马来西亚精武门的故事》，《武艺丛谈》，人民东方出版传媒有限公司、东方出版社，2015，第 131~158 页。

色。李秀《百年精武体育在马来西亚的发展及影响研究》① 重点分析精武会在马来西亚的百年传播发展史。张美娜《马来西亚雪隆精武体育会百年发展研究（1921—2020）》② 重点研究了马来西亚精武会组织中最具代表性的雪隆精武会，并归纳总结了雪隆精武会百年发展历史的特点。

上述研究成果对我们从各个角度了解和把握海外精武会的发展具有重要借鉴意义。但其中的一个不足之处就是对新加坡精武会未做深入系统的研究。因此，本文力图较为全面系统地分析新加坡精武会，分析其早期发展历史，二战结束融入本土后对当地社会的作用和影响，它的跨国网络和国际化特征，最后从更广阔的视角，简要分析精武体育会在推动"一带一路"倡议和人类命运共同体建设方面的作用。

一 源自中国：二战前的新加坡精武体育会

新加坡精武会原名"星洲中国精武体育会"。从其名称可以看出，新加坡精武会的创建源于中国的精武会，曾是上海精武总会的属会。

1910 年 7 月 7 日（农历六月一日），上海精武体育会正式成立，旨在强国保种，挽救、振兴当时积贫积弱的中国。③ 1919 年 4 月初，陈公哲和上海

① 李秀：《百年精武体育在马来西亚的发展及影响研究》，《黄山学院学报》2011 年第 5 期，第 96~100 页。
② 张美娜：《马来西亚雪隆精武体育会百年发展研究（1921—2020）》，硕士学位论文，广州体育学院，2021，第 1~43 页。
③ 上海精武会的前身是著名武术家霍元甲在上海创办的精武体操学校。后在陈公哲、黎惠生、姚蟾伯等倡导、推动下，精武体操学校改组为精武体操会，1910 年 7 月 7 日正式成立。该会仍以霍元甲名义创办，首任会长是农劲荪（同盟会会员），孙中山先生担任首任名誉会长。1916 年，中国精武体操会正式更名为上海精武体育会。同年底，孙中山先生到上海精武会视察。1919 年 10 月，在陈公哲邀请下，孙中山先生为上海精武会出版的《精武本纪》作序，并为精武会题词"尚武精神"。序文："精武体育会成立既十年，其成绩甚多。识者称为体魄修养术专门研究之学会，盖以振起从来体育之技击术，为务于强种保国有莫大之关系。推而言之，则吾民族所以致力于世界平和之一基础！会中诸子为《精武本纪》既成索序于余，余嘉诸子之有先知毅力不同于流俗也。故书此与之。"孙中山高度称赞了精武会"强国保种"、推动世界和平的重要作用。实际上，精武会的成立和早期发展与以孙中山先生为首的革命党人关系密切。该序文参见上海精武总会编《精武志》，文汇出版社，2021，第 320 页。
陈公哲（1890—1961），广东香山人。出生于上海，武术家，亦精通书法和文史，曾受教于章太炎。其父为富商。陈公哲著作丰富，主要包括《精武会 50 年》《书法教程》《行草章法》《科学书法》等。

精武会其他几位成员陈铁笙、姚蟾伯、陈士超（陈公哲之妹）等前往广州，在当地联络发动政界、新闻界等方面人士，推动成立精武会。1919 年 4 月，广东精武体育会成立。东南亚地区（南洋地区）华侨数量众多，尤其在新马一带；华侨中粤籍占至半数甚至更多。精武会由上海到广东的"精武粤传"，为中国武术向海外侨社传播带来了重要契机。陈公哲曾指出："广州为通达南洋之门户，自粤会（广东精武会）成立后，报纸宣传，远届海外。南洋侨商，曾函粤会，详询内容，向慕甚殷。"①

东南亚华侨期盼早日成立精武会，因此 1920 年 7 月 3 日，陈公哲、罗啸璈、叶书田、黎惠生、陈士超受上海精武会派遣，组成"精武五使"南下宣传精武精神。他们组建"精武东南亚旅行团"，到访东南亚多个华侨聚居城市；在他们的感召下，南洋侨社相继创建精武会。同年 9 月 5 日，新加坡华侨养正学校联合华侨女校，在养正学校欢迎南来的"精武五使"。罗啸璈、陈公哲、陈士超先后发表演说，向当地华侨阐述创建精武会的历史及重要性。其中，陈公哲的演说"详述精武十一年来经过历史，及近世潮流与体育关联，洋洋数千言，凡历数十分钟始毕"。② 9 月 7 日，《叻报》发表文章《论说：论吾国之精武体育会》，作者根据聆听陈公哲、罗啸璈、陈士超三人在养正学校的演讲，道出了个人感受，认为"精武体育会于举国昏昏沉沉欲暮之候，大声疾呼，现身说法，以精武之义提撕警觉国人，亦可谓于救国事业中，为一种有光荣、有势力之盛举也"。"精武体育会提倡中国式之体操于学校教育中，提倡女子体育于社会教育中，吾知此后该会之发展，转弱为强，其在斯乎！以全国之大而以精武之魂点缀之，以全国之众而以精武之精神贯注之，安见中华民族不足以自豪大地乎？"③ 作者极为称赞精武会的健身强国功效。

"精武五使"的宣讲活动积极促进、提升了精武会在南洋华侨中的影响。受到"精武五使"的感召，在众多华侨领袖的热心推动下，精武会的成立工作稳步推进。1920 年 10 月 7 日，麦仲尧、林义顺、甘清泗、李铁岑、林推迁、黄兆珪、吴胜鹏作为筹办星洲精武体育会的发起人，向各侨

---

① 陈公哲：《精武会 50 年》，春风文艺出版社，2001，第 48 页。
② 《欢迎精武体育会会员纪盛》，《叻报》1920 年 9 月 6 日，第 11320 号。
③ 和平：《论吾国之精武体育会》，《叻报》1920 年 9 月 7 日，第 11321 号。陈公哲著《精武会 50 年》第 56~58 页也收录了此文，作者陈安仁。

校和华团发布通知，请他们派代表参加将于同月 12 日在养正学校召开的谈话会，商讨是否组建星洲精武会。林义顺、黄兆珪、李铁岑、麦仲尧、林文庆、林推迁、甘清泗、余东璇等著名新加坡侨领以及总领事伍璜正式发起成立星洲中国精武会。同年 10 月 12 日，林义顺、黄兆珪、林推迁、麦仲尧、李铁岑等 40 余人在新加坡养正学堂召开茶话会，筹组星洲中国精武会，林义顺被推举为主席。①同月 14~16 日，中华赈灾协会在《叻报》连续三天发布《鸣谢广告》，感谢中国精武会和新加坡同侨对赈灾演出活动的积极支持。这也进一步扩大了精武会在华侨中的声誉和影响。1922 年 8 月 9 日，星洲中国精武体育会的注册申请获得了英属马来亚政府核准，该会正式成立，黄兆珪为会长，林义顺为副会长，黄兆源为干事长。它隶属于当时上海的中央精武会，宗旨以强身健体为基本，用科学方法调整南北各门派武艺，使之成为有系统的传习。

二战前，新加坡中国精武会的发展深受中国社会尤其是上海精武总会的影响。1921 年，中央精武会在上海建立，成为海内外精武会的总机构，凡国内外各处精武会的国操主任和教员，均由中央精武会委任。从此，精武会进入较快发展时期。二战前，中央精武会积极选派武术总教练到海外各地精武会执教，其中派往新加坡精武会的有赵连城、李瑞标、刘清桂、夏启芳、卢苏丽、李志羲。② 1922 年，中国近代著名武术大师、武术教育家陈子正（1878—1933 年，河北雄县人）赴星洲中国精武会教授拳术。1940

---

① 陈公哲：《精武会 50 年》，春风文艺出版社，2001，第 73 页。根据新加坡精武会网站对该会历史的介绍，1921 年，来自中国的武术高级毕业生蔡景麟莅临新加坡，受到养正学校和南洋工商补习学校，以及黄兆珪之子女邀请，对他们进行武术指导。蔡景麟因而结识杨兆桢，并赠予《精武本纪》。杨氏得知精武会宗旨纯正，有益人群，实有普遍宣传之必要，乃与蔡景麟四处奔走，筹谋策划，得与汤湘霖、林义顺、甘清泗、梁子修、林推迁、吴胜鹏、黄叔祉、陈敬庭、黄泽波、伍燊才、黄兆源、黄兆珪共同发起成立"星洲中国精武体育会"。参见"历史介绍"，新加坡精武会网，https://sgchinwoo.com/zh/history/，2023 年 8 月 18 日。

② 上海精武体育总会编《精武志》，文汇出版社，2021，第 238 页。李志羲女士出身于上海浸信会，1916 年进入上海精武会学习武术，毕业后在精武会担任武术教练。1921 年，她受派遣到南洋地区精武会担任教师。先到星洲女子精武会（该会成立之后只存在两年即因资金问题关门），1923 年到雪兰莪女子精武会，不久转去槟城女子精武会，总计任教 60 多年，终身未婚。李志羲被誉为"精武圣女"。1953 年 4 月，在槟城精武会为陈公哲举办的欢迎会上，陈氏褒奖李志羲对精武会的奉献精神，亲书"精武圣女"屏条公开赠送给她，当时"全场鼓掌，经久不息，表现亲挚气氛，有为之泪下者"。参见陈公哲《精武会 50 年》，春风文艺出版社，2001，第 132 页。

年，杨式太极拳名家林伯炎（毕业于上海精武体育师范学校，曾在中国国内多地精武会执教）到星洲精武会任教。

在上海总会体制模式的影响下，星洲中国精武会于 1923 年设立女子部，1925 年设励志团；日本南侵前，该会还先后设立商业簿记班、艺术科（中西书画摄影）、国术特别班、歌剧团、太极拳班、粤乐科、篮球队、歌咏队等，[①]文化活动和体育活动积极活跃，在新加坡侨社中的影响和声誉不断增强。1923年 10 月，中国的精武会组建"广高精武旅行团"，再次前往南洋。该团先后到新加坡及荷属爪哇、法属安南等多地，并以国操以及武术改编的武化舞、剑舞等向侨胞宣传精武事业。"足迹所至，莫不欢迎，故海外分会已达二十余所，会员万余人。"[②]据不完全统计，到 1927 年，国内外精武会已达 49 个，会员超过 40 万人。[③]到 20 世纪 30 年代后，南洋地区精武会的发展取得较大进展，其中，星洲中国精武会是表现最佳者之一。1936 年，星洲中国精武会与南京中央国术馆[④]在新加坡联合举办"南北国术大会操"。此次活动促进了中国传统武术在海外更广泛的传播，促进了华侨武术界的合作与团结。南京中央国术馆的毕业生陈玉和曾在星洲中国精武会担任武术教练，培养弟子多名。

20 世纪 30 年代是南洋地区华侨精武会的成长期，它们从属于上海精武总会的领导，其会务组织系统化，会内设立各部组织，着重于武术、游艺、康乐、教育、福利、调查等部；与华侨社会联系、互动密切，深入华社民间。[⑤]创建初期，新加坡精武会原本没有固定会所，租用水车街 32 号为会所。之后到 1930 年前，会所数度搬迁。1933~1939 年，再迁到赵芳路，并

① 彭松涛：《新加坡精武体育会》，载彭松涛编《新加坡全国社团大观 1982—1983》，新加坡文献出版公司，1983，第 O-21~O-23 页。

② 《精武》编辑部：《广高精武旅行团出发》，载《精武特刊》，1923，转引自丁守伟《论民国武术的国际化》，《武术研究》2017 年第 5 期，第 9~12 页。

③ 上海精武体育总会编《精武志》，文汇出版社，2021，第 51 页。

④ 1928 年 3 月 15 日，中央国术研究馆在南京正式开办。同年 7 月 5 日，改名为中央国术馆，馆长张之江（1882—1966）。1935 年，张之江率团赴欧美考察体育，前后 8 个月，到访过英、法、德、意、美等多国。从欧美返回途中，张之江同时担任南洋访问团团长，在南洋群岛宣传中国国术。1936 年 1~4 月，南洋访问团到访菲律宾马尼拉，新加坡，马来亚吉隆坡、怡保、槟榔屿等地，在新加坡，南洋访问团受到了陈嘉庚、胡文虎昆仲以及星洲中国精武会、新加坡中华总商会等的热烈欢迎、接待。参见万乐刚《张之江将军传》，团结出版社，2015，第 180~182 页。

⑤ 杨柏志：《五使南来与精武在南洋的发展》，http://www.chinwoo.org.my/%E4%BA%94%E4%BD%BF%E5%8D%97%E6%9D%A5/，2023 年 8 月 16 日。

在寅杰路设立首间分会。1940 年，新加坡精武会终于在大坡尼路自置会所，并沿用至今。① 拥有固定会所有利于该会会务的长期稳定发展。

自 19 世纪末，维新派和革命派在海外侨社的积极宣传，促使华侨的民族主义和爱国主义日益浓厚。特别是进入 20 世纪后，海外侨社受到国内思潮和运动的影响，也迫切希望中国能够国富民强。因而华侨们对精武会的南传热切关注，寄予厚望。此外，英国殖民统治下，华侨社会处于弱势地位，精武会的传播发展既增强了华侨凝聚力，也提升了他们的民族自信心和自豪感，也有助于当时侨社国族观念的建构。

早期东南亚侨社本身存在帮派思想和纷争，也有较为严重的"黄、赌、毒"现象。因此，消除帮派隔阂，革除流弊，为华侨民众所期盼。源自上海的精武会并无帮派主义的明显烙印，粤籍人士也在其中发挥重要作用，因而精武会在东南亚侨社可以得到各方言群广泛支持。孙中山先生对于精武会的重视，也是促成精武会南传和侨社重视的另一重要因素。实际上，同盟会和国民党人在早期东南亚地区精武会的传播、发展中具有重要影响。

精武会旨在保种强国，体、智、德三育并重，跨越武术、体育的界限，涉及更广泛的文化、教育等领域，特色鲜明；精武会积极活跃，吸引了众多华侨的关注和参与，并在新加坡侨社乃至东南亚侨社产生日益强烈的影响。

二　融入本土：二战后新加坡精武体育会的发展

二战期间，由于受时局影响，尤其是日军南侵，南洋各地精武会都停办。二战后的 20 世纪 40 年代后期，南洋精武会进入复兴时期，它们大多复办。而星洲中国精武会的复兴，"为魏元峰、李泽仑之力"。② 1949 年后，精武会的发展中心转移至香港与南洋，南洋地区精武会的发展，以新马两地最为典型和兴盛。

---

① 参见"历史介绍"，新加坡精武会网，https://sgchinwoo.com/zh/history/。

② 陈公哲：《精武会 50 年》，春风文艺出版社，2001，第 120 页。日本南侵前，1940～1941 年，李泽仑担任新加坡精武会副会长。1946 年新加坡精武会开始复办，从 1947 年开始，李泽仑担任该会会长，直至 1978 年。1961 年，新加坡精武会设立京剧团，李泽仑担任团长（1961～1974）、顾问（1975～1978）。1940 年成立的新加坡平社是京剧研究团体，创办人为林庆年、林谋盛、李泽仑等人。李氏对中华传统文化在新加坡的传承贡献卓著。参见"历届职员表"，《新加坡精武体育会 100 周年纪念刊》，新加坡精武会，2021，第 168～207 页。关于魏元峰，下文有提及和介绍。

二战后的 1945 年 9 月，迁居香港的陈公哲联络南洋各地精武会，拟前往探访。1951 年，陈公哲再以中国精武会总裁名义，联络南洋各会，获得各方复信欢迎。1953 年 2 月初，陈公哲从香港动身，再下南洋。陈公哲先后拜访（巡视）星洲精武会、雪兰莪精武会、槟城精武会等，与星洲精武会会长李泽仑以及马来亚各地的精武会负责人交流。

在陈公哲的推动下，1953 年 5 月，新加坡以及马来亚多个城市的精武会代表在霹雳州怡保开会，决定成立马来亚中国精武体育联会。① 联会设 5 位常务理事，包括李泽仑等人。陈公哲担任总顾问，怡保精武会会长刘伯群担任常务主席。鉴于二战后初期的马来亚局势动荡，族群关系紧张，联会明确在提案中提出"凡有华人所在地，均策动成立精武会，以作普遍推动精武事业，发扬精武精神"②。为更广泛宣传、推广精武会，陈公哲将《精武历史》《精武精神》《精武会训》《精武式》等资料翻译为英文，交由星洲精武会代印，寄送给马来亚各州苏丹、英属马来亚华民政务司、英国驻东南亚最高专员（麦克唐纳）、英属马来亚殖民政府钦差大臣（邓普勒）、辅政司等人。陈公哲"以中央精武总裁名义往，文章交际，去函述事。所以获得其尊重，复函尚存箧中"③。在各方推动下，20 世纪 50~70 年代，新马地区精武会进入兴盛发展时期。

新加坡从实现自治到独立建国后，随着华侨社会逐渐转型为华人社会，南洋地区精武会都迈入本土化的发展路径。新加坡精武会自不例外；新加坡是华人为绝对主体的国家，该国精武会的本土化更为彻底、全面、深入。二战后重返马来亚的英国很快恢复了在新马地区的殖民统治。包括华侨在内的当地民众积极争取自治和独立。④ 到 1959 年，新加坡成为自治邦。基

---

① 其他的说法是，20 世纪 50 年代，本着"精武一家"的精神，在星洲精武会的倡议下，南洋精武总会成立，它联络南洋各地的精武会，互相切磋技艺，加强团结合作，共同推进精武事业。参见上海精武总会编《精武志》，文汇出版社，2021，第 105 页。上文中提到的"南洋精武总会"，实际上应该是马来亚中国精武联会。

② 陈公哲：《精武会 50 年》，春风文艺出版社，2001，第 141 页。

③ 陈公哲：《精武会 50 年》，春风文艺出版社，2001，第 146 页。

④ 二战结束后，由新加坡中华总商会发起和领导，当地华侨开展争取公民权运动。同时，中国政府在 20 世纪 50 年代放弃了双重国籍政策，鼓励华侨加入当地国籍。1957 年，新加坡立法议院通过了《1957 年新加坡公民权法令》，该法令生效后，约 22 万名华侨成功申请新加坡公民权，新加坡华侨社会转变为华人社会。关于新加坡华侨争取公民权运动和他们国家认同的转向，可参见李奕志《历史的抉择——二战后新加坡华侨争取公民权运动》，人民出版社，2018，第 295~322 页；崔贵强《新马华人国家认同的转向（1945—1959）》（修订版），新加坡青年书局，2007，第 289~336 页。

于上述政治变动，1960 年 9 月 30 日，"星洲中国精武体育会"正式改名为"新加坡精武体育会"。名称的变更标志该会明显融入本土。

1934 年，前文提及的著名拳师魏元峰①从老家河北带来北狮，在星洲精武会成立狮团，可惜它们后来毁于二战战火。1945 年，魏元峰向上海精武总会定制一双北狮，1953 年运抵新加坡。新加坡邻近赤道，气候常年炎热。北狮狮头以黄泥塑扎成，整个狮身颇为沉重，总重约为 40 斤，舞动起来显得吃力、呆板、僵滞。魏元峰联合其他师傅改良北狮，以竹片代替泥沙混杂而成的狮头，再贴上金纸及染上金黄色的羊毛，并用染上金黄色的吕宋麻制成狮被。经过不断改良后的北狮，狮头重 3~3.5 公斤，狮被重 2~2.5 公斤，被形象誉为"金狮"。1953 年，星洲精武会聘请南方狮艺名家何顺担任教练，将南方醒狮基本动作糅进北方狮形，再配以南方鼓点，表演时形态威猛、动作细腻逼真，紧扣人心。1960 年，该会成立京剧团，金狮技艺中也加进了京剧的舞台艺术，从此新加坡精武会的金狮舞综合了三种方式，配以锣鼓、唢呐等华乐吹打器，融会形成了富有特色的新加坡精武会金狮舞。魏元峰被尊称为"精武金狮之父"。②

20 世纪 60~80 年代，新加坡精武会经常受邀参与新加坡国庆日大会演，派出 100 多名甚至有时多达 300 余名会员参加，表演狮子舞、耍旗和大刀操，场面颇为壮观。该会也经常受邀为本地政府机构、民众联络所、社团、学校、银行和商家的开幕典礼或喜庆日子表演金狮舞、耍旗和京剧。新加坡旅游局多次邀请该会出国表演金狮和耍旗，足迹至于伊朗、沙特、科威特、南非、欧洲、美国、加拿大、澳大利亚、韩国、印尼、印度、斯里兰卡、泰国、菲律宾等，几乎踏遍全世界，新加坡精武会广泛宣传了新加坡

---

① 魏元峰（1906-1984），河北景县人，出身武术世家。1922 年受聘于上海精武会，1924 年被派往新马地区，当时年仅 18 岁。他先跟随舅父、精武著名拳师叶书田、叶书香在马来亚金宝、太平、怡保一带任教。1934 年，南京中央国术馆馆长张之江率领中国国术代表团前来新加坡，联合当地华侨武术团体演出。新加坡精武会为了加强本团体的演出阵容，特别聘请魏元峰前来协助。魏氏的武术表演"干净利落，博得观众的喝彩与欢呼"；其"独特的武艺，获得新加坡精武同仁的赏识，特予挽留"，之后魏氏即在新加坡精武会任教，至 20 世纪 80 年代初退休。他曾担任新马精武总会总教练、总评议员。参见上海精武总会编《精武志》，文汇出版社，2021，第 50 页。《献身新加坡精武体育会前辈魏元峰先生》，载《新加坡精武体育会 100 周年纪念刊》，新加坡精武会，2021，第 54 页。

② 参见《精武北狮》《精武南狮》，载新加坡精武会网，https://sgchinwoo.com/zh/activities/，2023 年 8 月 18 日。

文化，尤其是华族传统文化。同时，新加坡旅游局也邀请该会为抵星旅客表演狮子舞；新加坡旅游局摄影队拍摄的该会狮子王舞、旗开得胜节目，成为新加坡旅游宣传节目。2016 年后，新加坡精武会积极参加由新加坡宗乡会馆联合总会和推广华文学习委员会联合主办的"走出校园走进文化"，为当地多所学校学生表演武术、杂技和舞狮。① 该会成为能够代表本国华族传统文化的标志性民间体育文化组织。

新加坡精武会本土化色彩日益浓厚，它在当地社会得到越来越多的认可和赞誉。1965 年，时任总理李光耀莅临新加坡精武会访问，他赞扬该会会员刚强勇猛、德艺双馨；号召他们参军报国，得到会员积极响应。② 根据 1965 年 11 月 14 日李光耀在新加坡冈州会馆的演讲，也可以看出他对精武体育会的重视。李光耀的演讲原文如下："我希望像精武体育会与冈州会馆这样的团体能够踊跃参加义勇军，你们能够组织一个队伍，称为'精武队'或'冈州队'，最好能号召丹戎巴葛区更多的青年参加，人数如有四五百人，就可以分为数队。在许多参加的壮士当中，可以分为步兵、炮兵、讯号兵、机械化工程部队，担任修理运输等等工作。这样一来，我希望在三四年内，能够有一万名受过训练、有纪律（可靠的）、效忠国家的公民参加义勇军。"③精武会成员、后来担任武术教练的谢胜仁主动加入人民卫国军，所得官衔是金质的"皇帽"级（Warrant Officer 1），他曾被派往英、法、德巡回表演。④ 1976 年，该会早期创作的北方狮子模型被新加坡货币局用来制作 10 元币钞的北狮图案。⑤ 这些都表明该会在新加坡社会获得了高度认可。

和二战前不同，融入本土后的新加坡精武会的武术教练往往出自本地。

---

① 参见《新加坡精武百年史略》，载《新加坡精武体育会 100 周年纪念刊》，新加坡精武会，2021，第 20~23 页。
② 参见《新加坡精武百年史略》，载《新加坡精武体育会 100 周年纪念刊》，新加坡精武会，2021，第 20~23 页。另有说法是，1965 年新加坡刚独立后，李光耀着手组建新加坡自己的军队——人民卫国军。为了征募更合适的人民卫国军兵源，李光耀特地到新加坡精武会去招募。据说，当时该会马上就有 100 多人报名，加入了人民卫国军，体现出了新加坡精武会对本土的深度认同。
③ 参见《李光耀总理在冈州会馆演讲》，新加坡冈州会馆网，https://kongchowsingapore. files. wordpress. com/2012/03/pm-lees-speech-at-kong-chow-e69d8ee58589e88080e680bbe79086e 59ca8e58688e5b79ee4bc9ae9a686e6bc94e8aeb2. pdf，2023 年 9 月 14 日。
④ 《谢胜仁老师的一生》，载《新加坡精武体育会 100 周年纪念刊》，新加坡精武会，2021，第 56~60 页。
⑤ 参见上海精武体育总会编《精武志》，文汇出版社，2021，第 122 页。

如符昌会、谢胜仁、裘爱珍等。符昌会（1951-）是新加坡人，从小由叔父教导武术，后从学于著名的琼籍拳师苏定雄习练少林洪家拳及北派螳螂拳；20 世纪 70 年代始，随杨纪瑚学习杨式太极拳械及推手等；他也习练过陈式太极拳械，成为陈式太极第 20 代传人，得到多名太极名师悉心指导；长期习练鹰爪翻子门拳法和心意门六合八法拳技及武当、少林、精武门的各种拳械。符昌会长期在新加坡传授中华武术，在新马两地华社颇有影响力，担任过新加坡精武会、新加坡光武武术团、马来西亚吉兰丹陈式太极拳协会等多个武术团体及组织的武术技术顾问与教练。① 谢胜仁在新加坡出生，1951 年加入精武会，先进入少林班，学习基本套拳 3 年余，后随魏元峰学习高级拳术。1955 年参加精武会的国术师资训练班，获得第 2 名优异成绩。1961 年，谢胜仁受委为武术助教，1971 年擢升为武术部教练，直至去世。谢氏武功基础扎实，一身好武艺，武术、舞狮、翻筋斗、京剧等，样样精通。他为精武会服务的数十年间，常被派往他国代表新加坡表演武术，"次数多得不胜枚举"②。

新加坡是国际化大都会，新加坡精武会为了适应本国国情，推动会务更好发展，在其吸纳的会员中，既包括新加坡公民、新加坡永久居民，也包括能够接受该会章程和规则的外籍人士。不过，外籍会员无表决权，也无权当选为董事会成员。③ 目前，新加坡精武会有会员 237 人，其中外籍人士 72 人，④ 外籍会员人数所占比例接近 1/3。

为了推动新加坡国术界的团结，李光耀总理于 1966 年呼吁组建总会组织。次年 12 月，魏元峰联合其他相关人士筹建了新加坡全国国术总会（2009 年改名新加坡武术龙狮总会）。在该总会组织和带领下，到 2021 年初时，已有 250 多个武馆、武术学院、体育会等下属团体，而新加坡精武会是其中规模最大的。

2021 年 4 月，尽管新冠疫情尚未结束，新加坡精武会还是尽力举办了建会 100 周年庆典。新加坡时任总理李显龙给该会发来贺词，他称赞该会在

---

① 《符昌会（新加坡）：厚德载物，太极名家》，载世界著名武术家网，http://m.worldwsj.com/cn/nd.jsp? mid=5&id=587&groupId=35，2023 年 8 月 20 日。
② 《谢胜仁老师的一生》，载《新加坡精武体育会 100 周年纪念刊》，新加坡精武会，2021，第 56~60 页。
③ 《条律和规则》，新加坡精武会网，https://sgchinwoo.com/zh/rules/，2023 年 8 月 18 日。
④ 会员数据由新加坡精武会于 2023 年 4 月提供。

疫情期间"继续为保存和发扬本地华族传统文化做出了宝贵贡献，尤其传承了创始人霍元甲先生提倡的'爱国、修身、正义、助人'精神"，"在新加坡精武体育会中，也有非华族的同胞一起练习武术。除了能够强身健体之外，他们也能够多了解彼此的文化，促进沟通，从而构成了新加坡跨种族和谐共融的一幅美景"。① 完全深度融入本土的新加坡精武会，体现了对新加坡完全的国家认同，它传承华族传统文化和促进种族和谐的社会贡献获得了本国国家领导人的赞誉。

三 新加坡精武体育会的跨国网络和国际化

中国改革开放后，海外华人与祖籍国（祖籍地）之间的联系得以恢复和发展，经济、文化、教育等多领域的跨国网络越来越密切。新加坡是华人为主的国家，该国华社与中国之间的跨国网络发展较早较深厚。实际上，中国实施改革开放国策的前夕，1976 年 5 月，李光耀首次访问中国，中新关系开始明显改善。1978 年 11 月，复出后的邓小平访问新加坡。1980 年11 月，李光耀第 2 次访华。可以看出，在东南亚国家中，由于李光耀的远见卓识，新加坡与中国的两国关系发展较早且较快，但顾及邻国感受，新加坡直至 1990 年才与中国正式建立外交关系。而在新加坡国内，随着国际冷战局势有所缓和，20 世纪 70 年代末，新加坡发起讲华语运动；80 年代，推动儒学运动；90 年代，进行频密的华文教育改革。这些举措促使新加坡华人"再华化"。② 与此同时，中国改革开放后，上海精武总会③逐渐恢复活动，并与海内外友会陆续取得联系。多重因素使新加坡精武会成为较早与中国精武会恢复、发展关系的海外精武会之一。1978 年后，上海精武总

---

① 李显龙：《新加坡精武体育会 100 周年特刊献词》，载《新加坡精武体育会 100 周年纪念刊》，新加坡精武会，2021，第 1 页。

② 李元瑾：《滚滚浪潮中的小红点与新加坡华人》，联合早报网，https://www.zaobao.com/forum/views/story20230413-1382480，浏览时间：2023 年 4 月 13 日。我们的理解，此处的新加坡华人"再华化"，指的是新加坡华人族群身份认同和中华传统文化认同的"再华化"，与政治认同关系不大甚至毫无关系。近些年来，新加坡的华人会馆、宗亲会、文化组织、庙宇等都积极传承中华传统文化，也积极加强与中国的文化联系、交流，我们可以从中看到新加坡华人"再华化"的明显特征和趋势。

③ 1990 年 12 月 17 日，经上海市政府批准，上海精武会改名为上海精武总会。参见上海精武总会编《精武志》，文汇出版社，2021，第 65 页。

会恢复传统项目活动，首先主动来信联系的是马来西亚、新加坡的精武会。1980 年，新加坡精武会武术教练魏元峰专程访问上海精武总会。至 1989 年初，上海精武体育总会与新加坡精武会、马来西亚各地精武会，以及英国、加拿大、美国、瑞士等多国友会开展密切的相互往来。

1984 年 11 月 12~18 日，上海精武总会在新修葺的精武会堂隆重举办庆祝建会 75 周年大会，新加坡精武会的舞狮"侠士"廖德南和教练林维明完成了他们师傅"携金狮回娘家"的遗愿，并在大会上做了精彩表演。① 1989 年 8 月，上海精武会成立 80 周年庆典大会举办，新加坡、英国的精武会参加了庆典活动。

中、新两国于 1990 年正式建交，两国关系更趋密切。到 1996 年底，新加坡在苏州、无锡、昆山、宁波、福清等地开始建设工业园区；1996 年，两国文化部签署《文化合作谅解备忘录》。与此同时，1989 年 8 月，上海精武会召开中断多年的会员大会，重新确立了章程、会旗、会徽、会歌，选举产生了恢复会务活动后的第 1 届理事会机构。② 步入正轨的上海精武总会发展渐入佳境，多种因素促使新加坡精武会与上海精武总会的联系和交流更趋密切。1990 年 9 月，上海精武会在黄浦体育馆举办第 1 届精武国际武术邀请赛，新加坡、马来西亚、英国、美国、加拿大、日本的精武会派代表团参加了比赛。新马两地精武会的精武传统武术有很多精彩表演。之后，新加坡精武会也派代表参加了上海精武总会举办的第 2 届精武国际武术邀请赛（1992 年 8 月）和第 3 届精武国际武术邀请赛（1994 年 9 月）。1990 年 9 月第 1 届精武国际武术邀请赛后，各友会发现"精武十套"的一些动作存在差异，决定委托上海精武总会在 1991 年 5 月举办"精武传统武术套路研讨会"（地点在复旦大学），8 个友会参加了这次研讨会，新加坡精武会参会的代表为廖德南、潘振强。研讨会统一制定了《精武基本十套套路动作》，通过了《精武国际武术竞赛规则》，发布了会议纪要。③ 1991 年 8 月，上海精武总会代表团访问新加坡、马来西亚的精武会，举行了精武传统武术交流活动。

进入 21 世纪，中新关系更加深化。2006 年，两国政府签署《文化合作

---

① 上海精武总会编《精武志》，文汇出版社，2021，第 63~64 页。
② 上海精武总会编《精武志》，文汇出版社，2021，第 65 页。
③ 上海精武总会编《精武志》，文汇出版社，2021，第 67~68 页。

协定》，2015 年，新加坡中国文化中心正式揭牌运营，双方文化交流更为深化。2013 年，中国成为新加坡最大贸易伙伴国，中新经贸合作发展迅速。2013～2019 年，中国连续 7 年成为新加坡最大贸易伙伴，新加坡连续 7 年成为中国第一大新增投资来源国，2019 年两国双边贸易额为 900 亿美元。[①] 同时，中国改革开放力度加大，国力快速提升，尤其文化影响力的外延更趋扩散。此外，在政府及民间的推动下，上海精武总会更加重视对外交流与合作。这些都促使新加坡精武会跨国网络的深度发展。

从 2001 年至 2021 年，新加坡精武会与上海精武总会之间有比较频密的联系、交流。如 2003 年 11 月，上海精武总会在上海举办"精武基本十套"交流研讨会，新加坡、马来西亚、美国、英国、瑞士、波兰、荷兰、澳大利亚的精武会参与，各友会就套路动作做了进一步的修正和统一。会议本着"求大同，存小异"的精神，对非原则性问题的动作尽量统一，缩小了差异；对一些仍不能达成共识的个别动作，今后将继续探讨。[②] 同月，世界精武会联谊机构会长联席会议在上海嘉定区召开，新加坡精武体育会会长陈清发参加了这次会议。会议决定，应该成立世界精武体育总会，由上海精武体育总会负责申请；采取多项措施，加强对各属会的管理等。[③]

2009 年 5 月，"世界精武联谊会《第二、第三组精武十套传统套路》研讨会"在上海举办，新加坡精武会等海外多家精武组织的代表也参加研讨会。研讨会上，各位代表对 45 套推荐出的套路光盘进行了认真、反复地观看和热烈的讨论，推选出了"雪片刀"等 10 套套路（四套拳术、四套器械、二套对练）作为世界精武联谊会《第二组精武十套传统套路》的正式版本内容；并一致提出将"迷踪头路拳"等十套套路（四套拳术、四套器械、二套对练）推荐作为《第三组精武十套传统套路》的版本内容。

2018 年，第 15 届世界精武武术文化大会在浙江余姚举办，新加坡精武会会长陈坤泉率团参加了大会。2021 年 4 月，新加坡精武会举办建会 100 周年庆典。活动期间，会长颜建平代表上海精武总会发去了"发扬精武精

① 《中新关系简况》，中华人民共和国驻新加坡共和国大使馆官网，载 http://sg.china-embassy.gov.cn/zxgx/zxgxgk/，2023 年 8 月 20 日。

② 上海精武总会编《精武志》，文汇出版社，2021，第 124 页。

③ 萧茂松主编《雪隆精武体育会 85 周年纪念特刊》，马来西亚雪隆精武会，2007，第 238～239 页。

神，传播中华武术"的贺词。同年底，新加坡精武会会长陈坤泉给上海精武总会回了感谢信。①

通过上文可以看出，新加坡精武会与其起源地中国尤其是上海精武总会之间形成日益密切的跨国网络；同时，因为精武会的发源地在上海，以上海精武总会为中心和平台，海内外精武会的发展呈现明显的国际化特征，新加坡精武会也参与其盛，并且是其中积极活跃的成员，促进了精武组织和中华传统文化的更广泛传播。追根溯源，二战后，海外华人社团国际化已经出现。20世纪70~80年代之后，这一特点趋于显著，中国改革开放尤其加快加深了包括精武会在内的地缘、宗亲、业缘等各类型海外华团的国际化。②

早在1953年，新加坡精武会倡议发起并成立了南洋马来亚精武体育会总会，由新马地区10家精武会组成。总会宗旨为"联络全马各地精武会，互相砥砺，共同推进精武事业，提高武术程度，增强办事效率，并谋巩固经济之基础，及赞助慈善公益事业"。由于新加坡独立建国，1967年，该总会改名为"星马精武体育会总会"，是当时世界上规模最大的跨国精武团体。③

1990年以来，精武会发展的国际化趋势加强，精武会的相关活动在更多国家创办，世界性活动增多，国际影响力趋于增强。在上海精武体育总会推动下，1994年9月，世界精武会联谊机构成立。2008年11月，该机构更名为世界精武联谊会。④ 主要任务是加强各友会间的联系、交流、信息传

---

① 上海精武总会：《回顾新加坡精武体育会100周年纪念》，上海精武总会微信公众号，ht-tps://mp.weixin.qq.com/s?__biz=MzAwNzQwOTM1MA==&mid=2453888610&idx=1&sn=bae093e5c9bd9cfad337313d91e66a92&chksm=8cc965cbbbbeecdd7974e6ae094aacb4758869cd9c24b35bc0d271cf5f903da1692193d7367d&scene=27，2023年1月19日。

② 关于华人社团国际化问题，可参见刘宏《海外华人社团的国际化：动力·作用·前景》，《华侨华人历史研究》1998年第1期。

③ 《〈新加坡精武体育会百年大庆〉马来西亚精武总会总会长骆南辉献词》，《新加坡精武体育会100周年纪念刊》，新加坡精武会，2021，第4页。骆南辉提及的南洋马来亚精武总会一事，应该与前文陈公哲所述马来亚中国精武联会成立之事相同，只是两人说法略有差异。

④ 1994年，在上海举办第3世界精武武术锦标赛期间，各友会会长强烈要求成立"世界精武体育会联谊机构"。同年9月，世界精武会联谊机构成立。同年开始，上海精武体育总会联合世界各国精武会，每两年举办一届世界精武武术文化大会，由各友会轮流承办，大会期间召开会长联席会议。这使"精武武术"在海外不断得到传承、推广。2008年11月，在马来西亚怡保，经世界各地精武会的充分协商，"世界精武体育会联谊机构"更名为世界精武联谊会，并设立联谊会执行委员会，上海精武总会、马来西亚精武总会、怡保中国精武会、天津精武会、美国精武总会、瑞士精武会、英伦精武会为联谊会执行委员会。联谊会的常设机构为秘书处，设在上海精武总会。

递，并协助承办每两年一届的世界精武武术文化交流大会。联谊机构的成员单位包括亚洲、欧洲、美洲、大洋洲的 39 个精武友会。到 2021 年，世界精武联谊会成员单位由 21 个国家和地区的 53 个精武会组成，包括新加坡精武会。

新加坡精武会也积极参与国际化活动。2006 年 3～6 月，新加坡精武会与马来西亚雪隆精武会互访，进行武术交流。2009 年 9 月，新加坡、马来西亚、英国、美国、瑞士、荷兰等国友会以及天津、上海精武会在上海开会，成立精武搏击赛事联盟，制定规则，建立技击培训基地，尝试推出综合搏击活动。

2020 年，由世界精武联谊会主办、上海精武总会承办的第 16 届世界精武武术文化大会受新型冠状病毒疫情影响，采取各友会线上推荐、世界精武联谊会统一表彰的方式举行。海内外精武友会积极响应，截至当年 11 月，共收到 13 个国家和地区、27 个精武友会，284 名运动员参与的网络视频。此次网络展示规模之大，影响之深，为加强各友会间的联系与交流，架起了全球精武友会之间人文交流与推广传播的一座桥梁。新加坡精武会积极参加了这次线上形式的世界精武武术文化大会，其提交的集体项目（功力拳）和个人项目（包括青年组的节拳、中年组的鹰抓罗汉拳、老年组的六合枪）获得"传承中华武术优秀奖"。[1]

四 结语

19 世纪末以来，新加坡华人社团兴起。精武会在此社会背景下于 20 世纪 20 年代初传入新加坡，逐渐扎根并发展壮大，其精髓在新加坡得到了广泛传承和发展，成为新加坡本土富有特色和典型性的华人体育文化社团，目前呈现跨国网络和国际化的特征。

精武会强调心神、技击以及身体的协调，它积极推动了中国传统武术文化在新加坡的发扬。新加坡精武会的武术班培养了大量的武术爱好者和

---

[1] 资料来源：《第十六届世界精武武术文化大会传承中华武术优秀奖表彰名单》，上海精武总会微信公众号，https://mp.weixin.qq.com/s?__biz=MzAwNzQwOTM1MA==&mid=2453887292&idx=1&sn=70e96d38a6910b0cb5f7f0e0949c6fd4&chksm=8cc96295bbbeeb83acaf4536abe595985dca0dccfe1a16ba0c5f5954a26826fa4f4185438bb9&scene=27，2021 年 11 月 30 日。

国际级的武术冠军，不仅激发了更多人参与武术运动，也提高了国家的整体体育水平；同时通过举办各种形式的演出和交流活动，将中国传统武术的魅力传播到更广泛人群和地域。

精武会在新加坡成功发扬了中国传统武术乃至中国传统文化的精华，它不仅在新加坡文化、体育领域产生了重要影响，还为本地社会注入了积极向上的价值观。从更广阔的视野观察，包括新加坡精武会在内的海外精武会加强了华侨华人对中华文化的认同；并且"以武会友"，促进华侨华人与不同族群之间的文化交流。

A Study of Singapore Chin Woo Athletic Association from Multiple Perspectives

Shi Cangjin　Long Jinpin

Abstract：Driven by the "Five Chin Woo Envoys", the Sin Chew China Ching Wu Athletic Association was formally established in 1922. Before World War II, it was deeply influenced by Chinese society, especially the Shanghai Chin Woo Association. After World War II, the Chin Woo Association in Singapore was gradually fully localized, which promoted the traditional Chinese cultural identity of Singapore Chinese, enhanced the internal identity of the ethnic group, and also promoted the harmony of race relations in Singapore, which was highly recognized by the society and the people of the country. After China's reform and opening up, Singapore Chin Woo Association has formed an increasingly close transnational network with its home country and its Chin Woo Association in China, and its development has also shown obvious international characteristics. Singapore Chin Woo Association has effectively spread traditional Chinese culture and enhanced the sense of identity of Chinese in Singapore towards Chinese culture; At the same time, it can promote cultural exchange between Overseas Chinese and other ethnic groups.

Keywords：Singapore；Chin Woo Athletic Association；Localized；Transnationalism；Internationalization

俄罗斯学界关于帝俄远东地区中国侨民研究述评*

潘晓伟**

摘　要　俄罗斯学者对帝俄远东地区中国侨民问题的研究历经帝俄、苏联、俄罗斯联邦三个时期。帝俄时期研究的主体是这段历史的亲历者，所撰写的成果学术性不强，但资料价值大，为后人研究该问题提供了珍贵的资料。苏联时期的研究受政治因素影响大，成果少且呈现出学术研究为政治服务的特点。苏联解体后，俄罗斯学者对该问题进行了深入研究，无论是研究的深度，还是研究广度都超过帝俄和苏联时期。俄罗斯学者在帝俄、苏联、俄罗斯联邦三个时期的研究，都存在不同程度忽视中国侨民在缓解远东地区劳动力匮乏和促进远东地区经济发展等方面起到的作用，有时甚至还会刻意夸大他们的非法行为。

关键词　中国侨民　远东地区　俄罗斯学界

从 1860 年中俄《北京条约》签订至 1917 年半个多世纪的时间里，作为那时远东地区①最主要外国劳动力的中国侨民为远东地区开发、社会经济

＊　本文是中国侨联项目"帝俄远东地区华人、朝鲜人、日本人比较研究"（22BZQK205）和黑龙江省属本科高校"优秀青年教师基础研究支持计划"重点项目"区域治理下的俄、苏远东地区东亚移民问题研究"（YQJH2023125）阶段性成果。

＊＊　潘晓伟，历史学博士，黑龙江大学历史文化旅游学院和黑龙江大学俄罗斯研究院教授、博士生导师，主要从事俄罗斯华侨华人史研究。

①　帝俄远东地区地理范围和当前远东地区不同。1860～1884 年远东地区指的是滨海省（Приморская область）和阿穆尔省（Амурская область）管辖的范围。那时滨海省的地理范围是北起北冰洋，南至朝鲜北部边界；阿穆尔省的地理范围是外兴安岭以南黑龙江以北，自外贝加尔省和雅库特省边界至乌苏里江口和滨海省新界为止的地区。1884 年，俄国政府对东部地区行政区划进行调整，设置阿穆尔河沿岸总督辖区（Приамурское генерал-губернаторство），从这时开始，远东地区指的是阿穆尔河沿岸总督辖区管辖范围。具体来说，除了滨海省和阿穆尔省管辖范围外，还包括了外贝加尔省。1906 年，东部地区行政区划再次变化，外贝加尔省脱离阿穆尔河沿岸总督辖区，划归伊尔库茨克总督辖区，从这时候开始，远东地区的地理范围不再涵盖外贝加尔省，这一情况持续到 1917 年。

的发展做出一定贡献，是远东经济发展的重要参与者，一定程度上满足了俄国对劳动力的需求。鉴于中国侨民在远东经济发展史上的贡献，该问题很早就受到俄罗斯学者的关注，并有一系列成果出版和发表。俄罗斯学者对该问题的研究历经帝俄、苏联、俄罗斯联邦三个时期，下面就三个时期的研究情况进行述评。

一 帝俄远东地区中国侨民数量、分布、来源等方面情况

（一）中国侨民的数量、分布、籍贯

由于地缘的原因，远东地区是中国侨民较早进入且长期生活的俄国区域。几乎所有行业和领域都有他们的身影。关于中国侨民数量，尽管有不同的记载，而且有时差异很大，但有一事实是不可否认的，就是那时远东地区中国侨民数量众多。1897 年，帝俄进行了第一次全国人口普查，当时在全俄的中国侨民数量为 5.7 万人（包括东干人），其中 4.1 万人生活在远东地区。[①] 之后，因缺乏全国性数量的统计，仅剩中国侨民较为集中的滨海省、阿穆尔省等地的统计数据。从地域上看，滨海省和阿穆尔省是中国侨民最为集中的地区，尤其是滨海省。清政府驻符拉迪沃斯托克（海参崴）总领事桂芳在 1911 年给外交部的报告中称："阿穆尔、东海滨两省内，华人最占多数，雇佣之值，约计每岁一千万卢布内外，该国官商侧目视为绝大漏卮。"[②]

帝俄时期的俄国远东地区的各个领域、各个行业都留下了中国侨民的身影。从他们参与活动的领域看，主要以商业、种植业、矿业等领域从业者较多。那时远东地区的众多中国侨民当中存在一个特殊的群体，即"江东六十四屯"[③] 的华侨。同远东其他地区的侨民相比，他们身份特殊，他们是因为中俄《瑷珲条约》和《北京条约》签订而"割地成侨"，非如当时

① А. Г. Ларин. Китайцы в России вчера и сегодня: исторический очерк, Москва: Муравей, 2003. С. 18.

② 丁进军：《宣统年间华侨经商及佣工史料》，《历史档案》1986 年第 3 期，第 42 页。

③ "江东六十四屯"指位于黑龙江左岸的精奇里江以南至豁尔漠津屯的区域。该区域南北长约 140 里，东西长 70~80 里。"江东六十四屯"数量在不同时期有变化，一般认为村屯最多时为六十四个，故得名。根据《瑷珲条约》和《北京条约》，该地割给了俄国，同时也规定该地居民可"永远居住"，并受东北地方官员管理。"庚子俄难"期间俄国将该地的中国侨民或屠杀或驱逐，改由俄国管辖。

远东地区绝大多数中国侨民那样是 19 世纪下半叶后入俄的，他们在 1860 年前的很长时间里就在那里生活。因为"江东六十四屯"位置的特殊性，加之侨民较为集中，该地的侨民受到俄国官方的关注，后者曾几次派人赴该地考察。因为他们是成村落居住，较容易统计出数量。1883 年，曾到那里考察的总参谋部上校 A. Ю. 纳扎罗夫（Назаров）对中国侨民数量有统计：居民 1.4 万人、1266 户，每户人口不少于 11 人，全部居民分散在 63 个村屯里。① 之后，俄国再派人赴那里考察，对居民数量也做过统计。总体上看，19 世纪下半叶"江东六十四屯"的中国侨民数量稳步增加，从 19 世纪 70 年代的 1.06 万人，到 1883 年的 1.4 万人，再到 1894 年的 1.6 万多人。②

第一次世界大战对远东地区中国侨民数量、活动等产生了影响。一战前，远东地区是俄国中国侨民的最主要集中之地，远东之外的俄国其他地区的中国侨民数量有限。一战的爆发改变了他们的分布，中国侨民超出了远东地区的地理范围。一战爆发后，在欧洲很快形成了西线和东线两大主要战场，东线主要位于俄国境内。为了应对战争，俄国大量在华招工，出现了东线华工。在战争刺激下，大量远东地区中国侨民前往欧俄地区寻找就业机会，当时乌拉尔地区集中了大量华工，其中就有来自远东地区的。这样，一战爆发后远东地区中国侨民数量减少，相应地欧俄地区中国侨民数量增多。

从籍贯来看，山东人的比例高。这一情况的出现与近代山东省的生存环境有关。在人多地少、自然灾害频繁的背景下，外出寻找出路的山东人大有人在。"山东之苦力，服役于其乡土者甚少，其多数皆赴满藏"，"从山东省每年出佣满蒙俄领之苦力，大约 35 万人"。③《盛京时报》报道："鲁省苦工每年届春融之期，结队入东省并俄境西比利亚各地，数额颇巨，殆有络绎不绝之势。"每年由烟台"抵海参崴埠者五万余人"。④ 除了山东籍侨民外，东北籍、河北籍的侨民也占有一定比例。

① A. Ю. Назаров. Маньчжуры, дауры и китайцы Амурской области, Известия Восточно-Сибирского отдела Императорского Русского географического общества. Т. 14, № 1–2. Иркутск: Печатано в типографии Н. Н. Синицина, 1883. С. 10.

② 潘晓伟：《俄国远东地区中国人活动史（1860–1917）》，中国社会科学出版社，2020，第 6 页。

③ 高劳：《山东之苦力》，《东方杂志》1918 年 7 月 15 日。

④ 《苦工来东及入俄境者之统计》，《盛京时报》1910 年 3 月 14 日。

帝俄时期，来到俄国远东地区的中国人主要通过两条路线入境：第一条是海路，从烟台乘船前往符拉迪沃斯托克（海参崴）。当时经此路线入俄境的山东人很多。清政府驻符拉迪沃斯托克（海参崴）商务代表李家鳌与俄国远东地方官员的往来公文中称：大部分来黑龙江左岸工作的中国人来自芝罘。① 无独有偶，阿穆尔考察队成员、俄国外交部特派员 B. B. 格拉韦在考察报告中也承认：在我们边区的华人主要来自山东……芝罘是运送山东苦力到阿穆尔边区的主要港口。② 第二条是陆路，由中国东北地区进入远东地区。那时贫苦的山东人先"闯关东"，然后"北上"俄国，来到俄国远东地区。《胶澳志》记载："鲁人之移植于东三省，其职业以农为主，而负贩于海参崴、哈尔滨各大城市，或执一业以谋生者，亦颇不解。远者或赴俄之西伯利亚、伊尔库斯克、莫斯科。其初春去冬还，固定之移殖尚少。"③

（二）华侨薪酬

帝俄时期，远东地区华侨绝大多数是非技术人员，主要是因生计所迫的社会底层人员，为了生存前往异国他乡讨生活。这群侨民因为文化程度低且无一技之长，在远东地区主要从事没有太多技术含量要求、以出卖劳动力为生的工作；从年龄看，多数以青壮年为主。

那时远东地区的中国工人对工作和居住环境要求不高，以采金工人为例，俄罗斯工人要求住所有供暖、供水、照明等设施，而中国工人住在自己动手搭建的非常简易的小房子里，房子内部设施极其简单。中国工人的工资也要低于俄罗斯工人许多，甚至部分工种的工资仅为俄罗斯工人的一半。

尽管中国工人的薪酬远低于俄罗斯人，但他们的日常开销小，会有不少的结余。那时多数中国工人月生活支出仅为 10 卢布左右，而俄罗斯工人的月生活支出一般不会低于 20 卢布。这样，在维持最低生活标准的前提下，

---

① А. И. Петров. История китайцев в России：1856 – 1917. СПб：ООО 《Береста》, 2003. с. 784.

② В. В. Граве. Китайцы, корейцы и японцы в Приамурье：Отчет уполномоченного М-ва ин. дел В. В. Граве , Труды командированной по Высочайшему повелению Амурской экспедиции. . Выпуск XI, Санкт- Петербург：тип. В. Ф. Киршбаума, 1912. С. 8.

③ 赵琦修、袁荣等撰《胶澳志》卷三《民社志·移植》，成文出版社，1969，第490页。

中国工人一年可以存150~300卢布，这个收入是在国内收入的2~3倍。[①]

（三）入籍和融入俄罗斯社会情况

帝俄时期，远东地区的中国侨民取得俄国国籍的数量非常有限，不加入俄国国籍的华侨所占比例非常高。那时来到远东地区的中国侨民中"季节工"占有一定比例。所谓"季节工"指根据季节变化选择在远东地区的去留，一般是春天来远东地区，选择一个适合的工作，入冬后回国。相对于"季节工"，商人在远东地区生活时间要长些。关于19世纪末20世纪初中国侨民在符拉迪沃斯托克（海参崴）经商的情况，《远东报》（*Дальний Восток*）不无夸张地称：所有人来到符拉迪沃斯托克（海参崴）之前，兜里一个子儿都没有……成为商人是每个华人的夙愿，他们熟悉环境，永远地、牢牢地站住了脚跟……俄罗斯生意人做不到这点。每个华人就像犹太人一样，天生就是商人……他们到哪里都能成功，只要那里有利可图。他们在阿穆尔省和滨海省做生意，对俄罗斯商人和外国人造成无可争辩的竞争。[②]

19世纪末20世纪初，远东地区中国侨民经营的大商号情况如下：利源茂（Ли Юнмо），年交易额达120万卢布；义泰（И Тай），年交易额70万卢布；源和展（Юн Хозань），年交易额70万卢布；图利（Тун Ли），年交易额60万卢布；昌泰（Чэн Тай），年交易额60万卢布；广源昌（Куан Юанчин），年交易额50万卢布。[③] 那时中国侨民经营的店铺在杂货、食品、水果蔬菜领域占据优势。

总体上看，那时远东地区从事经商活动的中国侨民多是小商人，如挑贩、货郎等，财力雄厚的商人数量有限。尽管华商在远东地区生活久一些，但他们中的绝大多数仍然属于华侨，即不加入俄国国籍。

那时远东地区中国侨民的生活较为封闭，生活圈子较为狭窄，交往主要局限于同胞间，同俄罗斯人接触少，不能融入俄罗斯主流社会。从语言

---

① А. Г. Ларин. Китайские мигранты в России：история и современность，Москва：Восточная книга，2009. C. 22.

② 〔俄〕聂丽·米兹、德米特里·安治：《中国人在海参崴——符拉迪沃斯托克的历史篇章（1870~1938年）》，胡昊等译，社会科学文献出版社，2016，第45页。

③ Листок Приморского областного статистического комитета за 1904г. Владивосток，1905№ 11-12. C. 57.

掌握的角度看，精通俄语者少。那时远东地区中国侨民较为集中的城市几乎都成立了商会、侨民协会等互助组织，如符拉迪沃斯托克（海参崴）中国侨民商会、哈巴罗夫斯克（伯力）中国侨民协会。这些组织由成员自己选举负责人，自我管理、互济互助，不受俄国行政机构管辖，成员间一旦出现纠纷，社团内部解决，不诉诸当地行政机构。

二 俄罗斯学者对帝俄远东地区华侨的研究

（一）帝俄时期

帝俄时期，该问题主要研究者是长期在远东地区任职的官员及在该区从事考察或探险的俄罗斯人，他们的考察报告或游记等是研究该问题的珍贵史料。为了尽快在新领土上站稳脚跟，当地官员需要对远东地区进行全面了解，因而对远东地区包括中国侨民在内的外国人进行一些信息搜集工作。搜集的资料主要集中在中国侨民数量、分布和生产方面的情况。这些考察成果多由非公开发行的、带有保密性质的《东西伯利亚管理局最主要官方文件汇编》（Сборник главнейших официальных документов по управлению Восточной Сибирью）和《亚洲地理、地形统计资料汇编》（Сборник географических, топографических и статистических материалов по Азии）收录或刊登。以上所列成果按种类可分为两类，一类是考察报告性质的，数量较多，另一类是研究性质的，数量有限。

1. 关于中国侨民分布、生活等情况的考察报告、旅行日志[①]

这些资料档案呈现三个特点：其一，是对中国侨民的数量、分布、生产、生活情况做了细致的记录，为后人研究留下了弥足珍贵的资料。如

---

① Н. М. Пржевальский. Путешествие в Уссурийском крае. 1867–1869 гг. Санкт-Петербург：изд. авт，1870；В. Н. Висленёв. Корейцы и инородцы Южно-Уссурийского края Приморской области，Сборник главнейших официальных документов по управлению Восточной Сибирью. Т. IV. Инородческое население Приамурского края. Вып. 2. Иркутск：типография Штаба Восточно-сибирского военного округа，1884；И. П. Надаров（Надаров）关于乌苏里地区华人的系列考察报告，主要有：Инородческое население Уссурийской страны；Хунхузы в Южно-уссурийском крае 等；В. В. Граве. Китайцы，корейцы и японцы в Приамурье，Труды командированной по Высочайшему повелению Амурской экспедиции，Выпуск XI. Санкт-Петербург：тип. В. Ф. Киршбаума，Выпуск XI，1912.

В. Н. 维斯列涅夫（Висленёв）到访了南乌苏里地区包括华侨在内的"异族"人（инородец）居住区，对华侨的数量、居住区分布、居住房舍数量做了详细的统计，甚至包括一些人的姓名、年龄、家庭成员等都有记载；其二，资料文档撰写者的身份或是探险家，或是官员，或者二者兼而有之，他们是受了俄国官方的派遣而来到远东地区进行考察活动的。如 Н. М. 普尔热瓦尔斯基（Пржевальский）是俄国总参谋部军官、探险家，И. П. 纳达罗夫（Надаров）是俄国总参谋部中校、皇家地理学会会员，А. Ю. 纳扎罗夫是总参谋部上校，В. В. 格拉韦（Граве）是外交部官员等；其三，资料文档中流露出对华侨蔑视和对他们违法劣迹夸大的描述。如《乌苏里边区旅行记（1867—1869）》中普尔热瓦尔斯基对俄国镇压青岛淘金工人起义行为进行歌颂；纳达罗夫夸大了远东地区红胡子（хунхузы）即土匪的数量和非法行为的破坏性，将"青岛淘金工人起义"列入红胡子劣行的范畴。

　　滨海省特别是南乌苏里地区是 19 世纪下半叶华侨在俄国较为集中之地，除了该地外，一部分华侨也居住在阿穆尔省。19 世纪下半叶，阿穆尔省华侨较为集中之地为"江东六十四屯"，俄罗斯学者称其为"外结雅地区"（Зазейский район），居住在那里的居民则被称为"外结雅满洲人"（зазейские маньчжуры）。因为 1860 年中俄《北京条约》的签订，原为中国内河的黑龙江（阿穆尔河）成了中俄界河，黑龙江（阿穆尔河）左岸成为俄属阿穆尔河（黑龙江）沿岸地区，相应地"江东六十四屯"居民成为俄国远东地区的第一批中国侨民。

　　由于"江东六十四屯"的特殊性，该地的华侨颇受关注。19 世纪下半叶，俄国官方几次派人赴该地进行实地考察，记载了当地居民的生产生活等情况，这是后人研究"江东六十四屯"中国侨民的重要史料。[①] А. Ю. 纳扎罗夫受俄国总参谋部派遣到访过"江东六十四屯"，Н. Г. 马丘宁（Матюнин）以南乌苏里的移民官员身份赴"江东六十四屯"考察。二人的考察报告较详细记载了那里居民的生活生产情况，涉及居民的民族构成、

---

① А. Ю. Назаров. Маньчжуры, дауры, китайцы Амурской области, Известия Восточного Сибирского Отделения Императорского Русского Географического Общества. Т. 14. № 1—2, 1883；Н. Г. Матюнин. Записка о китайцах и манчжурах, проживающих на левом берегу Амура, Сборник географических, топографических и статистических материалов по Азии. Выпуск LVIII, С-Петербург：Военно-ученый ком. Главнаго штаба, 1894.

数量、分布以及农耕、财产拥有等。

2. 带有研究性质的著述①

《乌苏里的蛮子》是帝俄时期为数很少的由专业人士撰写的关于华侨的考察报告。作者巴拉第（Палладий）是俄国汉学家，与比丘林（Бичурин）、瓦西里耶夫（Васильев）并称俄国汉学三巨头。巴拉第是受俄国皇家地理学会的派遣，前往乌苏里地区进行考察的。巴拉第用"蛮子"（маньцзы）②来称呼乌苏里地区的汉族人。他认为"蛮子"称谓在俄国出现是受中国影响的结果，蒙元时期蒙古人用"蛮子"来称呼汉族人。③ 巴拉第在考察报告中对乌苏里地区"蛮子"的数量有所夸大。巴拉第考察乌苏里地区时也是中国侨民进入远东地区的初始时期，当时那里的华侨数量远不能同 19 世纪末 20 世纪初相比。

《乌苏里边区的华人：历史民族纲要》的作者是地理学家、曾任哈巴罗夫斯克（伯力）博物馆馆长的 B. K. 阿尔谢尼耶夫（Арсеньев）。阿尔谢尼耶夫受阿穆尔河沿岸地区总督委派几次前往乌苏里地区进行考察，其中考察乌苏里地区的居民是其主要任务之一。阿尔谢尼耶夫在书中对中国侨民在乌苏里地区从事农业、手工业、猎渔业、采金业等活动进行了详尽的记述，他承认中国侨民在乌苏里地区拓殖方面的贡献。书中也记录了大量用中国各民族语言、特别是用汉语命名的地名。其著作对研究乌苏里地区中国侨民早期活动及乌苏里地区的地理、历史等有很大的参考价值。

总之，帝俄时期，俄国远东地区中国侨民问题的研究者以那段历史的亲历者为主，如行政官员、军官、受官方派遣的探险家等，他们撰写的考察报告为后人研究该问题提供了不可或缺的珍贵史料。

---

① Палладий. Уссурийские маньцзы, Известия Императорского русского географического общества. 1871. Т. 8, СПб：типография в. безобразова и комп., 1872；В. К. Арсеньев. Китайцы в Уссурийском крае. Очерк историко-этнографический, Хабаровск：тип. Приамурского генерал- губернатора, 1914.

② "蛮子"（маньцзы）是音译来的，多指帝俄时代的俄罗斯人对远东地区汉族人的称谓。20 世纪 80 年代前后，学者在翻译中俄关系史及俄国东部地区历史相关著述时都是如此翻译。将"маньцзы"译成"蛮子"的代表性译著主要有：П. Ф. 翁特尔别格的《滨海省：1856-1898 年》（黑龙江大学俄语系研究室译，商务印书馆 1980 年版）；尼·费·杜勃罗文的《普尔热瓦尔斯基传》（吉林大学外语系俄语专业翻译组译，商务印书馆 1978 年版）；伊凡·纳达罗夫的《〈北乌苏里边区现状概要〉及其他》（上海人民出版社 1975 年版）。

③ Палладий. Уссурийские маньцзы, Известия Императорского русского географического общества. 1871. Т. 8, СПб：типография в. безобразова и комп. 1873. С. 369.

（二） 苏联时期

受政治影响，苏联时期远东地区外国人问题研究一度是学术禁区，这种情况尤其在 20 世纪 30 年代华人、朝鲜人被迁离出远东地区后更加明显。然而到了 20 世纪 50 年代末，为了修复中苏两国已经出现的"裂痕"，苏联官方曾短暂地对华侨参加十月革命和苏俄国内战争的历史研究开了绿灯，后来随着两国关系的进一步恶化，该课题再次被禁止。在这种环境下，苏联学者很难对华侨问题进行深入研究，因而这个时期关于该问题的研究成果很少。

Ф. В. 索洛维约夫（Соловьёв）是苏联学者中为数很少的从事中国侨民问题研究并出版了两部著作的学者。[①]《19 世纪下半叶至 20 世纪初中国短工与滨海地区地理名称》是从滨海地区地理名称命名的角度来谈华工。作者认为远东多地的中文地名是 19 世纪中叶之后才出现的，具体说是俄国开发远东地区之初由来此的"中国短工"（китайское отходник）命名的，不是由该地世居华人（исконное китайское население）命名的。[②] 该观点不符合历史事实，远东几个主要城市的中文名称远远早于俄文名称的出现，如海兰泡、伯力等名称来自当地世居民族的语言。"海兰泡"系满语"哈喇泊"之传讹。"伯力"也来自满语，是女真部落名"博和哩"的谐音。[③]

Ф. В. 索洛维约夫在之前研究的基础上，于 20 世纪 80 年代末撰写了《资本主义时代俄国远东地区的中国短工（1861-1917）》一书。该著作内容涵盖了中国侨民中的华工在俄国远东地区出现的背景、数量、活动及地位和自我管理等。作者大致勾勒出资本主义时代远东地区"中国短工"的发展史。作者是以"短工"（отходничество）来称呼远东地区的中国"季节工"。[④] 不可否认，那时远东地区中国侨民中的"短工"占有一定比例，但也有长期生活的，如"江东六十四屯"居民，这类人未进入作者的视野，不能不说是一种

[①] Ф. В. Соловьёв. Китайские отходники и их географические названия в Приморье（вторая половина XIX-начало XXв.），Владивосток：ИИАЭ ДВО АН СССР，1973；Ф. В. Соловьёв. Китайское отходничество на Дальнем Востоке России в эпоху капитализма（1861-1917 гг），Москва：Наука，1989.

[②] Ф. В. Соловьёв. Китайское отходничество на Дальнем Востоке России в эпоху капитализма（1861-1917 гг），Москва：Наука，1989. C. 8.

[③] 周定国：《俄罗斯远东七个地名探源》，《地理教学》2004 年第 11 期，第 8~9 页。

[④] Ф. В. 索洛维约夫笔下的"短工"，即笔者上文所言的"季节工"。

遗憾。在分析那时远东地区中国"短工"的来源时，索洛维约夫看到那时远东华工主要来自"破产农民"。这与帝俄时期的一些学者持有远东地区中国侨民中犯罪分子和红胡子占较高比例的观点有别，符合历史事实。

除了很少的专门以远东中国侨民为研究对象的成果外，苏联时期关于远东移民史的成果都涉及中国侨民问题，但语焉不详。[①] 总体上看，苏联学者对帝俄远东地区中国侨民问题的研究受政治因素的影响，在撰写研究远东地区的历史著述时刻意回避相关问题。少数关于远东地区中国侨民问题的著述又缺乏客观性，具有学术研究为政治服务的特点。

（三）俄罗斯联邦时期

苏联解体后，俄罗斯学者对帝俄远东地区中国侨民问题进行了深入、细致的研究，研究的深度、广度超过帝俄和苏联时期，其中不乏较为公正客观的成果。

1. 关于远东地区中国侨民的通论[②]

А. Г. 拉林（Ларин）的《中国移民在俄罗斯：历史与现状》一书研究的时段跨越帝俄、苏联、俄罗斯联邦三个时期，是关于俄罗斯华侨的通史，全面展现了华侨在俄罗斯的历史，其中帝俄时期的华侨占有很大篇幅。

А. И. 彼得罗夫（Петров）的研究很值得关注，他是当代俄罗斯学者中为数不多的对帝俄远东地区两大外国人群体——中国侨民和朝鲜移民都进行过深入研究的学者。《俄罗斯华人的历史：1856—1917》是专门研究帝俄时期在俄华人的著作。帝俄时期，中国侨民在俄生活的主要区域是远东地区，可以说，该著作一定程度上是帝俄时期远东地区中国侨民的"通史"。与其他研究相比，彼得罗夫的著作内容丰富。索洛维约夫、索罗金娜等人的著作多偏重于中国侨民的经济活动，而彼得罗夫则将视角延伸到他们在远东的文化生

① В. М. Кабузан. Как заселялся Дальний Восток. Вторая половина XVII-начало XX века? Хабаровск: Хабаровское книжное издательство, 1973; Н. А. Билим. Сто дорог на Восток: Из истории переселения трудящихся на Дальний Восток, Хабаровск: Книжное издательство, 1978; А. И. Алексеев. Освоение русскими людьми Дальнего Востока и Русской Америки до конца XIX в, Москва: Наука, 1982.

② А. Г. Ларин. Китайские мигранты в России: история и современность, Москва: Восточная книга, 2009; А. И. Петров. История китайцев в России: 1856–1917, СПб: ООО 《Береста》, 2003; В. Г. Дацышен. Китайцы в Сибири в XVII-XXвв: проблемы миграции и адаптации, Красноярск: СФУ, 2008.

活领域，如中国侨民在城市开办剧院等。但 А. И. 彼得罗夫没能摆脱大俄罗斯民族主义的窠臼，作者将研究的起点定在 1856 年滨海省的建立，表明作者主张《北京条约》签订前，俄国在黑龙江左岸非法占据的土地为俄国领土的观点。

当代俄罗斯汉学家 В. Г. 达秋生（Дацышен）的《17—20 世纪西伯利亚的华人：迁移和适应问题》是近几年关于俄罗斯中国侨民史的力作。作者采用广义"西伯利亚"的概念，即指包括远东地区在内的俄罗斯亚洲部分。作者认为大量中国移民来到西伯利亚地区就是单纯的人口迁移，没有其他特别的政治目的，较为客观。在分析中国侨民适应和融入俄罗斯社会不理想的问题时，В. Г. 达秋生仅从中国侨民生活状况，如他们在俄地位不稳定、男女比例失调、中国侨民乡土情结等角度出发，却忽略了俄罗斯因素。俄罗斯大民族主义情绪、俄罗斯人排外性在中国移民融入俄罗斯主流社会不理想的过程中起了一定作用，历史上和当前的俄罗斯都没有出现过"唐人街"就是证明。

А. И. 彼得罗夫和 В. Г. 达秋生除撰写了以上所列华侨专著外，还发表了若干篇论文，这些论文在专著基础上对远东地区某些华侨如华商纪凤台等进行更为集中、深入的专题探究。①

2. 关于中国侨民在帝俄远东地区分布及活动方面②

这些著述是以俄国远东地区外国人和外国企业或资本作为研究对象，其中对华侨和他们经营的企业给予了特别关注，但对他们的活动给予消极评价。如它们认为华侨的多数经济活动是非法和有组织的。

---

① А. И. Петров.《Русский китаец》Николай Иванович Тифонтай（Цзи Фэнтай），Россия и АТР. 2005 № 2；А. И. Петров. Изучение китайцев в России. 1858 – 1884，Россия и АТР. 2005. № 3；В. Г. Дацышен. Формирование китайской общины в Российской империи（вторая половина XIX в.），Диаспоры，2001 № 2–3；В. Г. Дацышен. Численность маньчжурского，даурского и китайского населения в Зазейском крае（1870–1896гг.），Цивилизация и государство на Востоке：Мат-лы конф-и кафедры всеобщ. истории РУДН. Вып. 3，Москва：Изд-во АЛКИГАММА，2004.

② Т. З. Позняк. Иностранные подданные в городах Дальнего Востока России（вторая половина XIX-начало XXв），Владивосток：Дальнаука，2004；А. В. Алепко. Зарубежный капитал и предпринимательство на Дальнем Востоке России（конец XVIII в-1917г），Хабаровск：Издательство ХГПУ，2001；А. В. Алепко. Экономическая деятельность китайцев в дальневосточном регионе России в XIX-начале XX вв，Проблемы Дальнего Востока，2002 № 4；А. В. Алепко. Китайцы в Амурской тайге—отходничество в золотопромышленности Приамурья в конце XIX-начале XX в，Россия и АТР，1996. № 1.

近年来，俄罗斯出版了两部关于远东城市中国侨民历史的著作①，分别研究帝俄和苏联时期在符拉迪沃斯托克（海参崴）和哈巴罗夫斯克（伯力）的中国侨民。研究中运用了大量档案资料，包括当时的报纸、杂志、旅行者游记等，全景式地展现了中国侨民在两座城市生活的画面，对他们在两座城市建设、经济发展中的活动持褒扬的态度。

3. 关于俄罗斯政府对中国侨民管理及政策方面②

Т. Н. 索罗金娜（Сорокина）的《19 世纪末至 20 世纪初俄国远东地区中国侨民的经济活动及阿穆尔当局的政策》和 Е. И. 涅斯杰洛娃（Нестерова）的《19 世纪下半叶至 20 世纪初俄国当局和远东南部中国侨民》是从中国侨民在远东地区经济活动和当局政策两方面进行研究的，并将二者有机结合起来。在研究中，Т. Н. 索罗金娜认为在对待中国侨民问题上，俄国中央政府和远东当局的态度不完全一致，远东当局在最终政策形成过程中起的作用要大于中央政府。Е. И. 涅斯杰洛娃的著作在研究区域的划定上，选取的是当时华侨主要集中地——远东南部地区。作者从俄国政府管理的角度来研究远东地区中国侨民，作者认为不同阶段俄罗斯政府对华侨的管理制度不尽相同，管理制度的变化既同俄国决策层对远东地位认识的变化有关，也与远东地区欧俄移民、华人数量多寡密不可分。除专著外，索罗金娜和涅斯杰洛娃还分别发表了若干篇具有一定水准的论文，就华侨经济活动、地方政府对华侨管理、城市华侨生活和工作等问题进行更为深入的研究。③

---

① Д. А. Анча，Н. Г. Мизь. Китайская диаспора во Владивостоке—страницы истории，Владивосток：Дальнаука，2015；Г. Д. Константинов，В. Н. Ляшковский. Китайская диас-пора в Хабаровске. 1858-1938，Хабаровск：Дальневосточный издательский центр "Приамурск-ие ведомости"，2018.

② Т. Н. Сорокина. Хозяйственная деятельность китайских подданных на Дальнем Востоке России и политика администрации Приамурского края（конец XIX-начало XX вв.），Омск：Издательство ОмГУ，1999；Е. И. Нестерова. Русская администрация и китайские мигранты на Юге Дальнего Востока России（вторая половинаXIX-начало XXвв），Владивосток：Издательство Дальневосточного университета，2004.

③ Т. Н. Сорокина. Хозяйственная деятельность китайского населения в Южно-Уссурийском крае в конце XIX в.（по записке П. П. Аносова），Вестник Томского государственного университета，2010 №1；Е. И. Нестерова. Управление китайским населением в Приамурском генерал-губернаторстве（1884-1897 гг.），Вестник ДВО РАН，2000№ 2；Е. И. Нестерова. Атлантида городского масштаба：китайские кварталы в дальневосточных городах（конец XIX-начало XX в.），Этнографическое обозрение，2008№ 4.

Г. Н. 罗曼诺娃（Романова）关于华商的系列文章①，是以华侨在远东工商领域的活动为研究对象，既看到他们在远东工商业发展中的贡献，也认为他们从事了非法入境、走私等活动，有夸大华侨不法行为的措辞。

三　结语

综观俄罗斯学者对帝俄远东地区中国侨民问题一个半世纪以来的研究，可得出如下结论。

其一，俄罗斯学者对帝俄远东中国侨民问题的研究，不同时期呈现出不同特点：帝俄时期研究的主体是历史的亲历者，如远东地区的行政官员、军官、探险家等。他们围绕远东地区的中国侨民问题撰写了大量的考察报告和游记，为后人深入研究该问题提供了宝贵资料；苏联时期的研究受政治因素影响大，大多数时候，中国侨民问题的研究被列入研究禁区，为数有限的著述则缺乏客观性；苏联解体后，在较为宽松的学术研究环境下，俄罗斯学者对中国侨民问题的研究得以深入进行，研究的深度、广度都超过帝俄和苏联时期。

其二，研究的重点多集中在中国侨民来到远东地区的过程、分布、活动和俄国对其政策等问题，但对他们在远东地区的生活适应和与俄罗斯文化的融合以及自我管理等问题重视不够。那时远东地区的中国侨民相对封闭，生活圈子多局限于中国侨民圈，同俄罗斯人接触少、交往有限。精通俄语者少，皈依东正教和加入俄国国籍者更少。

其三，研究过程中，无论是帝俄学者、苏联学者，还是俄罗斯联邦学者都持有不同程度的大俄罗斯民族主义，这一特点表现在两方面：一是忽视中国侨民在远东地区经济发展中的贡献，刻意夸大他们的非法行为；二是在研究时段的界定上，俄罗斯学者多泛泛地定在 19 世纪中叶，也有个别学者将其具体化，如 1856 年滨海省的设立、穆拉维约夫组织哥萨克非法航行黑龙江、1858 年《瑷珲条约》的签订等，这是不妥当的。《尼布楚条约》

---

① Г. Н. Романова. Предпринимательство, земледелие и промыслы китайских мигрантов на Дальнем Востоке России（конец XIX-начало XX вв.），Проблемы Дальнего Востока，2013 № 6；Г. Н. Романова. Торговая деятельность китайцев на Дальнем Востоке России（конец XIX-начало XX в），Россия и АТР，2009№ 3.

从法律上肯定了黑龙江和乌苏里江流域的广大地区是中国的领土。后来在俄国武力恫吓下，1858 年黑龙江将军奕山和俄国东西伯利亚总督 H. H. 穆拉维约夫（Муравьёв）签署了《瑷珲条约》，但条约没有被清政府批准。因而《瑷珲条约》签订前及条约签订后至中俄《北京条约》签订前，黑龙江流域一直属于中国的领土，在其土地上生活的人是清朝臣民，而非在俄的中国侨民。这一做法反映出部分俄罗斯学者在中俄东段边界形成问题上的态度。

总之，在帝俄远东地区中国侨民问题的研究中，在国家政治军事需要的驱动下，俄罗斯学界的起步要早于中国学界，加之语言、资料等诸多优势，俄罗斯学界对该问题研究的深度和广度超过中国学界，但在多数情况下他们的观点不够客观。

A Review of Research on Chinese Expatriates in the Far East of Imperial Russia by the Russian Academic Circles

Pan Xiaowei

Abstract：The research of Russian scholars on the issue of Chinese expatriates in the Far East region of Emperor Russia has gone through three periods：Emperor Russia, Soviet Union, and Russian Federation. The main subject of research during the imperial Russia period was the witnesses of this period of history, The academic value of the results written is not strong, But the value of the information is high, provided valuable historical materials for future generations to study this issue. Research during the Soviet era was greatly influenced by political factors, few achievements and the characteristic of academic research serving politics. After the disintegration of the Soviet Union, deepening research on this issue in a relaxed academic research environment, The depth and breadth of research surpass those of the imperial and Soviet periods. The research on the three periods of Emperor Russia, Soviet Union, and Russian Federation has to varying degrees overlooked the contributions of Chinese expatriates in the economic development of the Far East region, sometimes they deliberately exaggerate their illegal behavior.

Keywords：Chinese Expatriates；The Far East；Russian Academic Circles

华商与侨领

朝鲜华商与清政府的关系

——以同顺泰为例（1892~1905）*

冯国林**

摘　要　同顺泰是 19 世纪 80 年代至 20 世纪 30 年代活跃在朝鲜的海外华商商号的代表，在朝鲜近代史上很有名，因为清朝用这家商号的名义向朝鲜政府提供贷款。学界虽认识到同顺泰与清政府的密切关系，但并未有细致的研究。本文将以同顺泰参与对朝贷款、代理驻朝使馆经费等活动为切入点，探讨同顺泰在其中的具体活动，揭示晚清时期朝鲜华商与清政府间的复杂关系。

关键词　朝鲜华商　同顺泰　官商关系

政商关系是中国商业史研究中的重要议题之一。目前学界对政商关系的研究主要侧重于探讨国内商人与政府的关系，对海外华商与本国政府关系的研究较为欠缺。同顺泰是一家著名的朝鲜华商商号。它曾参与清政府对朝借款，与清政府关系密切。[①] 学界虽认识到同顺泰与清政府的密切关系，但未有细致的研究。本文将以同顺泰参与对朝贷款、代理驻朝使馆经

---

* 本文时间设定为 1892 年至 1905 年。1892 年是同顺泰参与清政府对朝借款的时间，是为同顺泰与驻朝使馆发生联系之始。受史料限制，本文以 1905 年作为下限。

** 冯国林，历史学博士，集美大学马克思主义学院讲师，研究方向为华侨华人史。本文受集美大学科研启动项目 "近代东亚变局中的朝鲜华商商号——以同顺泰为中心（1886~1905）"（Q202208）及国家留学基金委 2019 年 "国家建设高水平大学公派研究生项目"[留金选（2019）110] 资助。

① 曹力强考察了 1894~1899 年中韩两国在没有外交关系的情况下，中国政府对在韩华商的保护和管理。参见曹力强《中国政府对在韩华商的保护和管理（1894—1899 年）》，《史学集刊》1995 年第 4 期。笔者曾对日俄战争前后清政府在朝鲜的商业危机与官商合作进行研究，认为晚清在朝鲜的政商合作代表了一种互惠互利的合作，起到了抵抗外国经济侵略的作用，挽回了部分利权。参见冯国林《日俄战争前后清政府在朝鲜的商业危机与官商合作》，《当代韩国》2023 年第 3 期。

费等活动为切入点，探讨同顺泰在其中的具体活动，揭示晚清时期朝鲜华商与清政府间的复杂关系。

一 参与清政府对朝借款

在同顺泰借款前，清政府曾多次贷款给朝鲜政府。光绪八年（1882）八月，中朝两国签订一份总额为 50 万两的正式贷款合同，朝鲜政府以关税为抵押，年息 8 厘，分 12 年还清。此次贷款引起日本的关注，同年日本亦与朝鲜签订贷款合同。此后因朝鲜士人对清廷的反感及清政府内部的分歧，清政府中止对朝贷款。朝鲜遂向日、德等国借款。光绪十八年（1892），因无力偿还德国世昌洋行的巨额欠款，朝鲜向清政府求援。① 面对这一情况，主持对朝政策的李鸿章决定施以援手。光绪十八年九月十三日（1892 年 11 月 2 日），其在奏折中谈及向朝鲜提供借款的缘由："朝鲜库藏空虚，自通商以来洋人乘隙诱以借债之说，俾以关税作抵，暗持该国利权。若果听其办成，隐患甚大。"② 可见，清政府向朝鲜提供借款，其目的不仅在防日，也是为提防洋人"暗持该国利权"。

在清政府的支持下，同顺泰以华商的名义向朝鲜政府提供借款。光绪十八年八月十六日（1892 年 10 月 6 日）袁世凯致电北洋大臣李鸿章，推荐由同顺泰出名承贷。"在韩华商，惟广帮董事同顺泰号主谭以时最殷富妥实，元、仁各口及华、日各埠均有联号、分庄，在沪本号名同泰。拟责令该商出名承贷款事，必可无误。"③ 光绪十八年九月初五日（1892 年 10 月 25 日），袁世凯再次向李鸿章推荐同顺泰号，并强调"其号主谭以时，颇公正谨慎，洵堪责令承办此事"。④ 在袁世凯的力荐下，李鸿章同意由同顺泰承办。

光绪十八年八月十六日（1892 年 10 月 6 日），袁世凯致电北洋大臣李

---

① 屈广燕：《甲午前清政府对朝鲜贷款问题浅析》，《中国经济史研究》2021 年第 3 期。

② 《借给朝鲜银十万两折》，光绪十八年九月十三日（1892 年 11 月 2 日），顾廷龙、戴逸主编《李鸿章全集》14，"奏议"十四，安徽教育出版社、安徽出版集团，2008，第 537 页。

③ 《致北洋大臣李鸿章电》，光绪十八年八月十六日（1892 年 10 月 6 日），骆宝善、刘路生主编《袁世凯全集》3，河南大学出版社，2013，第 8 页。

④ 《禀北洋大臣李鸿章文》，光绪十八年九月初五日（1892 年 10 月 25 日），骆宝善、刘路生主编《袁世凯全集》3，第 21 页。

鸿章，向其汇报贷款合同的具体内容，并向其请示意见。"谨将韩运员奉韩廷命向同顺泰贷款十万合同草节电，一、该项交沪汇丰银行换其洋元票簿寄韩，即于交日按六厘行息。二、韩外署必须饬海关将每月征税结计，先将应偿此项交后，始可助用余项。三、按八十个月偿完，每月应偿一千二百五十两，息按月递减。四、偿款应交足色宝银，倘无银，可以英、日洋按成色计收。解沪水脚由韩关付。五、倘届期不付，加息一倍，或由华商在应纳货税内自行扣兑。六、韩必不得再以关税划抵他项债款。七、合同由华公署韩外署监订印押。各节是否有当，乞核示遵。"①

光绪十八年八月十九日（1892 年 10 月 9 日），袁世凯覆电李鸿章，称朝鲜对借款合同有所添改，已由朝官与同顺泰签订合同，袁世凯与朝鲜外务衙门也已盖印。借款合同正式生效。"已由郑及同顺泰划诺，由凯及外督办印押，乞酌饬通饬聂道，即拨库平银十万两，作为韩转运官郑秉夏交汇丰换英洋，取具汉文票簿，交月杪商局船便解仁川，由洪承收转。"②

《同顺泰文书》还详细记录了上海道交钱给汇丰银行的细节。如为避免引起汇丰银行的怀疑，同顺泰提前将图章寄给上海道，然后让其交给汇丰银行。③ 八月二十三日，江海关道将借款"交汇丰换洋，取具收据票簿，备文移送商局，妥寄袁道照收"。④

因史料限制，现有研究对借款活动中华商的心理未有分析。同顺泰文书为了解华商的心态提供了可能。据史料可知，同顺泰在借款过程中更为关注自身的商业利益。起初，同顺泰认为可通过此次贷款获得一笔利息。"计总署经费年中约六万四五千之谱，分三次领取，若在申交每月代其付数千来支用，计可图息千两，并调度活动。"⑤ 但谭杰生的如意算盘最终落空。

---

① 《致北洋大臣李鸿章电》，光绪十八年八月十六日（1892 年 10 月 6 日），骆宝善、刘路生主编《袁世凯全集》3，第 8~9 页。

② 《覆北洋大臣李鸿章电》，光绪十八年八月十九日（1892 年 10 月 9 日），骆宝善、刘路生主编《袁世凯全集》3，第 10 页。

③ 《谭杰生致梁纶卿函》，100 号，壬辰年八月二十六日（1892 年 10 月 16 日），《同顺泰往复文书》，周湘、柏峰编《韩国首尔国立大学藏同顺泰号文书》，第 9 册，广东人民出版社，2019，第 13 册，第 2934~2935 页。

④ 《总署收北洋大臣李鸿章拨解出使经费十万两已交袁道收讫》，光绪十八年十月十五日（1892 年 12 月 3 日），"中研院"近代史研究所：《清季中日韩关系史料》，"中研院"近代史研究所，1972，第 3063 页。

⑤ 《谭杰生致梁纶卿函》，100 号，壬辰年八月二十六日（1892 年 10 月 16 日），《同顺泰往复文书》，第 13 册，第 2936 页。

此次借款的本息皆归总署经费，与总署代收并未得到利息的好处。"朝鲜转运衙门揭上海道署库平银十万两乃是公款，今总署接李中堂电报，每月所提之本息归总署经费支用。本号与其代收，无利息讨好，所沾益不多矣。"①不过，此次向朝鲜提供贷款并非毫无好处。其一，同顺泰获得了一笔水脚保险费收入。按照谭杰生的说法，"本号与其代收，总每次有十余元代劳好处"。② 其二，朝鲜的续贷款的本息由同顺泰按月承解，同顺泰可以从中挪用。其三，此次贷款让同顺泰与朝鲜政府搭上线，为以后双方的往来铺路。其四，代理借款事宜让同顺泰与中国官员间的关系更为密切，为以后代理驻朝鲜使馆经费提供了铺垫。

如前所述，此次借款让同顺泰与朝鲜政府产生联系，这是普通华商难以做到的。例如，同顺泰曾向朝鲜政府提供 2000 元短期贷款。"外务衙门揭五千元，实取去二千元，后五日即如数还回，另收利五十元。"③此后，朝鲜政府曾向同顺泰寻求大额借款。"朝鲜国王欲向本号揭银三万五千两，言明利息二五分，限期明年三月或四月清还，此银在上海交，将来亦在上海收，富人李益顺代写揭数，朝鲜外务衙门及中国总署盖印。如将来无银还，则将李益顺家产及国王公业任从取足，极之根稳及好利路也。"④ 谭杰生对向朝鲜政府提供借款颇为积极，而上海的东家则表现得颇为消极，认为"朝鲜揭银太多，不可相信也"。⑤ 借款之事遂作罢。

同顺泰借款分为两期，第 1 期签订于光绪十八年八月十九日（1892 年10 月 9 日），第 2 期签订于光绪十八年十月初六日（1892 年 11 月 24 日）。以第 2 期同顺泰借款为契机，同顺泰取得在汉江航运的权利。"规定所有运署大火轮载来货物等件，由小火轮起驳，自仁川运来京江。"⑥ 起初，仁川

---

① 《谭杰生致梁纶卿函》，102 号，壬辰年九月十三日（1892 年 11 月 2 日），《同顺泰往复文书》，第 13 册，2975 页。

② 《谭杰生致梁纶卿函》，209 号，乙未年五月二十七日（1895 年 6 月 19 日），《同顺泰往复文书》，第 15 册，第 3897 页。

③ 《谭杰生致梁纶卿函》，125 号，癸巳年六月二十三日（1893 年 8 月 4 日），《同顺泰往复文书》，第 14 册，第 3410 页。

④ 《谭杰生致梁纶卿函》，126 号，癸巳年六月二十九日（1893 年 8 月 10 日），《同顺泰往复文书》，第 14 册，第 3426~3427 页。

⑤ 《谭杰生致梁纶卿函》，128 号，癸巳年七月十八日（1893 年 8 月 29 日），《同顺泰往复文书》，第 14 册，第 3471 页。

⑥ 《鉴订朝鲜运转衙门借款合同》，光绪十八年十月初六日（1892 年 11 月 24 日），骆宝善、刘路生主编《袁世凯全集》3，第 38 页。

至汉城的航路，朝鲜政府不允许他国小轮行驶。日本与朝鲜人合作，获得运输的利权。有鉴于此，袁世凯"选令华商集股购造小轮运货，恐韩阻挠，且计货无多，虑亏赔，致久无成。兹因韩续贷款，要令准同顺泰集华、韩股份，作为华、韩公司，先购造浅水小轮二只，每只约载五十吨，往来仁、汉及沿江各处，每年接运韩漕十万石，并运华商货物，韩似可允。不但极利商务，尤可抑挫倭人"。① 表面看来，包括李鸿章、袁世凯在内的清政府对在朝华商的支持，其目的有二，一是发展商务，二是借华商之力与日本抗衡。"不惟夺倭人之利益，且以增中华之权利也。"因此，推动华商创立通商轮船公司的根本目的，仍在加强中朝间的宗藩关系。

华商与清政府官员看待轮船公司的角度有一定差异。同顺泰在谈及通惠轮船公司时考虑更多的仍是商业利益，较少涉及政治。与日本轮船的竞争也是同顺泰在运营通惠轮船公司时所关心的。而袁世凯推动设立通惠轮船公司的主要目的则是加强华商的商业势力，从而巩固中朝宗藩关系。

华商对袁世凯交办之事持何态度？梁纶卿曾道出华商的真实想法。"袁总办所委之件乃举手之劳，何妨应之。处世不必尽是为利，但不致有亏本于自者亦要为之。俗语云贱力得人敬，如效力得多，将会带出好处也。"② "贱力得人敬"乃是中国的俗语，大意指勤快的人受人尊敬。这可以体现华商的生存哲学。在华商看来，做事不必全部着眼于利益，如果替官员办事勤快，做得多自然会有好处。袁世凯委托同顺泰代办诸事，谭杰生坦言"所托实难推辞"。③ 可见，迫于压力，华商对清政府官员交代之事难以轻易推脱。

谭杰生请求梁纶卿代捐官职，体现前者试图加深同清政府的关系。谭杰生致信梁纶卿，让其花费七八十元替自己捐监生。姜抮亚发现，1892年11月，谭杰生的职衔已经由"汉城华商广帮商会董事"变为"汉城华商广帮商会董事五品衔候选县丞"。④ 这种代捐官职的做法，不仅使谭杰生获得

---

① 《袁道来电》，"电报"3，光绪十八年十月初三日到（1892年11月21日），G18010~005，顾廷龙、戴逸主编《李鸿章全集》23，安徽教育出版社、安徽出版集团，2008，第314页。

② 《梁纶卿致谭杰生函》，141号，癸巳年四月初八日（1893年5月23日），《同泰来信》，第5册，第98页。

③ 《谭杰生致祥隆号函》，癸巳年腊月二十四日（1894年1月30日），《同顺泰往复文书》，第5册，第379页。

④ 据此，姜抮亚认为清政府"向谭杰生授予官品以代替借款的相关汇款和委托偿还手续"。值得注意的是，这一推测并无史料佐证。结合此前谭杰生捐纳的经历，反倒是谭靠自己捐纳获致官品的可能性更大。

官方身份，也让其与清政府的关系更为紧密。

二 代理总署经费

（一）初次代理总署经费

驻朝鲜使馆的经费包括工作人员的薪俸、川资、公宴及其他公务事项的花费，经费由江海关拨发，袁世凯任职商务委员期间使馆经费曾暂由津海关发放，后改由江海关办理。有学者认为陈树棠时期驻朝使馆每年经费约有四万两，到袁世凯时期经费大致相同。① 此说并不准确。袁世凯时期商务公署的经费增长至 65000 两。② 上海道署从出使经费中拨发经费后，通过招商局的船只将经费运至朝鲜。③

朝鲜华商在替驻朝使馆代理经费过程中扮演重要角色。利用遍布东亚各港口的联号，同顺泰可以顺利为驻朝鲜使馆代理经费出纳事宜。例如，同顺泰利用烟台的同记为总署汇款。起初，驻朝鲜使馆的经费由东海关汇来，在烟台由同记负责代理，然后再委托同顺泰协助办理。

对于代理总署经费一事，同顺泰内部有支持和反对两种意见。支持者谭杰生认为，按照约定，同顺泰在代总署发放各口领事薪水时，每两可扣佣 2 厘获利。反对者为仁号的谭晴湖，他不同意代办，让谭杰生辞去此事。"云总署欲委本号代其发给各口领事薪水，每两扣佣二厘一节，此事切切不可为，祈即即推之，是为至紧至要。"谭晴湖认为代理之事得不偿失。其反对的理由是：首先，同顺泰虽可"扣佣二厘，查其一年之饷不过五万两，虽统交你进出，得佣银一百两，而数目繁杂，要添一人司账，不足补司账之身俸费用。又谓贪其利息相宜存在本号，既有公记之存项生息，何故又云有相宜之利息，莫非谓每月之一千六百两乎。此款要及早预备，一发即

① 周国瑞：《晚清驻朝商务委员经费分析》，《兰台世界》2013 年第 3 期。

② "今总署及仁釜元三口领事每月需银四千余两或四千两之谱，一年领经费银六万五千两。"《谭杰生致梁纶卿函》，96 号，壬辰年七月十八日（1892 年 9 月 8 日），《同顺泰往复文书》，第 13 册，第 2852 页。

③ 《马建忠、沈能虎致盛宣怀函》，光绪十六年九月十二日（1890 年 10 月 25 日），陈旭麓、顾廷龙、汪熙主编《盛宣怀档案资料》第 8 卷"轮船招商局"，上海人民出版社，2016，第 319~320 页。

完，何能叨其利息"。① 在谭晴湖看来，代发经费收益少而代价大，劝谭杰生放弃。

此外，总署用款无定时，无定额，其紧急支用时会对商号造成资金压力，届时同顺泰只能买进元宝或贱售货物来应付，得不偿失。"入总署之款因用多用少无定数、无定时，实在难办。恐贪其平息而急切求款，或赊进元宝赊贵得，或贪现钱将通行货作贱而沽，明来暗去，恐所得不足以偿失。"②

其次，谭晴湖对中国官员观感不佳，认为与官场打交道只会吃亏，劝告谭杰生"勿为小利而惹大患"。"今总署大账房刘泉延接烟电知得本号已收其银付申，乃舍合同不依，多生枝节，要另立揭单四千两，计息八厘。今方初办不久，即不依章程，上下其手，将来其窦弊不可胜言。可及早猛醒，勿为小利而惹大患。究竟做生意以谋利为主，以前次六千两据汉来信便宜拆息一百余两。既舍金砂不买而买元宝，实不至吃亏百余两也。是明来暗去，且事属啰嗦，将来必有花样出，与官场交易必定自己吃亏，断无自己便宜也。入公记之款，我号通盆买卖被其困住，欲图其利却不知从何处打寸。真想不出其好处也。"③

再次，谭晴湖认为接受总署经费，会招来盗贼，对商号的财物安全不利。谭晴湖的担忧绝非多虑，此事引起各方注意。据谭晴湖称："今贪小利将自己声名再招高一层而招盗贼，尚自称为好算盘，善打寸。……我前后各信总以惹盗贼起见，至利息多少是细事，故言之谆谆，而不惮烦。"④ 与谭杰生相比，谭晴湖并不看重代理经费带来的好处，反倒担心引起不必要的麻烦。

时间到了农历六月，关于是否要代理总署经费的讨论仍在继续。汉号的谭杰生希望代理经费，而仁号的谭晴湖态度似乎有所松动。谭晴湖主张

---

① 《仁庄致汉庄本号函》，98号，己丑年四月廿三日（1889年5月22日），《同泰来信》，周湘、柏峰编《韩国首尔国立大学藏同顺泰号文书》，第4册，广东人民出版社，第1771~1772页。

② 《仁庄致汉庄本号函》，120号，己丑年五月二十七日（1889年6月25日），《同泰来信》，第1册，第180~181页。

③ 《仁庄致汉庄本号函》，145号，己丑年六月二十三日（1889年7月20日），《同泰来信》，第1册，第246~248页。

④ 《仁庄致汉庄本号函》，105号，己丑年六月二十九日（1889年7月26日），《同泰来信》，第1册，第264~266页。

经费从中国运至仁川后，不应再代其送至汉城，以免承担风险。并表示只可代收一次，下不为例。① 按照谭晴湖的想法，只可收 12000 两，剩下的 8000 两不应代收。但谭杰生似未接受其意见。六月二十一日，同记收到库平银。"今早接烟台同记来电云已收到道署库平银二万两，不日将八千两付来仁，祈转知总署关照仁川李领事，如本号交到即收即具收条与本号勿误。"② 此外，据 1890 年同顺泰文书记载："总署之款昨年底计寸存库平一万五千七百余两。"③ 由此可以推断 1889 年时同顺泰应已替总署管理 15700 余两的经费，远超 12000 两之数。可见，谭晴湖的反对并未奏效，谭杰生可能代收了 2 万两的经费。谭杰生与谭晴湖就是否应代理总署经费存在矛盾，表明两人经营理念存在分歧，这或是两号分家的原因之一。

（二）再次代理总署经费

驻朝鲜使馆的经费由上海道在出使经费下拨付。光绪十八年八月十八日（1892 年 10 月 8 日），袁世凯致电李鸿章，请求拨付经费。"联处现存经费计不敷本月支发，乞电饬上海道在出使经费项下即拨银二万两，交商局速妥解韩。至切叩待。"④ 上海道拨付经费后，如何将经费汇寄到朝鲜便成为一个难题。当时中朝之间几乎没有办理汇兑的现代银行机构，驻朝鲜使馆只能利用华商的商业网络汇寄经费。

1. 代理总署经费的运作过程

上海道拨付 2 万两的外交经费后，袁世凯又委托上海道将 1 万两汇寄到汉城，另外 1 万两则送交上海同泰号。"总署请领经费大抵八月底发出，袁宪云托申道宪寄汉一万两，另一万两送交宝号处。如其交到当照收也。"为避免上海道署的猜疑，谭杰生想出了一套冠冕堂皇的说辞："如道署人问及为何总署之银放在宝号处，须要如此答法。朝鲜元宝不甚通行，买各物不

---

① 《仁庄致汉庄本号函》，127 号，己丑年六月初五日（1889 年 7 月 2 日），《同泰来信》，第 1 册，第 196~197 页。
② 《仁庄致汉庄本号函》，143 号，己丑年六月二十一日（1889 年 7 月 18 日），《同泰来信》，第 1 册，第 242 页。
③ 《谭杰生致梁纶卿函》，2 号，庚寅年新月廿二日（1890 年 2 月 11 日），《同顺泰往复文书》，第 9 册，第 953 页。
④ 《致北洋大臣李鸿章电》，光绪十八年八月十六日（1892 年 10 月 6 日），《袁世凯全集》3，第 9 页。

便当，故托我兑洋钱与其付去应用，他有一万两，水脚保险一应交来矣。若云与其存贮，防其不交水脚保险之费。"① 可见，另外的 1 万两经费实际暂存于上海同泰号。1892 年，总署及仁川、釜山、元山三口领事每月经费银 4000 余两或 4000 两，每年所领经费计银 65000 两。"计袁总宪年中有万余两好处。计存下长期银一万四千两，而往来账存四千余两。今船来二千五百两，又存下约七百两，比对往来尚欠千三百两。俟有暇问及其八月所用多少，及行电达知求付就是。"② 由此推知，袁世凯或许是将万余两的经费据为己有了。

同顺泰为清朝驻韩使馆提供经费保管及支付服务的同时，还可以定期收取朝鲜海关还款的本息。同顺泰认为，可以利用这一便利，将朝鲜海关定期偿还的本息调来支付总署的经费，获得利益。"月中要洋钱千余、二千支用及进出口货关税可以支销清楚，计得此银调度及赚保险水脚亦有些好处也。如与朝鲜政府商量妥当，袁大人有电报关照聂道台，将库平银十万两交与宝号，即转送去汇丰银行照时价伸英洋若干，即取银测③一本付汉转交总海关税务司可也。但要先将此元宝公估，每四两加平加水伸实规平若干，与道署商量明白，将来由申照九八元规平交纳，方能妥当。因元宝水有高低，不能划一。凭高明早夺，向高而为，以图将来事干易办。今先将政府合同及本号与总署所订之章程一看，或有些更改未定，然亦大同小异，俟彼此盖印便是实事矣。总署之经费银常存于本号，乃是责死，极之可惜。且又虑意外担心，似不便当。今设法与其商量，自后领经费在申宝号处交纳，按月交用付来，照道台发交之日三个月内交支用，保险水脚归总署出，三个月以后用该付费是本号所出也。据他说八月领经费库平银 2 万两，另有保险水脚。如道署送到宝号处，祈一应照收，给发收条可也。至于每月用多少乃达知，祈付来应支就是。计代聂道台收朝鲜海关之本息互相调度，与总署代理之银口大有沾益。"④

① 《谭杰生致梁纶卿函》，98 号，壬辰年八月初十日（1892 年 9 月 30 日），《同顺泰往复文书》，第 13 册，第 2911 页。
② 《谭杰生致梁纶卿函》，96 号，壬辰年七月十八日（1892 年 9 月 8 日），《同顺泰往复文书》，第 13 册，第 2852 页。
③ "银测"，可能是支票的译名。"仄""测"都是支票英文名的方言音译。
④ 《谭杰生致梁纶卿函》，95 号，壬辰年六月二十六日（1892 年 7 月 19 日），《同顺泰往复文书》，第 13 册，第 2800~2802 页。

同顺泰具体如何操作？同顺泰文书对此有详细记载："今袁大人代朝鲜政府揭上海聂道台库平宝银十万两，息六分，寸与朝鲜政府，立合同出本号之名，每月提本银一千二百两，其息银按月清缴，该本银要八十个月方能提清，彼此收还合同作为了事。朝鲜海关所收之税俱是洋钱，将元宝照时价伸寸，以英洋交兑或交日洋，每百元补水一元。现汉城俱是日洋通用，英洋甚少也。每月底所收之本息银存贮本号，三个月以后遇有招商局船，便乃起付一次，该保险水脚亦归朝鲜政府所出。"① 精于计算的谭杰生主张，朝鲜政府还款的本息不必付回中国，将其直接给总署充作代理经费或缴纳关税之用，这样既可以挪用钱款，还可以向驻朝使馆收取额外的保险费及运费，可谓一举多得。

光绪二十二年十一月二十日（1896 年 12 月 24 日），清廷任命唐绍仪为驻韩总领事，负责保护华商、谈判通商章程及税则。② 唐绍仪升任驻韩总领事后，仍由同顺泰代理驻韩使馆的经费支出。"唐少川兄升总领事之职，必来仁过年。如有银交来，收汉号由少川名下来之便合。现仁汉衙门本号代其支经费，将来派各埠领事经费，料托各号代其发给矣。"③ 谭杰生估计将来各埠领事的经费，也将由各埠华商代理。

唐绍仪与谭杰生有同乡之谊，关系密切。1898 年 9 月，唐丁忧归国，在上海同泰号支账，由同泰号和同顺泰相互结算。"在仁川交来海关道文书一函，领饷银库平一万两，祈即将文书送去催收，伸规平一万零九百六十两，收小号来账为荷。及少川翁在申支规平银四千四百五十四点一九三两，祈为照付出小号支账可也。此银未曾发汇票，但依信交之便合。"④ "唐总领事因丁忧回家，九月十七日出仁搭船，适弟亦因有事在仁，他云接总理衙门来电关照徐钦使行文，经申道拨交唐总领事库平银一万两，是以写文书一函交来转付上托宝号收。今阅来电申道不允交，或者徐钦差文书未到，

---

① 《谭杰生致梁纶卿函》，95 号，壬辰年六月二十六日（1892 年 7 月 19 日），《同顺泰往复文书》，第 13 册，第 2799~2800 页。

② 杨凡逸：《折冲内外：唐绍仪与近代中国的政治外交（1882~1938）》，东方出版社，2016，第 13 页。

③ 《谭杰生致梁纶卿函》，262 号，乙未年腊月初九日（1896 年 1 月 23 日），《同顺泰往复文书》，第 15 册，第 4168 页。

④ 《谭杰生致梁纶卿函》，354 号，戊戌年九月十八日（1898 年 11 月 1 日），《同顺泰往复文书》，第 7 册，第 265~266 页。

抑或付来汉乃发给未定。但前者唐总领事在汉经交过本号现银二千余两，今此经费银未曾得收，而银口如此困紧。他在申欲用四千一百五十余两，似不用应支，免至辛苦筹躇无益，及不能怪责我们也。"①

驻韩总领事唐绍仪因丁忧离任，其存在同顺泰处的余款共有4400两，谭杰生交代同泰号将此银交给怡和洋行买办唐杰臣。② 此外，代理总领事向清廷请领三四千两经费，欲经上海同泰号汇到朝鲜。同泰号与同顺泰互设账户，可以通过记账的方式实现资金的转移。关于唐绍仪余款的处置及代理总领事汇款的情形，谭杰生在向东家报告时叙述如下："唐少川之余款，今在汉与其□（原处脱漏）棣封再算，除去汇水之外，实存规平银四千四百两，交怡和行买办唐杰臣收。今棣封有信一函，祈连信一应送去，取回收条付下，入汉号支账。汉总署现时仍与本号往来，今代理总领事见徐钦差未有实期来汉，寄禀帖去请领经费三四千两交宝号收，但交到多少祈收本号来账就是。"③ 唐棣封即唐恩桐（1860-1912），字昭琴，广东香山（今珠海）唐家湾人，清末外交官。1891年，应唐绍仪之邀赴朝鲜任龙山商务署书记。同顺泰文书中藏有数封唐恩桐的来信，可见同顺泰与唐恩桐亦有往来。

同顺泰通过代理驻朝使馆经费获得不少好处。首先，它可以获取手续费及货币兑换过程中的好处。例如，徐寿朋奉命来朝鲜签订条约，经费也由同顺泰代理。"徐钦使由协昌公司交来规平银一万一千一百六十两，祈收小号来数，在汉经已定价库平银一万两，交日银一万五千零二十元，似亦有些沾益也。"④徐寿朋将规平银交给上海同泰号，同顺泰则在汉城将日银交给前者。同顺泰除获得手续费外，还可以借机向上海汇款。

其次，同顺泰可以将使馆所存的库平银兑换成札纸⑤或金砂谋利。"总

① 《谭杰生致梁纶卿函》，356号，戊戌年十月初三日（1898年11月16日），《同顺泰往复文书》，第7册，第295~296页。

② 唐杰臣（1862~1904），唐廷桂（唐廷植）长子（嗣子），广东广州府香山县唐家人（今珠海市唐家湾镇）。怡和洋行总买办、上海内地自来水公司创办人。唐绍仪与唐杰臣为同乡，关系密切。

③ 《谭杰生致梁纶卿函》，360号，戊戌年十一月二十六日（1899年1月7日），《同顺泰往复文书》，第7册，第357~358页。

④ 《谭杰生致同顺泰函》，376号，己亥年四月十五日（1899年5月24日），《同顺泰往复文书》，第8册，第772~773页。

⑤ "札纸"很可能是支票的译名。因为英语中，"支票"为check/cheque，香港以及东南亚一些华人聚居区（比如马来西亚槟城）至今仍将支票称为"仄纸"或迳称"仄"。

署欲再长存库平宝银六千两，俟收妥乃付上。现元宝烟台各山东字号极合胃口，可沽善价，或将此元宝卖钱再买札纸付大阪转汇上。如金砂合价则买金砂付上，实比胜于付元宝多多也。"① "札纸"以日本货币为计算单位。同顺泰通常的操作手法是，将库平银市价高时售出，然后购买札纸转汇至大阪。如果金砂价格合适则购买金砂。如此操作，要比直接将元宝寄回上海收益更多。面对动荡的投资市场，同顺泰懂得如何选择投资渠道，以获得最高的利润。

此外，同顺泰在代理使馆经费时，还可以临时挪用总署经费，以应付资金紧张局面。如谭杰生回申时，"借用总署元宝一千两回申，今该署着九月中要用，料此地难找兑，下水祈付元宝八百两来应交为要。此项兑银紧不能误期也"。② 调用总署的元宝后，同顺泰再让同泰号从上海运元宝来朝鲜补足。因此，总署的存款一定程度上可以缓解同顺泰的资金压力，而总署则在同顺泰处存款获得利息，还可免去被盗的风险，可谓双赢。

2. 同顺泰代理元山使馆经费

代理元山使馆经费的过程中，同顺泰的元山联号同丰泰发挥着重要作用。同丰泰的创始人是最早来元山的华侨。据日本方面记载："元山开始由中国人前来居住为 1885 年，当时清政府在今天的元山支那町开设清国理事府，是为现在中华民国领事馆的前身。同年 5、6 月间有广东商同丰泰店员从长崎来到，在日本租界内开张营业，是为元山之所有中国人侨居之嚆矢。"③ 同丰泰及同顺泰的东家都是梁纶卿，两号关系十分密切。

1897 年或是同顺泰代理元山使馆经费的开端。谭杰生致信同丰泰，表示将经费由汉城付去元山颇为不便，请其代发。"元山领事老汪每月札金经费□（原处脱漏），但由汉付去似为不便，欲求宝号每月代为发给，当每元作七点三钱，逐月通知申同泰划账，或嫌零星费神则开往来一户，俟年底乃结算。至于折息照同泰一样规矩可也。他前者在汉领去六七八三个月之饷，以后应照交九月起便合。若蒙允准，祈为示覆。及届期元署发九月之

① 《谭杰生致同顺泰函》，20 号，庚寅年四月二十五日（1890 年 6 月 12 日），《同顺泰往复文书》，第 9 册，第 1220 页。
② 《谭配南致梁纶卿、罗柱臣函》，66 号，辛卯年八月二十八日（1891 年 9 月 30 日），《同顺泰往复文书》，第 11 册，第 2217 页。
③ 张启雄主编《日本殖民统治下的朝鲜华侨——朝鲜总督府报告书〈朝鲜的中国人〉》，祖运辉译，"中华民国"海外华人研究学会，2003，第 150 页。

收条来存据，祈照付给。但千祈不可借支，因不知他人事如何，防有受累之患。"① 同顺泰建议，可以每月结算或年底统一结算相关款项，由于六七八月之饷银已在汉城领取，九月起开始在元山领取。同顺泰通过在上海同泰号所设账户实现与同丰泰的资金清算。

一般而言，总署会预先将银存在同顺泰处，元山领事直接从同顺泰的元山联号处支取。当总署无银存同顺泰时，同顺泰便会及时与唐绍仪联系，妥商办法。当汇价提升时，华商必须提高手续费以弥补损失。"汪领事之经费初时唐总办托弟浼宝号由九月初一起按月代支银四百五十五元，今他无银存在小号处，而汇价升至八点四、八点五钱，弟有暇与他商量过如何办法乃再达知。如果托宝号代劳自当依正价入账，彼此依公办事，免至折亏为先也。"② 按照商业习惯，同顺泰与元山同丰泰之间会定期清算债务。

除了元山使馆官员的薪俸由同顺泰及其联号代发外，修理元山使署的经费亦由同丰泰代支。随后传出汪领事调往汉城的消息，同丰泰遂委托同顺泰打听消息。"前者宝号代修元署经已代问唐总宪数次，将来必有归款。今接来电云汪调回汉，弟往署查问，适总宪出街，至第三□（原处脱漏）他云调回汉城，是以即谈及宝号代收署款。他云老汪交账钱，老汪不交将来在汉可发给，但代修之银祈列一单来，以的送去总署，当代收还就是。"③ 同顺泰交代同丰泰为避免节外生枝，最好直接在元山向汪领事追收代垫款项。④ 代垫款项可用日洋或札金偿还，"惟总署支用及发各埠之经费俱是日洋，如收他日洋似为折亏，若要收札金必然将日洋补水，恐有伤情面，未知可相就收日洋或一定要收札金，祈即示知，以便照为可也"。⑤ 汪领事采用分次偿还的方式。"汪领事之款昨日交来札金二百元，他之经费有四百元，不能一次尽交，因要支用，或者下月领饷可交足未定。所存下二百元，

---

① 《谭杰生致同丰泰函》，丁酉年六月二十四日（1897 年 7 月 23 日），《同顺泰往复文书》，第 16 册，第 4532～4533 页。

② 《谭杰生致同丰泰函》，丁酉年八月八日（1897 年 9 月 4 日），《同顺泰往复文书》，第 16 册，第 4645～4646 页。

③ 《谭杰生致同丰泰函》，戊戌年七月二十四日（1898 年 9 月 9 日），《同顺泰往复文书》，第 7 册，第 105 页。

④ 《谭杰生致同丰泰函》，戊戌年七月二十九日（1898 年 9 月 14 日），《同顺泰往复文书》，第 7 册，第 138 页。

⑤ 《谭杰生致耀箴函》，戊戌年八月二十日（1898 年 10 月 5 日），《同顺泰往复文书》，第 7 册，第 199 页。

俟有暇当往海关问总税务司代汇上，未知嫌零碎可兑否。"①

汪领事虽调离元山，但同顺泰代理经费之事并未停止。到1905年黎子祥担任元山领事时，仍可看到同顺泰替元山中国领事馆发放经费的记录。黎与谭杰生是同乡，曾在赴任前与谭杰生面商，委托谭将其元山的薪水经费汇至元山同丰泰，黎子祥到元后也得到同丰泰的罗耀箴允准。② 事实上，代理使馆经费一事也得到同顺泰东家梁纶卿的同意。"新钦差在申时已会纶卿一次，谈及该钦差俸金一事今后均由申号在上海关请领，代为汇划，而领署所发薪水均在宝号作粮台代办云云。"③

乙巳正月二十六日，黎子祥致信谭杰生，请求其将薪俸早日汇至元山。"兹付上至使署陈载伯翁一函，内有正月领条一张，至十一日起至月底止，共计库平银一百六十三两三钱，祈饬交使署，请代将该款领出，伸合日洋若干，求汇交元山同丰泰转交敝处为祷。正月分薪初一日至初十日止，前经懿领事在使署领取矣。弟接篆后又由弟处补他经费数十金，将来汇到职款，弟所得无几。前蒙尊处借洋一百元，可否分两月清还，是月先还五十元，请由该款扣去。余求汇交元山，俟下月将余洋清数。如蒙惠允，请照此办理为幸。倘能与同丰泰对划尤为便捷。若不能对划，请由银行或邮政局汇来，至汇费容统清计。"④ 信中还透露，他曾向谭杰生借款。同时，黎子祥建议汇款时最好由同顺泰与同丰泰进行划账，否则可由银行或邮局汇款。

汇寄经费的方法大致有两种。其一是由同顺泰与同丰泰相互划账，其二是经由日本银行汇款。此前在汤肇贤任上便采用前一种方式。至于后一种，则主要借助日本银行的汇票。例如，一次黎子祥收到汇票后，答复谭杰生称："由同丰泰交来二月初一日手书，并薪水计十八银行汇票一张，洋一百八十二元五角正，业经照收。承示后俟后由银行汇来，汇水非贵一节，

---

① 《谭杰生致同丰泰函》，戊戌年九月初九日（1898年10月23日），《同顺泰往复文书》，第7册，第262~263页。
② 《黎子祥致谭杰生函》，乙巳正月二十六日（1905年3月1日），《同泰来信》，第3册，第1064~1066页。
③ 《同丰泰致谭杰生函》，乙巳正月二十六日（1905年3月1日），《同泰来信》，第3册，第1447页。
④ 《黎子祥致谭杰生函》，乙巳正月二十六日（1905年3月1日），《同泰来信》，第3册，第1064~1066页。

诚为便当，遵谕照办可也。"① 汇票的使用，使得汇款更为便利。同丰泰就认为使用汇票省去诸多麻烦，颇为便利。"黎君每月之薪水在后照此办法甚合，彼此有去殊多事情也。"② 由于汉城总署所发薪费为库平银，还需转换为洋元。这仍由同顺泰代为完成。

总署经费未发放前，元山使馆会预先向华商借款，待发放薪水后偿还此款。例如，元山领事黎子祥致信谭杰生，请求其向驻朝鲜使馆代领经费。"付上敝署二月分薪费领票一张，祈向使署陈载翁处领库平银二百三十两，伸计洋元，请照前汇交元山为感。另有致陈载伯兄函统希饬交使署。前蒙借洋一百，前次已还五十元矣。此次请再除五十元，以清此数。另请饬送广泰亨洋八元，另有单付上，共除去五十八元。余统求寄下。尚有宝号买物零数，俟下月再计可耳。再启者使署未悉月中发饷，抑或月底给发，如系月底发饷，则此领票月底送去为妙。"③ "尊处代交孙芹塘翁处外洋二十元，仍请在二月分薪水银内扣出，此信到时汇款已寄元山，则此函存在尊处，俟下月再行送交孙君可也。"④

除了替元山领事代收使馆经费外，同顺泰还替镇南浦领事唐恩桐（见表1）代领经费。唐恩桐曾致函谭杰生，委托其"代收使署库平银二百两，札金三十元"。⑤ 笔者目前仅发现一封委托代收的书信，远少于元山领事与同顺泰的通信数量。

表 1 1894 年后中国设立的驻朝鲜各口领事

城市	开设时间（年）	首任	续任
汉城兼龙山、元山	1896	唐绍仪（总）	汤肇贤（总）、吴广霈（总）、傅良弼（总）、吴启藻（代总）、马廷亮（总）

① 《黎子祥致谭杰生函》，乙巳二月初七日（1905 年 3 月 12 日），《同泰来信》，第 3 册，第 1072 页。

② 《同丰泰致谭杰生函》，乙巳二月十五日（1905 年 3 月 20 日），《同泰来信》，第 3 册，第 1213 页。

③ 《黎子祥致谭杰生函》，乙巳二月二十四日（1905 年 3 月 29 日），《同泰来信》，第 3 册，第 1113~1114 页。

④ 《黎子祥致谭杰生函》，乙巳元月二十六日（1905 年 3 月 1 日），《同泰来信》，第 3 册，第 1117 页。

⑤ 《唐恩桐致谭杰生函》，乙巳三月初八日（1905 年 4 月 12 日），《同泰来信》，第 3 册，第 1145 页。

续表

城市	开设时间（年）	首任	续任
仁川兼木浦、群山	1896	唐荣浩	许引之、周文凤、唐恩桐、马永发、贾文燕
镇南浦兼平壤	1899	汤肇贤（副）	陆清寿（副）、吴允城（署副）、唐恩桐（副）、陈光燕（副）、张国威（副）
釜山兼马山浦	1899	傅良弼	徐学伊、吴启藻、姚煜、贾文燕、王邦藩
元山	1902	懿善（副）	邵家孝（副）、黎子祥（副）、马永发（副）

资料来源：何新华：《中国外交史（从夏至清）》下，中国经济出版社，2017，第697页。

3. 替领事官员汇款与存款

除了替使馆发放各地领事的薪俸外，同顺泰还为其办理汇款业务。"使署委托交天祥洋行账房唐仲良收库平银二百两正，又委托交邵仲云收库平银四百两正"。① 天祥洋行为上海外滩英商贸易行。总号设于伦敦，在上海、香港、汉口、福州、广州及横滨、神户、维多利亚、塔科马诸等地设有分号。唐仲良等人曾担任该行买办（华人总经理）或部门买办（华人经理）。

总署时常委托同顺泰汇款，既有公事，也有私事。例如，同顺泰经常为袁世凯代理私人汇款。一次，袁世凯托该号向其堂弟汇库平银300两。② 甲午年二月二十一日，同顺泰向同泰号发出110号汇票，托其交兴来盛转汇去河南。"今发出一百十号汇票一纸，计库平银三百两，交兴来盛收，此是总署托他汇去河南，伸规平若干，入汉号往来账就是。"③ "兴来盛"应当是一家在上海及河南皆有分支机构的商号。

同顺泰还曾替元山领事吴仲贤④汇款。同顺泰向上海同泰号发出49号汇票交给吴仲贤。"四十九号一纸，计洋一百五十元，交吴卫卿收，均即期。如交妥祈缴回原票入汉号往来账可也。吴卫卿乃是元山领事，五月告

---

① 《梁纶卿致谭杰生函》，633号，乙巳六月二十四日（1905年7月26日），《同泰来信》，第3册，第1300~1301页。

② 《谭杰生致梁纶卿函》，100号，壬辰年八月二十六日（1892年10月16日），《同顺泰往复文书》，第13册，第2936页。

③ 《谭杰生致梁纶卿函》，续145号，甲午年二月廿一日（1894年3月27日），《同顺泰往复文书》，第5册，第499页。

④ 吴仲贤，广东四会人，清末留学美国。相继担任仁川副领事、元山领事等职，甲午战争爆发后归国。

假回家娶亲，大抵八月初间到申回元矣。"①此后，同顺泰仍不时会替其汇款。"元山领事吴卫卿翁托汇洋一百五十元，到兑共一百零三两，发出一号汇票一纸，是小市街晋成首饰铺吴永年收，如到步，祈将信送去，俟他拈汇单来对，合票根涂铺乃给部送去盖章存据。该项祈入同泰往来账可也。"②

甲午战争后，同顺泰仍继续替中国官员汇款。例如，替驻韩总领事钱明训汇款。"昨代韩国总领事钱明训钱循陔所汇之银，经已汇妥。今将收条二张付上，到日祈查收交他可也，并将京平库银水另抄一纸付呈，照入册是荷。"③"今代总署发出十八号汇票一纸，计规平银一千零九十六两，见票后三天交汇丰银行收，如交妥祈付汉号支数可也。凡代总署所发之票何日交妥，祈为示知，因小号与他往来照交银之日入账也。"④据不完全统计，同顺泰至少给总署汇款 18 次。交给使馆的经费除了通过银行汇款，有时还会托人直接交给使馆。⑤

同顺泰替中国官员汇款主要倚靠其分布在东亚各通商港口的联号。除了替总署官员汇款外，官员的家眷在支银时亦须同顺泰配合。如唐绍仪的家眷欲在申港两地支银，即通过同顺泰在上海和香港的联号办理。"唐总领事家眷回粤，欲在申支英洋二千元，祈送至怡和洋行账房唐纪常收。又在港支银二十五两，祈行信关照安和泰送交广昌隆收。"⑥中国官员还会将钱款存在同顺泰内。"钱总办欲有款存在本号，若他有拈来，则收下。"⑦一般而言，年底是华商银根紧张之时，此时为何还勉为其难的为官员汇款？谭

① 《谭杰生致梁纶卿函》，96 号，壬辰年七月十八日（1892 年 9 月 8 日），《同顺泰往复文书》，第 13 册，第 2853 页。

② 《谭杰生致永安泰钰田函》，16 号，壬辰年腊月二十一日（1893 年 2 月 7 日），《同顺泰往复文书》，第 13 册，第 3159 页。

③ 《梁纶卿致谭杰生函》，625 号，乙巳四月初八日（1905 年 5 月 11 日），《同泰来信》，第 3 册，第 1246 页。

④ 《谭杰生致梁纶卿函》，342 号，戊戌年六月二十日（1898 年 8 月 7 日），《同顺泰往复文书》，第 7 册，第 39 页。

⑤ 《谭杰生致其燊函》，乙巳二月二十九日（1905 年 4 月 3 日），《同泰来信》，第 3 册，第 1124 页。

⑥ 《谭杰生致梁纶卿函》，347 号，戊戌年七月二十四日（1898 年 9 月 9 日），《同顺泰往复文书》，第 7 册，第 113~114 页。

⑦ 《谭杰生致其燊函》，乙巳三月初四日（1905 年 4 月 8 日），《同泰来信》，第 3 册，第 1133 页。

杰生道出其中的苦衷。"衙门之人，时常□①号有事托他办理，故勉强亦要应酬。"② "官场之事时常有事托办，似难推辞也。"③ 这体现出华商在替官员办事时的复杂心态。华商孤身在朝经营，常需与官府往来，因此需与其打点好关系。

总体而言，同顺泰为驻朝鲜使馆的官员提供经费出纳相关的各项事宜，包括代领经费、代垫款项、钱款汇兑、存款等业务。

（三）替驻朝鲜使馆代购生活物品

同顺泰替总署代购的物品分为以下几类。其一，食品。其二，衣物。其三，药品。其四，其他物品。

以代购衣物为例，除了唐绍仪等官员外，总署中的一些低级官员也常会委托同顺泰代购。朝鲜海关规定，各国外交人员寄来的物件免税，同顺泰也会趁机夹带私人物品避税。作为交换，同顺泰给中国官员代购的物品一般不会过度抬价。"总署各友及唐领事托买衣物，祈为照单买便付下，另装一箱，写明总署收。本号有贵重绸缎搭些在内亦可，不宜太多。皆各国钦差由别处寄来物件免税并不准开验，本号代买物件，不宜食价，从此讨些好而已。"④ 衣物料也是唐绍仪等官员经常委托同顺泰代购的物件。"唐领事托买衣服料一单，祈另装一箱，须要写明箱面朝鲜汉城总署袁大人收，仁川报关免税，今本号亦搭的在他箱内作总署托买，亦可免税，已刻在单内托买矣。今唐领事托买之物，祈顺将原单付来为荷。"⑤ 到1907年时，仍可看到同顺泰替总领事运送貂皮的记载。⑥ 总之，同顺泰利用代购之机夹带私货，受益颇多。

---

① 原文处空一格，为商业书信的行文习惯。
② 《谭杰生致逊卿函》，15号，癸巳年十二月初十日（1894年1月16日），第5册，第335~336页。
③ 《谭杰生致永安泰煜田号函》，癸巳年腊月二十六日（1894年2月1日），《同顺泰往复文书》，第5册，第380页。
④ 《谭杰生致梁纶卿函》，12号，庚寅年二月二十五日（1890年3月15日），《同顺泰往复文书》，第9册，第1074页。
⑤ 《谭杰生致梁纶卿函》，100号，壬辰年八月二十六日（1892年10月16日），《同顺泰往复文书》，第13册，第2936~2937页。
⑥ 《同泰号给同顺泰的订货单》，第12帮，丁未年八月初五日（1907年9月12日），《同顺泰宝号记》，第43页。

除了替汉城总署的唐绍仪等购买绸缎等衣料外，元山领事也会从同顺泰处购买绸缎，款项则从代发的薪水中扣除。"今特函请阁下剪月白十两素绸一文三尺，剪就祈掷交王巡捕带下。倘王巡捕业已动身回元，请阁下交邮局小包寄元亦可，其价若干，请在弟本月薪水项下扣还为盼。"①

对同顺泰而言，替总署代购除了可以夹带私货避税外，还可以抬高所购物件价格，从中取利。"前代衙门买之 2 号花钮七付，申买价 2.5，寸洋 1.75 元，3 号八付，申入价 1.76 元，如要开多些，则随汉号开去可也。自后各家托买绸缎等物，仁只知照本开列去，汉之要利钱多少，酌开去收之便是。"②

由替总署代办物品一事看，同顺泰与驻朝鲜使馆关系密切。同顺泰替总署办事，虽有结交官场的考虑，但也从中获得不少利益。

三 对清政府的态度

华商与清政府官员之间也存在紧张关系，并时有冲突。在朝华商并非如既往研究所言，完全为清政府利益的代表，或仅仅依附于母国的政治、经济政策。相反，华商在朝经营多年，有着独立于官方的利益认同，他们常以商人的视角判断政治及经济事务，其观点有时甚至会与官方相左。就同顺泰而言，该号虽具有"政商"的某种特质，但又并非完全意义上的"政商"，其自我认同仍是商人。

清廷在甲午战争期间的表现让同顺泰对其颇为失望。战争爆发初期，朝鲜华商原本对清朝军队的到来满怀期待，期盼"天兵"的到来。可是，战争中清军的表现，令在朝华商大失所望，因此对中国官兵乃至清政府的批评也愈来愈激烈。"自威海失守以后，水师全军覆没，陆军屡闻溃败，牛庄亦经失去，似无敌手。中国之将官无用如此，极之可叹。"③ 除了在与日军交战时不堪一击外，清朝官兵军纪涣散，对朝鲜百姓多有滋扰。④ 与清军

① 《元山钱端甫致谭杰生函》，乙巳，月份不详，1905 年，《同泰来信》，第 3 册，第 1091~1092 页。

② 《仁号致汉庄本号函》，68 号，己丑年三月十三日（1889 年 4 月 12 日），《同泰来信》，第 4 册，第 1660~1661 页。

③ 《谭杰生致陈达生函》，乙未年二月十三日（1895 年 3 月 9 日），《同顺泰往复文书》，第 6 册，第 1048~1049 页。

④ 《贻误军机》，《申报》1894 年 10 月 10 日。

相比，日军军纪更为严明，两者形成鲜明的对比。朝鲜士人黄玹观察到，日军所到之处秋毫无犯。"倭所至不穷兵，但事招抚，务得民心"。① 日军占领朝鲜后，揭榜喻民，标榜自己绝无恶意，"避乱妇女转入阵中，皆沿路护送，务欲固结民心"。② 美国领事对日本的观感颇佳。据美国领事观察，"通常情况下，日本军队的行为是有秩序的，日本当局的这种方式和和解的行为赢得了朝鲜人相当好的感情"。③ 日军种种亲民的举动虽在收买人心，但的确让外人感到其纪律严明。

谭杰生认为，清政府官场苟且偷安，不思振作，恐对华商的生意不利。"若闻日本兵有作乱，中国必由天津再添兵来汇合牙山之兵与朝鲜定乱，与日本动干戈亦由此而起。商人恐防受累。真是寝食不安。朝鲜是危险之邦，日俄久欲占据，中国官场皆是偷安，料无振作之日，怕事以至生事，恐难保护。在仁汉做生意必然受累，弟心亦是忧之也。"④ 虽然有传言中日即将签订和约，但同顺泰担心如果官场不思变革，苟且偷安，难保不会再生事端，中国恐会永无宁日。"总之，中国官场上下交征利，儿戏用事。如果弊窦不思变更，总和仗亦暂时苟且偷安，将来别国又生事端，恐无宁岁之日矣。"⑤ 透过在朝华商的视角，可以看到一幅与以往官方视角不同的历史图景。

---

① 「乙未正月」，『梧下記聞』，『동학농민혁명사료총서』1권，乙未正月二十六日（1895年2月20日），韩国国史编纂委员会网站，http://db. history. go. kr/item/level. do? setId = 1&totalCount = 1&itemId = prd&synonym = off&chinessChar = on&page = 1&pre_page = 1&brokerPagingInfo = &position = 0&levelId = prd_001_0030_0130&searchKeywordType = BI&searchKeywordMethod = EQ&searchKeyword = %E5%80%AD%E6%89%80%E8%87%B3%E4%B8%8D%E7%A9%B7%E5%85%B5&searchKeywordConjunction = AND，2021年8月18日查询。

② 「副護軍李偰上疏」，日期推测为甲午年四月二十七日，『梧下記聞』，『동학농민혁명사료총서』1권，韩国国史编纂委员会网站，http://db. history. go. kr/item/level. do? setId = 1&totalCount = 1&itemId = prd&synonym = off&chinessChar = on&page = 1&pre_page = 1&brokerPagingInfo = &position = 0&levelId = prd_001_0010_0140&searchKeywordType = BI&searchKeywordMethod = EQ&searchKeyword = %E5%8A%A1%E6%AC%B2%E5%9B%BA%E7%BB%93%E6%B0%91%E5%BF%83&searchKeywordConjunction = AND，2021年8月18日查询。

③ Mr. Sill to Mr. Gresham, Legation of the United States, Papers Relating to the Foreign Relations of the United States, July 18, 1894, No. 27. Document 26, Office of the Historian, Foreign Service Institute 网站，https://history. state. gov/historicaldocuments/frus1894app1/d26，2021年9月6日查询。

④ 《谭杰生致陈达生函》，甲午年五月十九日（1894年6月22日），《同顺泰往复文书》，第6册，第668页。

⑤ 《谭杰生致陈达生函》，乙未年四月二十三日（1895年5月17日），《同顺泰往复文书》，第15册，第3827页。

谭杰生对清政府的节节战败极为失望。他表示，作为一介平民，国家大事虽无关自身荣辱，但"在外营谋，国体一失被人欺凌，出入亦似无面目见人。食此践土，故见此时事大失所望，实是伤心也"。① 目睹清政府的战败，同顺泰心态颇为复杂。一方面认为战事无关自身荣辱，另一方面又担心战败有损国体，进而与自身荣辱息息相关。

除甲午战争外，同顺泰对戊戌变法等政治事件也有详细的观察。以往研究较少揭示同顺泰对戊戌变法的态度。透过同顺泰文书，可知谭杰生对戊戌变法极为赞赏。戊戌政变后，同顺泰对时局极为担忧："皇上变新政，看下此上谕通达民情，兴利除弊，实是聪明有为之主。今忽然退政，皇太后又复当权，复信任旧党贪图之辈，而重办开化之人，张荫桓充军，而谭嗣同等受诛，可幸康有为、梁启超逃脱。但皇上受困宫中，将来必为奸臣所害，恐将来更有非常之变也。时事如此，能不忧心哉。"② 华商担忧将来时局不稳。慈禧发动政变后，朝鲜华商在私人书信中透露了对光绪及慈禧太后的看法。对慈禧太后的看法较为负面，对光绪则称赞其是"英雄之主"，有"中兴之势"。③ "主上退政，太后用事，所用旧臣皆贪婪无才之辈，将来必然生变，看此局面，谅非佳境也。"④ 总之，谭杰生对光绪帝持同情及赞赏的态度，对慈禧等人则多有抨击。

同顺泰对清廷的腐败无能有严厉的批评。1898 年，清廷与英国签订《中英展拓香港界址专条》及其他一系列租借条约，租借九龙半岛北部、新界和邻近的两百多个离岛。华商获悉后，一方面极为看好九龙地区的发展前景，另一方面则对清政府昧于时势、只图享乐表示痛恨。"今中国各处海口要地均被外国占据，瓜分之势已成，而朝廷犹睡未醒，西太后仍揽权淫乐如故，将来不知死所，殃及万民，生于斯世，大为不幸也。"⑤ 这些能使

① 《谭杰生致蔡雪乔函》，甲午年十一月初八（1894 年 12 月 4 日），《同顺泰往复文书》，第 6 册，第 853 页。

② 《谭杰生致值三函》，戊戌年九月初一（1898 年 10 月 15 日），《同顺泰往复文书》，第 7 册，第 240 页。

③ 《谭杰生致耀箴函》，戊戌年八月十七（1898 年 10 月 2 日），《同顺泰往复文书》，第 7 册，第 186 页。

④ 《谭杰生致同丰泰函》，戊戌年九月二十八日（1898 年 11 月 11 日），《同顺泰往复文书》，第 7 册，第 286 页。

⑤ 《谭杰生致安和泰函》，己亥年五月十四日（1899 年 6 月 21 日），《同顺泰往复文书》，第 8 册，第 816 页。

我们回到历史语境去理解朝鲜华商对清政府的真实态度。

同顺泰虽然与驻朝中国官员在诸多事务上有合作，但同顺泰对朝鲜的中国官员也有不少批评。早在1889年时，仁号的谭晴湖曾发出一番议论："我国之官不董（懂）洋务，不知生意规矩，实如盖井之黾，何足恃乎？"① 可见，同顺泰对驻朝中国官员办理洋务的能力评价较低。

1905年，同顺泰对朝鲜的中国官员仍夹杂不少负面评价。他们的批评极为尖锐，主要集中于办事不力、挟怨报复等方面。"协号刘氏准今日就仁川，到领事处候审，谅他号欠钱有票存据，似不辞其责，不过前驻仁之领事挟怨不与之明断耳。所以中国之弱，概由此之坏，无有强盛之日也。"② 同顺泰进而认为，国家的衰弱与官员的腐败密切相关。同顺泰的纠纷案迁延多日，尚无进展。同顺泰对领事官员处理华商间案件的拖延态度大为不满，认为"唐官办事多懦弱，以致国体之败"。③

同顺泰除对中国官员审理案件效率低下、行事懦弱感到不满外，对中国官员在朝鲜办理团练等事也有不少意见。因日俄关系紧张，在朝中国官员决定组织商人办理团练，"无事则各安本业，有事则同备不虞"。④

中国官员认为，办团练是为保护华商，华商理应支持。但同顺泰对强迫华商参与团练颇为不满，又担心若不参与会遭报复，因此决定相机行事。"广帮团练之事，本号总要见景而从之，不可揸得太硬。因本号放出各账及发出之钱票乃自己心知，恐有碍慢，一被其封铺甚为啰嗦。因吴氏此人正是搅屎棍，无事取来有事理。所以我中国之狗官一味专治自己子民极为出力，以威强迫于人，未有见如此之理。晓得持衙门人一味横行，如此所为，怪不得我国有此衰败也。目下仁许领事官来各家关照，要将自己租界之铺户地契拓上衙门盖印，不准各人将华商租界铺户交与外国人保护。有如此新戏出，可想我官又一番多生枝节，实在不知自己身屎。我本号之地契一

---

① 《仁庄致汉庄本号函》，续64号，己丑年三月初七日（1889年4月6日），《同泰来信》，第4册，第1649页。

② 《象乔致谭杰生函》，乙巳三月十九日（1905年4月23日），《同泰来信》，第3册，第1167页。

③ 《象乔致谭杰生函》，乙巳三月二十二日（1905年4月26日），《同泰来信》，第3册，第1169页。

④ 《奉宪札会同吴翻译督令商董练团购枪卷》，光绪二十九年十二月十八日（1904年2月3日），台北，中研院近代史研究所档案馆藏，驻韩使馆保存档案，02-35-026-04，第2页。

干不交出，前者已有领事官盖好印，为何要交出盖印。"① "狗官"一词，体现出同顺泰对仁川领事的不满。同顺泰与官场不和并不是孤例。1905年，釜山华商与领事之间也曾发生不和。② 可见，这一时期华商与在朝中国官员间的关系并非始终融洽，商人有商人的利益，官员有官员的立场，若两者利益趋于一致则会合作，两者利益不一致则可能产生冲突。

结　语

本文考察了晚清时期朝鲜华商同顺泰与清政府的关系。研究发现，甲午战争后同顺泰与驻朝使馆间仍维持着较为密切的合作关系。具体而言，可以得出两点结论。

第一，甲午战争后，同顺泰与驻朝鲜使馆仍维持密切关系。凭借与唐绍仪等中国官员的亲密关系，甲午战争后同顺泰仍在代理驻朝鲜使馆的经费，并为驻朝使馆提供存款、借款、购物、货币兑换、汇款等多元化的信托服务。这些服务依赖于同顺泰横跨中国内地、中国香港、日本等地的商业网络。在朝中国官员利用同顺泰的网络，而同顺泰则借此进一步巩固连通政治的权力关系网络，并通过这一权力网络扩大其商业利益，这展现华商的积极能动性及与清政府的密切关系。不过，同顺泰在为驻朝使馆提供服务时，遵循的仍是自身的经营节奏与利益盘算。某种意义上说，使馆只是同顺泰服务的客户群体中的一员。

第二，同顺泰与中国官场也存在矛盾。作为商人，其对中国官员保护不力极为不满，对中国国内的政治现状也有不少意见。此外，同顺泰与中国官员交往时，始终小心谨慎。"官场之人恐防难靠，各处皆然。"③ "但事须从稳，不可过于冒险。因官场之事，若一执正则无情也，幸从慎。"④ 与

---

① 《仁川李益卿致谭象乔函》，癸卯年十二月二十八日（1904年2月13日），《同泰来信》，第2册，第1014~1015页。

② 《同丰泰致谭杰生函》，乙巳五月二十七日（1905年6月29日），《同泰来信》，第3册，第1285页。

③ 《谭杰生致祥隆号函》，癸巳年十一月廿二日（1893年12月29日），《同顺泰往复文书》，第5册，第320页。

④ 《梁纶卿致谭杰生函》，136号，甲午年二月三十日（1894年4月5日），《同泰来信》，第5册，第67页。

国内商人一样，同顺泰与官场打交道时非常慎重。这种与官场若即若离的关系，颇耐人寻味。

Relations between the Chinese Businessmen in Korea and the Qing Government（1892-1905）

—Take Tongshuntai as A Case

Feng Guolin

Abstract：The Tongshuntai is a representative of overseas Chinese companies active in Korea from the 1880s through to the 1930s, and it is famous in modern Korean history, because the Qing dynasty used this firm's name to grant loans to the Korean government. Although the academic community recognized the close relationship between Tongshuntai and the Qing government, they did not carry out detailed research. This paper will take Tongshuntai's participation in loans to the Korea government and acting as an agent for the expenses of the embassy in the Korea as the starting point, discuss the specific activities of Tongshuntai, and reveal the complex relationship between Chinese businessmen in Korea and the Qing government in the late Qing Dynasty.

Keywords：Chinese Businessmen in Korea；Tongshuntai；Official-Business Relations

试析张弼士对客家精神的传承与发展

苗体君[*]

摘　要　张弼士在东南亚兴办实业取得成功后，回国兴办实业及慈善事业，通过其丰富的实业兴国强国实践，建构出了伟大而独特的客家精神，为近代中国的发展和人类的进步提供了强大精神动力，并成为中华民族精神谱系中的重要组成部分。张弼士建构的客家精神，其内涵包括四个要素："艰苦创业、奋发图强"的奋斗精神；"精诚团结、锐意进取"的创新精神；"兴办实业、回馈国家"的感恩精神；"与时俱进、光耀中华"的爱国精神。

关键词　张弼士　客家精神　张裕公司

张弼士（1841-1916）为海外著名侨领、民族实业家。他 17 岁被卖猪仔，到东南亚垦荒，经过 30 年的奋斗，从一个南洋劳工一跃成为拥有 8000 万两白银的东南亚华侨首富，被美国《纽约时报》誉为"中国的洛克菲勒"[①]，马来西亚人称他为"亚洲的洛克菲勒"[②]。成功后的张弼士有一颗强烈的爱国心，"在国内创办过山东烟台张裕酿酒公司、广东开建金矿公司、省城亚通织造厂、雷州普生机械火犁垦牧公司、佛山裕益砂砖公司、惠州福兴玻璃公司、海丰福裕盐田公司、香港万信和药行、广州张裕安堂国药行等实业"[③]，为发展中国的民族工业做出了开拓性的贡献。他斥巨资支持孙中山的革命活动，被孙中山称为传奇式的怪杰。致富后的张弼士秉承客

---

[*]　苗体君：广东海洋大学马克思主义学院教授，研究兴趣为中国近现代史。

[①]　黄石华：《序》，见韩信夫、杨德昌主编《张弼士研究专辑》，社会科学文献出版社，2009，第 1 页。

[②]　黄石华：《序》，见韩信夫、杨德昌主编《张弼士研究专辑》，社会科学文献出版社，2009，第 1 页。

[③]　李松庵：《华侨实业家张弼士史料》，见韩信夫、杨德昌主编《张弼士研究专辑》，社会科学文献出版社，2009，第 71 页。

家人崇尚仕途的文化传统，"先后任清朝政府驻槟榔屿领事和新加坡总领事，从此亦官亦商，走上仕途，历任清廷直顺赈捐督办、佛山铁路总办、广农工路矿大臣，赏赐头品顶戴，补授太仆寺正卿及侍郎等职衔。民国成立，他历任广东省商会总理、全国商会联合会会长、约法会议议员、参政院参政、赴美报聘团团长等职"。① 在中华经济发展史上，张弼士的贡献绝对称得上是前无古人后无来者。

以"张弼士"为篇名检索中国知网，共有59篇文章②，这些文章大多在叙述张弼士传奇的一生，其中以张弼士与张裕葡萄酒为题目的文章就占了15篇。论述张弼士与客家社会文化及客商文化的文章只有3篇③关于张弼士与客家精神的研究，依然没有专门的著述及论文。2013年3月17日，习近平《在第十二届全国人民代表大会第一次会议上的讲话》中指出："实现中国梦必须弘扬中国精神……这种精神是凝心聚力的兴国之魂、强国之魂。"④ 客家精神是中国精神的重要组成部分之一，因此开展张弼士与客家精神的研究意义十分重大。当然，关于客家精神的内涵，理论界有多种说法，检索中国知网，以"客家精神"为篇名，就有143篇文章⑤，有的认为客家精神是"科学求富、勇于创业、开拓进取、团结协作"⑥；有的认为是"冒险进取、爱国爱乡、崇文重教、海纳百川"⑦；还有的认为是"开拓进取、艰苦奋斗的创业精神；崇先报本、爱国爱乡的族群精神；崇文重教、崇德尚学的文明精神"⑧，等等。通过网络搜索"客家精神"词条，也有许多种说法。作为华侨翘楚的张弼士，在兴办实业的同时，不仅赓续绵延传统的客家精神，而且发展了伟大的客家精神。张弼士践行、发展的客家精

---

① 李松庵：《华侨实业家张弼士史料》，见韩信夫、杨德昌主编《张弼士研究专辑》，社会科学文献出版社，2009，第71页。

② 检索结果截至2023年1月22日。

③ 肖文评：《张弼士与客家社会文化关系论略》，《嘉应学院学报》2012年第6期；王发志：《张弼士与客家文化》，《广东省社会主义学院学报》2007年第2期；闫恩虎：《张弼士与近代"客商"文化》，《嘉应学院学报》2006年第2期。

④ 习近平：《习近平谈治国理政》第一卷，外文出版社，2018，第40页。

⑤ 检索结果截至2023年1月22日。

⑥ 罗英祥：《试论当代客家精神》，《嘉应学院学报》1996年第2期。

⑦ 刘飞：《客家精神形成的原因初探》，《内蒙古农业大学学报》（社会科学版）2008年第3期。

⑧ 孙云华、孙宝灵：《客家精神的内涵及其在大学德育教育中的意义》，《东西南北》2018年第11期。

神，其内涵应包括以下四个要素。

一 "艰苦创业、奋发图强"的奋斗精神

客家人的南迁始于北宋，当女真人灭掉北宋时，中原汉人开始大规模南迁，其中一部分中原汉人长途跋涉来到江西、广东、广西、福建等地，这是历史上最早的一批客家人。当蒙古大军攻打南宋时，又一批客家人跟随南宋的皇帝，离开都城临安，他们长途跋涉，一路南逃。为了躲避战火，他们进入了深山老林和人烟稀少的贫瘠山区，为了生存，开始了艰难的求生探索。所以用"筚路蓝缕，以启山林"来形容客家人的艰苦创业和坚忍不拔的精神是再合适不过了。他们开荒种地，在山区进行农耕文明的大胆尝试，并在艰辛的劳动中，锻造出了艰苦创业、奋发图强的优良品质。

张弼士的先人越过梅岭古道进入广东后向东进发，到达人迹罕至的闽粤边缘山区，并在此找到了栖息之地。随后便是南宋灭亡，元朝兴起，接着是元朝灭亡，明朝兴起。由于地处闽粤山区，所以王朝变迁的烽火也很难波及这里，人口很快就急剧膨胀。为了扩大耕地面积以养活更多的人，客家人只能开辟梯田。张弼士祖上所在的粤东地区有许多海拔在 1000-1500 米的山脉，还有大面积海拔在 200-800 米低矮起伏的丘陵，在丘陵、山脉间又夹杂着许多个大大小小的盆地，这种地形地貌给来自平原地区的客家人在生活、生产上带来了许多困难。面对恶劣的自然环境，客家先民采用中原地区的先进农业技术，在开展粮食种植的同时，也种植山区经济作物，在耕地稀少的山区，客家人为自身的繁衍生息奠定了坚实的经济基础。通过生产实践，粤东客家人铸造出了艰苦创业、奋发图强的奋斗精神。

1841 年 12 月 21 日，张弼士出生在广东大埔县西河镇黄堂乡车轮坪村，其父张兰轩是一个秀才，以塾师兼中医为业。其母卓氏共生下了张弼士兄弟四人，张弼士排行老三。从 10 岁开始，张弼士跟随父亲读了三年私塾，与私塾里其他孩子相比，张弼士秉性聪颖，领会超群，听父亲讲授司马迁的《史记·货殖列传》时，他感触颇深，并有了通过经商改变贫困家境的

强烈愿望，随后他的父亲"允宜就商辍读"。① 张弼士的父亲本打算让张弼士辍学后在大埔学习经商手艺，但少年张弼士却有着远大的抱负。后来在南洋取得巨大成就的张弼士回望自己的过去，发出无限感慨："大丈夫不能以文学致身，扬名显亲，亦当破万里浪，建树遐方，创兴实业，为外国华侨生色，为祖国人种增辉，安能郁郁久居乡里耶?"② 1854 年，13 岁的张弼士到大埔茶阳下马湖饶姓大姨夫家放牛时，曾创作一首山歌，山歌道："满山竹子背虾虾，莫笑穷人戴笠麻，慢得几年天地转，洋布伞子有得擎"；"满山竹子笔笔直，莫笑穷人无饭食，慢得几年天地转，饭箩端出任你食"③。这首山歌表现了少年张弼士内心立志要改变自己贫困的状况，而且对未来充满了信心。

鸦片战争前后，西方资本主义工业强国在海外开拓殖民地，对劳动力的需求量越来越大。恰在这时，西方资本主义工业强国纷纷以立法的形式废除了对非洲黑奴的贸易，一时间出现劳动力的严重短缺，这就造成了中国劳工开始大规模向海外移民。在清末的这次移民高潮中，大量的华工被卖到南洋各地和南美去做苦役，这是一次充满血泪的移民史，史书上被称作"过番"。因这些华工像猪仔牲畜一样挤在破旧帆船的货舱里，被运往海外，所以又被叫作"卖猪仔"!

1858 年，17 岁的张弼士娶一陈姓女子为妻，也正是在这一年，张弼士的家乡闹灾荒，刚刚新婚不久的张弼士只得辞别父母及新婚的妻子，以"卖猪仔"的方式，自汕头乘船到荷属东印度巴达维亚（今印度尼西亚首都雅加达）。可以说，张弼士像客家先民从中原一路南逃一样，从汕头港乘船经 20 多天的海上艰难颠簸后，经历种种艰辛的考验，才抵达巴达维亚。初到巴达维亚时，张弼士举目无亲，只得去做矿工，后到温姓老板的纸坊兼杂货店打工，因其能力品行过人，深得温老板的赏识，很快，张弼士就做到了账房，温老板还将自己的独生女儿玉娇许配给张弼士作偏房。温老板去世后，张弼士接掌了温老板一生积蓄的全部家业。

---

① 韩信夫：《前言》，见韩信夫、杨德昌主编《张弼士研究专辑》，社会科学文献出版社，2009，第 1 页。
② 韩信夫：《前言》，见韩信夫、杨德昌主编《张弼士研究专辑》，社会科学文献出版社，2009，第 1 页。
③ 林馥榆：《张弼士的"财富传奇"》，《潮商》2011 年第 3 期。

靠客家人艰苦创业、奋发图强的优良品质，张弼士不仅做大了温老板留给他的纸坊和贸易货栈，还增加了酒坊、酒行。这期间，张弼士还接济了落魄中的荷兰军官拉辖，后来，皇族出身的拉辖就任荷属东印度群岛总督。为了回报张弼士的接济，拉辖给予张弼士极大的帮助。当荷兰殖民者鼓励华侨到东印度群岛从事垦殖业时，张弼士率先从荷兰殖民政府那里领得了大片荒地，以及开垦土地所需的资金、种子、农具，并雇用了当地的华工，又从广东大埔广招乡亲。1866 年，24 岁的张弼士充分施展客家人善于耕种的传统，"在荷属葛啰吧埠创办裕和垦殖公司，种植椰子和谷子、咖啡、橡胶、胡椒、茶叶，并间种杂粮"。① 1875 年，33 岁的张弼士"在荷属苏门答腊亚齐创办垦殖公司，继续垦荒"。② 1877 年，张弼士"在荷属怡里创办裕兴垦殖公司，种植胡椒等农作物"，③ 并承办了垦殖区域的烟酒税和典当税，这使得张弼士的财富短时间内暴增。随后，张弼士又到英属马来半岛发展，与出自他门下的客家富商张榕轩合资创办笠旺垦殖公司，"投资数百万盾（荷币），种植椰子、咖啡、橡胶、茶叶，建成橡胶园八处，附设橡胶及华茶加工厂，雇当地华工及从家乡招募劳工，共计万余人"。④ 张弼士很快又把业务拓展到储兑信贷及侨汇上，并与人合办了日厘银行。1886 年，44 岁的张弼士又在槟榔屿创办了万裕兴轮船公司，购置轮船"勃固"、"拉惹"、"福广" 3 艘，在槟城与苏门答腊的亚齐之间往返。他还在荷属苏门答腊的亚齐与人合办广福、裕昌两个远洋轮船公司，并用巨资购置 9 艘轮船。此外，张弼士还在英属马来亚彭亨州文东埠创办东兴公司，专门开采锡矿，后又获得雪兰娥、巴生一带锡矿的开采权。可以说，张弼士通过在南洋创办实业，把客家先民"艰苦创业、奋发图强"的奋斗精神用于自己的创业实践，在获得巨大商业利润的同时，也使客家先民"艰苦创业、奋发图强"的奋斗精神在海外发扬光大。

---

① 韩信夫：《张弼士年表》，见韩信夫、杨德昌主编《张弼士研究专辑》，社会科学文献出版社，2009，第 285 页。
② 韩信夫：《张弼士年表》，见韩信夫、杨德昌主编《张弼士研究专辑》，社会科学文献出版社，2009，第 285 页。
③ 韩信夫：《张弼士年表》，见韩信夫、杨德昌主编《张弼士研究专辑》，社会科学文献出版社，2009，第 286 页。
④ 韩信夫：《张弼士年表》，见韩信夫、杨德昌主编《张弼士研究专辑》，社会科学文献出版社，2009，第 286 页。

二 "精诚团结、锐意进取"的创新精神

古代没有今天的飞机、火车、汽车，更没有今天的柏油马路与水泥路。客家先民从中原南迁广东时，走水路是最快捷的交通方式，但更多的时候是靠双腿长途跋涉。他们顶着炎炎烈日，冒着倾盆大雨，还有沿途数不尽的毒蛇猛兽，及土匪强盗的抢劫，他们翻越山越岭，长途迁徙。所以，要完成这样一次长途迁徙，不仅需要一群人的精诚团结，互帮互助，更需要面对各种困境锐意进取的创新精神。在他们抵达南方后，除了要面对恶劣的自然环境外，还要面对土著人的"围攻"，所以客家人在南方要生存下去，更需要精诚团结、锐意进取的创新精神。闽西客家人的土楼、粤东客家人的围龙屋，都是客家人高度团结，锐意进取抵御土著人围攻的最好见证。当然，客家的先祖原本居住在平坦开阔，土地肥沃的中原地区，但到广东后，因适合发展农业的肥沃土地已被土著的广府人占据，客家人只能选择居住在山区，他们只能在锐意进取中，靠精诚团结，并凭借创新精神开荒种田，以求得生存所需要的口粮。可以说，客家先民从离开中原开始，就要靠精诚团结、锐意进取来求生存，并在实践中铸就出了"精诚团结、锐意进取"的创新精神。

年轻的张弼士到巴达维亚谋生时，把客家人"精诚团结、锐意进取"的创新精神也带到了巴达维亚，身处异国他乡，人地生疏，不靠精诚团结、锐意进取，就很难活得下去。在他的岳父温老板死后，张弼士继承了温老板的全部遗产。温老板本是开纸坊的，而张弼士为了挣更多的钱，锐意进取地跨界开起了酒行，销售各国洋酒。为了方便与本地人打交道，他开始学习当地语言，并密切关注商务动态。为了发展自己的事业，他广交华侨和当地人士，与他们精诚团结，特别是善待常到他酒行饮酒的荷兰青年落魄军官拉辖，二人结下了深厚的友谊，后来拉辖做了荷属东印度的总督，多方照顾张弼士，为张弼士在南洋的迅速发展起到了很大的作用，可以说这就是对张弼士精诚团结最好的回报。

张弼士在荷属殖民地取得垦荒成功后，接着便开始向英属马来半岛发展，他与巴城华人甲必丹、李亚义及王文星合股，在马来亚槟榔屿设肆，再次跨界经营土产品。1878 年，张弼士来到日里，见日里森林茂盛，土壤

肥沃，便决定与苏门答腊棉兰地区华人张耀轩合作，创办笠旺垦殖公司，投资荷兰币数百万盾，建成了 8 个橡胶种植园，其中最大的一个，乘坐马车直线驰行，横穿整个橡胶园要 4 个小时。园内除设有橡胶加工厂外，还有华茶加工厂，华茶加工厂的工人都是在国内招的熟练烤茶工人。这些都充分展示了张弼士与他人的精诚团结，通过锐意进取使实业越做越大，越做越强。

在日里期间，张弼士认为金融畅滞决定着商务的盛衰。当时棉兰华商日趋旺盛，华侨富商要汇款资助家乡亲人，或在家乡购置产业，只能到荷兰殖民者的银行里办理业务，不但汇费高昂，手续也极其烦琐。为此，锐意进取的张弼士找到张耀轩，他们为了方便华侨储兑信贷及侨汇，合伙创办了日里银行，两个人精诚团结，把日里银行办得红红火火，至此，张弼士把业务从垦殖业又扩展到了金融业。1898 年，张弼士又把自己的实业拓展到采矿业。

此外，张弼士还把实业开拓到药材批发经营上，后者也成为他一个重要商业领域。他以新加坡的张格和、万安和、万山栈三大药行为标杆，在巴城开设慎德药房，在香港开设万信和，在广州靖海路开设张裕安堂。这些药行在国内采购名贵中药，转运到新加坡、巴城，而后再批销到世界各地，曼谷、东京、河内、旧金山、纽约、菲律宾、檀香山等地有华侨聚集的地方，都有中药行业，这些中药商也都到张弼士的中药行订货，这样一来，张弼士在海外就构筑起了一张庞大的中药材批发的大网，此外，张弼士还从海外购买西药运回国内销售，以获取更大的商业利益。总之，"张弼士做生意与众不同，他是什么赚钱干什么，哪里赚钱到哪里"。[①] 这就是张弼士的经商理念。

张弼士在南洋 30 年的艰苦奋斗，靠客家人"精诚团结、锐意进取"的创新精神，由一名纸坊的打工仔到纸坊老板，在商场上靠锐意进取，先跨界开设酒行，再靠精诚团结，与他人合伙跨界从事垦殖业，并开始致富，再逐渐向金融、航运、采矿、医药等诸行业发展，投资地域也由荷属东印度群岛发展到了英属马来半岛。30 年的奋斗，使张弼士积累多达七八千万两白银的财富，成为富甲南洋的客属侨领，同时，张弼士也为早期东南亚

① 王贤辉：《清朝东南亚华人首富张弼士》，《产权导刊》2010 年第 3 期。

的开发做出了巨大贡献。通过对张弼士在南洋从事实业、商业过程的梳理，可以清楚地看出，张弼士身上有"精诚团结、锐意进取"的创新精神，通过创办实业、商业的实践，张弼士在异国他乡传承、发展了客家人"精诚团结、锐意进取"的创新精神。

三　"兴办实业、回馈国家"的感恩精神

广东大埔客家先民来自中原，他们出生于官宦世家、书香门第，具有较高的文化素养，南宋灭亡时，他们与南宋的皇帝一块南逃广东，这就是史书上所说的"衣冠南渡"。"衣冠南渡"的这群客家人知书达理，知道读书的重要性，并把读书的基因一代代传承给他们的子孙。所以广东大埔客家人历来重视文化教育，并形成了崇文重教的文化习俗，这也是大埔文化发达的重要原因。在古代科举制的背景下，为了繁荣家族，他们在山区兴办族学，以求通过科举实现家族的飞黄腾达。到了近代，科举制被废除，家塾、村塾式的族学也被新式学校所取代。大埔属于山区，用于耕种的田地极少，粮食短缺是经常发生的事，为了节省口粮，客家男子在读书求取功名无望的情况下，就必须出外谋生，一则可以节省有限的粮食，最重要的是在外面有发财的机遇。如果客家男人在外发了财，他们都会通过捐建校舍和捐赠图书、设备等，为家乡的教育事业做贡献，可以说捐资助学是客家人回馈家乡，感恩故土的重要的内容之一，这样就营造出了"崇文重教、回馈家乡"的感恩精神，它也成为客家精神中最重要的元素之一。

与其他在外发财的客家人相比，张弼士捐资家乡教育的款项却少之又少。查阅韩信夫编的《张弼士年表》，没有发现张弼士捐助家乡办教育的记录，回馈家乡的捐助只有两则：一是1896年，54岁的张弼士"捐资在大埔漳溪河鸭麻（妈）潭建石墩铁桥，命名为'勋裕桥'（俗称铁吊桥）"。[①]二是1910年，68岁的张弼士"捐资修建大埔茶阳江津渡口跨越漳溪河至梅州的石桥（仙基桥）"。[②]还有就是客家人讲究叶落归根，1908年，66岁的

---

① 韩信夫：《张弼士年表》，见韩信夫、杨德昌主编《张弼士研究专辑》，社会科学文献出版社，2009，第287页。
② 韩信夫：《张弼士年表》，见韩信夫、杨德昌主编《张弼士研究专辑》，社会科学文献出版社，2009，第291页。

张弼士"在家乡大埔修建'光禄第'围笼屋，占地 4336 平方米，三堂四横一围九厅十八井九十九个房间。1915 年建成"。① 该建筑现已成为全国重点文物保护单位，成为著名的旅游景点。

张榕轩曾在张弼士的门下任职，在南洋也发了财，虽然在财富上比张弼士逊色不少，但张榕轩、张耀轩兄弟秉承客家人"崇文重教、回馈社会"的感恩精神，对家乡梅县文教方面的回馈却很多，曾"捐资五千元光洋给梅县松口公学"。② 诸如松口高等小学、溪南公立小学等也都接受过张榕轩兄弟不菲的捐助，为抢救嘉应府的文化资源，张氏兄弟曾先后出巨资印刷了温仲和编纂的 12 本 32 卷的《光绪嘉应州志》，还出巨资辑录了嘉应府宋、元、明、清四朝 400 多位先贤的遗诗，并取名《梅水诗传》。张榕轩还捐资印刷了嘉应府著名女诗人叶璧华的《古香阁诗集》、嘉应《张氏族谱》，并提供了张氏祖祠的修缮费及张氏历代先祖的祭祀费。此外，张氏兄弟还为家乡的公益事业捐资，包括为梅县松源河口、盘安石桥、松口南岸数百丈河堤等捐资，捐资设立松口、汕头等乐善社等。可以说，在海外的客家人都非常重视家乡的文化教育及公益事业，他们发迹后，首先想到的是兴办家乡教育，培育客家后代。梅州是全国重点侨乡，梅州下辖的县、区中，其中有几个县区 80% 以上的中、小学校都是由海外侨胞捐资创办的，譬如华侨丘燮亭、谢逸桥、叶子彬等人合办了东山中学，马来西亚华侨李桂和创办了五华县的华城中学、水寨中学、安流中学。最近这些年，依然有很多华侨回乡办学，最有名的有曾宪梓创办的曾宪梓中学，田家炳创办的田家炳一中。

作为南洋华侨首富的张弼士与他们的做法都不一样，面对摇摇欲坠的大清帝国，张弼士以国家民族利益为己任，毅然决然地回国兴办实业，走实业兴国强国之路，为中华民族的发展贡献自己的一分力量。荷兰殖民当局对张弼士也非常重视，除授予张弼士阿兰热那苏勋章外，还给张弼士高官做，但被张弼士婉言拒绝。为此，张弼士曾多次对人说："吾华人当为祖国效力也！"③ 张弼士回国后，"不仅投资各种实业，而且在实践中提出'兴

① 韩信夫：《张弼士年表》，见韩信夫、杨德昌主编《张弼士研究专辑》，社会科学文献出版社，2009，第 290 页。
② 饶淦中主编《楷范垂芳耀千秋：印尼张榕轩先贤逝世 100 周年纪念论文集》，香港日月星出版社，2011，第 114 页。
③ 马骏杰：《张弼士南洋创业记》，《经营与管理》2004 年第 4 期。

垦'富国之理念。他的'兴垦'观不是传统单一粗放型农业垦殖，而是将农工商路矿等行业扭结在一起的系统工程，强调动员海内外一切能够调动的人力、物力，以农业为首务，开展各式实业救国活动"。① 刚开始，张弼士对以李鸿章为代表的洋务派报以极大的希望。1891 年，应清末官员、洋务运动代表人物盛宣怀的邀请，张弼士到山东烟台进行考察。1892 年，张弼士"投资 300 万两白银，在烟台购买两座荒山和近海处 61 亩土地建造葡萄园和酿酒厂区，创建了中国近代第一家葡萄酿酒企业"。② 1895 年 9 月 22 日，"张裕酿酒公司获准注册，免税三年，获专利十五年"③，张裕也成为中国第一个现代化的工业企业，"并迅速发展为中国第一、亚洲第一、世界第三的葡萄酒工业基地"④ 而被载入史册。与此同时，张弼士也开启了自己对中国的投资热潮，他开办了一系列的实业，投入金额多达千万，这些实业主要集中在广东。其中，雷州普生机械火犁垦牧公司是中国最早引进生产拖拉机等大型农业机械的公司。而佛山裕益机器制造砂砖公司是中国当时最大的砂砖生产企业，这也奠定了佛山在后来近百年里成为中国最大的瓷砖生产基地。

1897 年 1 月 12 日，张弼士设立银行的条议得到了清政府谕准。同年 5 月 27 日，中国通商银行在上海开办，银行首席董事由张弼士出任，该行也是中国近现代史上第一家银行，实际行使着大清帝国国家银行的职责，而银行实际的筹备者、组织者、领导者正是张弼士。与此同时，从 1896 年开始，张弼士还开始关注近现代史上中国铁路的建设事业，同年，张弼士"出任卢汉铁路总董"⑤。1898 年，张弼士又出任"粤汉铁路总办"⑥。1902 年，他又出任"广东佛山铁路总办"，⑦ 在广厦铁路、广三铁

---

① 刘正刚：《清末民初南洋侨领张弼士"兴垦"观探析》，《东南亚研究》2013 年第 4 期。
② 李清汉、王荣卫、王铭浩：《张弼士与百年张裕》，《百年潮》2001 年第 6 期。
③ 韩信夫：《张弼士年表》，见韩信夫、杨德昌主编《张弼士研究专辑》，社会科学文献出版社，2009，第 286 页。
④ 李方芳：《论张弼士的经营理念》，《现代商贸工业》2012 年第 13 期。
⑤ 韩信夫：《张弼士年表》，见韩信夫、杨德昌主编《张弼士研究专辑》，社会科学文献出版社，2009，第 287 页。
⑥ 韩信夫：《张弼士年表》，见韩信夫、杨德昌主编《张弼士研究专辑》，社会科学文献出版社，2009，第 287 页。
⑦ 韩信夫：《张弼士年表》，见韩信夫、杨德昌主编《张弼士研究专辑》，社会科学文献出版社，2009，第 288 页。

路、广九铁路等支线铁路的建设上，做出了巨大的贡献。1903 年，张弼士还推动其门下华侨富商张榕轩兄弟投资建造潮汕铁路，这是华侨投资建造的第一条铁路，该铁路对闽粤赣客家山区经济的发展起到了重大的推动作用。

此外，张弼士还积极参与国家层面的赈灾活动。1900 年夏，山东发生黄河水患，应山东巡抚袁世凯邀请，张弼士"带头捐献白银万两，并发起募捐白银百余万两，赈济灾民"①，为此，袁世凯还上奏朝廷，光绪皇帝御赐张弼士"乐善好施"，并制匾送至张弼士的家乡广东大埔，"建'乐善好施'牌坊"② 以示纪念。1901 年，受朝廷委派，张弼士又"出任顺直赈捐督办"。③ 1902 年，受朝廷委派，张弼士"出任河南郑工赈捐督办"④。张弼士募捐的款项总数超过 200 万两。

张弼士作为客家人，同样有着客家人"崇文重教"的文化习俗，但他回馈兴办教育主要以国家层面为主。譬如 1903 年 3 月 24 日，张弼士"向清廷捐款 20 万银两，作为路矿学堂经费"。⑤ 为此，路矿总局上奏朝廷，请旨对张弼士进行破格奖励，并"着即迅速来京，预备召见"。⑥

总之，张弼士在南洋创办实业取得巨大成就后，没有像其他海外成功的客家人富商那样，以"崇文重教、回馈家乡"的感恩精神，对家乡的文教及公益事业进行捐助，而是在国家层面上捐出巨资兴办教育。他还捐出巨资，参与国家层面的赈灾活动，最重要的是为挽救摇摇欲坠的大清王朝，他携巨资回国兴办实业，以这种方式回馈自己的国家。可以说，张弼士用自己的实践建构出了"兴办实业、回馈国家"的感恩精神。

---

① 韩信夫：《张弼士年表》，见韩信夫、杨德昌主编《张弼士研究专辑》，社会科学文献出版社，2009，第 287 页。
② 韩信夫：《张弼士年表》，见韩信夫、杨德昌主编《张弼士研究专辑》，社会科学文献出版社，2009，第 288 页。
③ 韩信夫：《张弼士年表》，见韩信夫、杨德昌主编《张弼士研究专辑》，社会科学文献出版社，2009，第 288 页。
④ 韩信夫：《张弼士年表》，见韩信夫、杨德昌主编《张弼士研究专辑》，社会科学文献出版社，2009，第 288 页。
⑤ 韩信夫：《张弼士年表》，见韩信夫、杨德昌主编《张弼士研究专辑》，社会科学文献出版社，2009，第 288 页。
⑥ 韩信夫：《张弼士年表》，见韩信夫、杨德昌主编《张弼士研究专辑》，社会科学文献出版社，2009，第 288 页。

四 “与时俱进、光耀中华”的爱国精神

客家民系源于北宋时期的中原地区，纵观整部中国封建社会历史，两宋算是文化教育最发达的朝代之一，而当南宋即将灭亡时，这些接受过良好教育的知识分子群体随着南宋朝廷南逃广东，所以这个群体是古代中华民族中较为优秀的一部分。他们秉承着农耕文明时期“耕读传家”的祖训，并把这一祖训一代代传承下去，这就造就了客家人在文化上有两个特点：一是有着强烈的国家意识、历史责任感、民族自尊心和自信心；二是崇尚读书，求取功名，并入仕为官。这样他们既可以光宗耀祖，也可以报效国家，以实现青史留名的终极目标。总之，与南方其他族群相比较，客家族群关心国家大事，具有极强的家国情怀。鸦片战争后，国门被英国人用洋枪洋炮打开，中国社会的性质也由封建制国家逐步沦为半封建半殖民地的国家。特别是晚清执政策略的轮流更换，最终使封建帝制轰然崩塌，随之便进入民国时期。面对晚清政局的风云多变，张弼士总能审时度势，并正确把握方向，用实践建构出“与时俱进、光耀中华”的爱国精神。

张弼士作为客家人虽然没有走科举入仕之路，但他在南洋取得成功后，在手握巨额财富的情况下，依然没有忘记客家人入仕为官，光耀门楣的祖训。19世纪末，积贫积弱的清政府开始认识到了海外侨商的利用价值，不再把侨商当作异类，并吸引侨商回国“投资建设，捐献军饷，协助救灾，办理公益事业”①。为此，“清廷在南洋等地多处设立领事馆，并派遣大员出洋宣抚、招商，对贡献卓著的侨商，赏赐官衔顶戴荣宠”。②1892年，50岁的张弼士在槟城向出使英国的钦差大臣龚照瑗毛遂自荐，张弼士向龚讲述自己的经营致富之道，龚称张弼士为“天下奇才”③，随后，龚照瑗向朝廷举荐张弼士，并力言张弼士是“才可大用”④。1893年3月8日，出使英国的钦差大臣薛福成札委张弼士担任清朝驻槟城首任副领事。同年5月24日，

① 李吉奎：《张弼士与晚清护侨招商政策的形成》，《广东社会科学》2012年第5期。
② 李吉奎：《张弼士与晚清护侨招商政策的形成》，《广东社会科学》2012年第5期。
③ 韩信夫：《张弼士年表》，见韩信夫、杨德昌主编《张弼士研究专辑》，社会科学文献出版社，2009，第286页。
④ 韩信夫：《张弼士年表》，见韩信夫、杨德昌主编《张弼士研究专辑》，社会科学文献出版社，2009，第286页。

51 岁的张弼士正式出任驻槟城首任副领事，这算是张弼士入仕的开始，随后便开始参与国事。因携巨资回国兴办实业有功，1898 年，张弼士"得慈禧太后、光绪皇帝召见。"① 1903 年 6 月 14 日，61 岁的张弼士再次得到慈禧太后、光绪皇帝的召见，并"着以三品京堂候补，并赏加侍郎衔，俟设立商部后交商部大臣差遣委用"。② 1904 年，62 岁的张弼士被慈禧太后、光绪皇帝第三次召见，并"赏给头品顶戴，光禄大夫"。③ 这也是清廷给张弼士仕途的最高赏赐。

晚清的中国，政坛更替频繁，张弼士总能与时俱进，随历史的潮流而动，把自己的爱国之情展示得淋漓尽致。在大清帝国国库空虚，北洋水师的建设陷入停顿、倒退的情况下，为了扩建北洋水师，抵御日本的入侵，张弼士"送巨资 420 万两白银支持北洋水师，这让李鸿章十分感动"。④ 但后来这笔银子却被慈禧太后挪用修建了颐和园，以庆祝她的 60 大寿，最终导致北洋水师在甲午海战中全军覆没。1900 年，当八国联军攻入北京时，慈禧太后、光绪皇帝出逃晋陕，慈禧电令南方的封疆大吏带兵北上勤王。面对岌岌可危的大清帝国，为了防止战火波及中国经济最发达的地区，张弼士以国家大局为重，敢于挑战慈禧太后的权威，"向李鸿章建言'东南互保'，被李鸿章采纳"⑤，"东南互保"也最终使中国大半河山免遭战火涂炭。

1910 年，英、法、美、德四国银行逼清政府订立借款修路合同，为此，清廷宣布"铁路国有"政策，将已归商办的川汉、粤汉铁路收归国有。四川修筑铁路的股金来自绅士、商人、地主和农民，而且农民购买的股份占很大的比例。清政府颁布"铁路国有"后，因拒不归还四川的股金，招致了四川各阶层人民的反对，从而掀起近现代史上著名的保路运动。英、美、德、法等国也利用清政府的财政困难，根据借款合同，不但掌控了铁路权，

① 韩信夫：《张弼士年表》，见韩信夫、杨德昌主编《张弼士研究专辑》，社会科学文献出版社，2009，第 287 页。
② 韩信夫：《张弼士年表》，见韩信夫、杨德昌主编《张弼士研究专辑》，社会科学文献出版社，2009，第 288 页。
③ 韩信夫：《张弼士年表》，见韩信夫、杨德昌主编《张弼士研究专辑》，社会科学文献出版社，2009，第 288 页。
④ 《张振勋致盛宣怀函一、二》，见《第一次来津》，《今晚报》2021 年 11 月 1 日。
⑤ 张颖晨：《张弼士对中国的贡献》，《客家华侨与梅州侨乡社会学术研讨会论文集》（上册），第二届客家学论坛，第 425 页。

而且还以湖南、湖北两省的盐税厘金作为抵押。清政府推行的"铁路国有"，不但剥夺了中国人自办铁路的主权，而且还把川汉、粤汉铁路卖给了洋人。张弼士作为清政府的路矿大臣、粤汉铁路督办，以及粤汉铁路最大的个人股东，其经济损失也是非常大的，但当时的张弼士更多的是为国家的前途担忧，为广大铁路股民的利益担忧。在保路运动中，张弼士最早洞悉了"铁路国有"的危害性，"他强烈要求清政府收回出卖的路权，呼吁保路权在于'夺外蔑视之奸胆，伸张正义以绝阻谋'"①。在保路运动中，他是"广东的带头人"②，他最早上疏反对，最早借助报纸的舆论力量进行揭露斥责，他还积极组织南洋华侨进行声援，并多次联名上奏朝廷陈诉"铁路国有"对国家的危害性。正是在张弼士的积极努力下，铁路国有政策的始作俑者盛宣怀被朝廷严办，最终保路运动取得了胜利。历史证明，轰轰烈烈的保路运动始于张弼士，他不仅是保路运动的组织者、策划者，更是保路运动的领导者。同时他所领导的保路运动也成为武昌起义的导火索。

晚清的中国，政权更换频繁，张弼士总能审时度势，以国家民族利益为重，准确把握时局，在大力支持国家近代化的同时，还支持孙中山领导的革命活动，"仅在 1910 年，他就通过好友胡汉民暗中捐赠孙中山白银 30 万两"。③ 这也是孙中山革命生涯中收到的最大一笔捐赠。张弼士还"曾鼓励儿子张轶捆参加同盟会"④，还让自己在海外的"裕"字公司不间断地向孙中山的同盟会提供经济支持，为此，孙中山曾感慨道"华侨是中国革命之母"。⑤ 正是由于张弼士等华侨的捐助，孙中山才发动了一次又一次的武装起义，并最终取得辛亥革命的成功。武昌起义后，张弼士"还捐助七万两银给福建军民"⑥，支持福建的革命活动。清王朝灭亡后，无论是孙中山，还是袁世凯，都把张弼士看作稳定、发展新政权的中坚力量。张弼士本已辞去各种官职，但孙中山的南京政府和袁世凯的北京政府都力邀其加盟入阁，孙中山亲自到烟台拜会张弼士，在参观张裕葡萄酒公司时，孙中山"手书'品重醴泉'四字相赠，既是对此佳酿的称赞，又是对创业者张弼士

---

① 闫恩虎：《"客商"与近现代中国》，《嘉应学院学报》2008 年第 1 期。
② 闫恩虎：《"客商"与近现代中国》，《嘉应学院学报》2008 年第 1 期。
③ 高少帅：《"品重醴泉"，百年张裕的家国情怀》，《烟台日报》2023 年 10 月 16 日。
④ 高少帅：《"品重醴泉"，百年张裕的家国情怀》，《烟台日报》2023 年 10 月 16 日。
⑤ 《华侨是革命之母》，《新商务周刊》2013 年第 22 期。
⑥ 黎莉：《侨领张弼士》，《岭南文史》2004 年第 S1 期。

的人品及其事业的嘉许"。① 袁世凯也把张士弼请到了北京。当张弼土在赴美的船上，听说袁世凯为了得到日本人对其称帝的支持，将要与日本人签订亡国的二十一条时，他义愤填膺，当即表示船在日停靠期间不上岸，不见日人，在美期间也不与日方接触。至此，在国家民族大义面前，张弼士与袁世凯多年的朋友关系也彻底决裂。

为庆贺巴拿马运河的开通，1915 年 2 月，美国政府举办"巴拿马太平洋万国博览会"。张弼士以团长的身份率团参加巴拿马万国博览会，在 31 个参赛国中，中国的参赛展品最多，因此得到 5400 平方米的场地。经评委认真评选后，中国展品获得各种大奖 74 项，金牌、银牌、铜牌、名誉奖章奖状等共 1200 余枚，在 31 个参展国中独占鳌头。特别是张弼士的张裕公司选送的四种白葡萄酒产品，全部荣获金质奖章，这不仅在海外光耀了中华，也极大增强了中国人兴办实业的信心。在颁奖典礼上，张弼士激动得热泪盈眶。旧金山的华人专门设宴庆贺，席间，张弼士还发表了演讲："在这盛大的酒宴中，一眼望去，锦绣华堂，全是令人自豪的东西，一件是早就世界驰名的中国大菜（济宁玉堂酱菜园的产品）；一件是享誉全球的中国瓷器（景德镇产品）；还有一件是这新近获得国际金牌的中国名酒（包括张裕葡萄酒），都是举世无双的珍宝。唐人是了不起的，只要发愤图强，后来居上，祖家的产品都要成为世界名牌。"② 张弼士的演讲字字句句都闪烁着一个爱国企业家的拳拳爱国情怀。当 76 岁高龄的张弼士为实业兴国奔走之际，1916 年 9 月 12 日，他因突发心脏病而去世。当张弼士的灵柩由葛留巴经槟榔屿、新加坡、中国香港，回到故乡广东大埔安葬的途中，英、荷政府都为张弼士下半旗志哀。中国国内的一些城市，诸如广州、上海、汕头、潮州等也相继召开追悼会。张弼士推动建造的潮汕铁路为表达哀悼，让乘客免费乘坐半月的火车。孙中山也为张弼士送去了"美酒获金奖，飘香万国；怪杰赢人心，流芳千古"③ 的挽联。可以说，从晚清到民国，张弼士用实业兴国的实践，建构出了"与时俱进、光耀中华"的爱国精神。

综上所述，张弼士在东南亚兴办实业取得成功后，回国兴办实业及慈善事业，用兴办实业及慈善事业的实践活动，建构出了伟大而独特的客家

---

① 沙潜：《爱国华侨企业家张弼士》，《经济工作通讯》1991 年第 20 期。
② 马骏杰：《张弼士南洋创业记》，《经营与管理》2004 年第 4 期。
③ 马骏杰：《张弼士南洋创业记》，《经营与管理》2004 年第 4 期。

精神，为中国的发展和人类的进步提供了强大精神动力。张弼士建构的客家精神，其内涵包括四个要素：传承、发展了"艰苦创业、奋发图强"的奋斗精神；传承、发展了"精诚团结、锐意进取"的创新精神；传承、发展了"兴办实业、回馈国家"的感恩精神；传承、发展了"与时俱进、光耀中华"的爱国精神。

An Analysis of Zhang Bishi's Inheritance and Development of Hakka Spirit

Miao Tijun

Abstract：After his success in setting up industry in Southeast Asia, Zhang Bishi returned home to set up industry and philanthropy. Through his rich practice of rejuvenating the country through industry, he constructed a great and unique Hakka spirit, which provided a strong spiritual impetus for the development of modern China and human progress, and became an important part of the Chinese national spirit pedigree. The connotation of Hakka spirit constructed by Zhang Bishi includes four elements： inheriting and developing the struggle spirit of "hard work and striving for strength"; Inherited and developed the innovative spirit of "sincere unity and forge ahead"; Inherited and developed the gratitude spirit of "starting industry and giving back to the country"; Inherited and developed the patriotic spirit of "keeping pace with the times and glorifying China".

Keywords：Zhang Bishi; Hakka Spirit; Changyu Company

印尼侨领陈丙丁生平考述[*]

骆　曦[**]

摘　要　陈丙丁是民国时期印尼的著名侨领，曾任巴达维亚中华总商会会长、福建会馆会长，他深怀爱国爱乡之情，对祖国和家乡的建设事业做出过贡献。陈丙丁以中华总商会为基地，来构建与祖籍国的关系。在其实践中，他将与祖籍国的关系分成国家和地方两个层面。其中，国家层面的联系，时紧时松，受时代变迁影响较大，地方层面的联系，则长时间保持紧密状态。两个层面的关系，反映了陈丙丁身上同时具有的民族国家和乡土籍贯两种意识，这两种意识的交织交错建构了其与祖籍国间的联系。

关键词　印尼　巴达维亚　侨领　陈丙丁

华侨华人人物研究是华侨华人研究的重要组成部分，自 1904 年梁启超出版《中国殖民八大伟人传》以来，华侨华人人物研究长期受到华侨华人研究学界的重视，既有著名人物的专门研究如陈嘉庚、胡文虎、李清泉、李光前等，也有诸如《华侨华人百科全书（人物卷）》大型工具书的出版。这其中关于印尼华侨华人人物的研究也取得不少的成果，如《黄奕住传》《萧玉灿传》《印尼先驱人物光辉岁月》[①] 等，但相比新加坡、马来西亚等国，印尼华侨华人人物的研究在广度和深度上尚显不足，仍有待于进一步拓展和深化。本文所研究的陈丙丁即尚未被学界所关注。陈丙丁（1888－1950），字忠南，福建安溪人，印尼侨商。陈丙丁是民国时期印尼的著名侨

---

　*　本文为泉州市哲学社会科学研究 2022 年规划项目"印尼泉籍侨领陈丙丁生平事迹研究"（2022D42）研究成果。

**　骆曦，泉州华侨历史博物馆副研究馆员，研究方向为华侨华人史。

①　赵德馨、马长伟：《黄奕住传》，厦门大学出版社，2019；萧忠仁：《萧玉灿传》，南岛出版社，2001；李卓辉：《印尼先驱人物光辉岁月》，联通书局出版社，2003。

领，曾任巴达维亚中华总商会会长、福建会馆会长、荷印中华商会联合会常务委员兼财政主任等职。他具有强烈的爱国情怀，曾积极参与孙中山推翻清朝的革命活动，慷慨支持民国政府各种筹款筹赈活动，率领荷属华侨商业考察团回国参观考察。他关心桑梓，曾先后在家乡安溪捐资创办小学、中学、医院，投资建设安溪第一条公路，设立垦植公司开发农业，还参与投资建设福建造纸厂、厦门民生布厂、厦门美头山华侨新村等。陈丙丁一生跨越 19 世纪和 20 世纪，正处于海外华侨社会民族主义思潮从无至有乃至高涨时期，其事迹反映了民族主义在印尼华人社会产生和呈现的状况，对于深入理解印尼华侨与祖籍国的关系，具有一定的意义，本文拟对此做一专题研究。

一　巴城侨领

陈丙丁于 1888 年出生于福建安溪县曾郁乡（今官桥镇官郁村）。他 3 岁丧父，6 岁失母，由祖母胡氏抚养长大。1902 年，14 岁时南渡荷属东印度爪哇亚垅，投奔叔父陈迥义，在其店中任店员。21 岁时，得亲友资助，遂自立经商，在巴达维亚创设顺美成商行，经营胡椒、咖啡等土产贸易，几经奋斗，终成富商。[①]

陈丙丁"天性喜群"，积极参与侨社公共事务。他于 1916 年当选为巴达维亚华商总会第十二届会长，后又任第十四届会长。巴达维亚华商总会成立于 1906 年，地点设于八帝贯中华会馆，1920 年改名为中华总商会，嗣后又更名为中华商会，是巴城侨社的主要领导机构。[②] 陈丙丁任职期间一方面推动会务改革，强调开会应遵守时间和秩序，集团接待应酬时，不许妓女陪客，以省金钱，而重风气。另一方面，他积极维护侨商权益。当时，巴城荷兰商会倚仗殖民政府为靠山，交易时不给予华商平等之地位。为此，他领导总商会联合其他团体，共同决定华商与外商签订的合同，如不以公平改正，华商必予拒绝签字。这迫使荷兰商会不得不与中华总商会共同召

---

① 陈宗山等编《南洋名人集传第二集下册》，1928，第 390 页；张丹子编《中国名人年鉴上海之部》，中国名人年鉴社，1944，第 405 页；陈克振主编《安溪华侨志》，厦门大学出版社，1994，第 173~175 页。

② 华侨志编纂委员会：《印尼华侨志》，华侨志编纂委员会，1961，第 129~130 页。

开联合大会，一同改正合同之不适合点。再由中荷商会公举商业纠纷公判员七人（其中荷商会五人，中华总商会二人），依照荷属东印度法律之规定，凡有商条纠纷，乃由公判员七人中每次举出三人判断，政府授有特权，任廿四小时之内，由三位公判员秉理公断，如二位认定，则商人应须接受，不得上诉。陈丙丁曾担任公判员七年。[1] 1923 年，为方便国人前往荷属东印度，不致被留难拘禁，陈丙丁主持总商会将荷属移民厅对于新入境者之规例译印数千份，分寄国内各地，希望各报馆登载或转载，各商会、教育会、工团转印分布他处社团，各交涉署转印分给各轮船公司或各处客栈张挂，盼后来初赴荷属之人，均能知其入境规则，不再遭到拘囚之辱。[2] 1924 年，他领导总商会联合巴城减政委员会共同发起市民大会，抗议巴城市政厅征税过重，参加大会人数达到 5000 余人，决议提请巴督、殖民议院等设法改良。[3]

陈丙丁卸任会长后，仍热心参与会务工作，继续为侨界服务。如 1932 年，他受总商会委派与郭天如、吴慎机共同前往渣华轮船公司商讨改善华侨在巴登岸办法，得到该公司允诺进行四方面改革：一老客，公司须派人到文岛先将老客过纸，如办理不到，于轮船抵岸时派加办事员加速办理，俾轮船靠岸后，老客即可登岸，以免在移民厅宿夜；二新客，公司负责向港务司请求，依法办理新客登岸手续，凡合法者，即准保领，力求避免在移民厅久事延候；三领客，老客赴领新客时，因无寄足处所，行码头，每感受烈日熏蒸大雨淋漓之苦，今后应如前时办法，设宽广良好之处所，以为保领新客之寄足地；四行李，公司派定四人，专任料理行李事务，非俟行李领完后，此四人决不离开。[4] 1933 年 12 月，他在代理总商会会长期间，商讨决议在巴城举办国货展览，货样由总商会向泗水建源公司商借，运输费用由会员认捐，不敷之数由总商会垫足。[5]

1934 年 2 月，国民政府驻巴达维亚总领事宋发祥致函巴达维亚中华商会，称为荷印全体华商利益计，不能无一代表荷印华商机关，且以国际商

① 陈丙丁：《四十年南洋经验谈》，《华侨公论》1942 年第 1—2 期。
② 《荷属爪哇巴达维亚中华总商会通启》，《申报》1923 年 9 月 14 日。
③ 《荷属巴城之市民大会》，《南洋商报》1924 年 9 月 2 日。
④ 《华侨赴巴登岸困难渣华公司允改善》，《南洋商报》1932 年 8 月 4 日。
⑤ 《巴中华商会筹备国货展览》，《星洲日报》1934 年 1 月 5 日。

战愈趋愈烈，华商非联合一致，共谋应付，殊不足以挽危机而图发展。巴城中华商会据此向荷属各商会提出成立联合商会计划书，旋得各商会覆函赞成，并委托巴城商会负责筹备，陈丙丁也参与其事。是年 8 月 28 日，荷印中华商会联合会成立大会召开，陈丙丁作为巴城中华商会三名代表之一参与会议，并在大会上被推选为九名执行委员之一。① 在 10 月 1 日举行的第一次执行委员会议上，陈丙丁以 6 票当选常务委员并兼任财政科主任。② 荷印中华商会联合会成立后，在推动国货在当地的展销、加强与国内商会的联系、促进中荷商务交往等方面发挥了一定的作用。③

除了在上述商会团体服务外，陈丙丁还积极参与其他侨团事务。他曾担任第九、十二、十六届三届福建会馆会长。福建会馆由陈性初、陈松和、陈金山、陈龙远、李渭臣、郑耀村六人于 1912 年发起成立，是巴达维亚历史悠久的三大侨团之一。④ 他还曾于 1925 年任巴城中华会馆会长，为期一年。巴城中华会馆成立于 1900 年，是荷印第一个华侨团体。⑤ 陈丙丁是第一个担任此职务的新客，并试图借此改善新客与侨生的关系，但并未成功，不过这也彰显其当时在巴城侨社的地位。此外，他还担任过巴城华侨智育会总理，但时间不详。

综上所述，陈丙丁在荷印巴达维亚侨社具有举足轻重的地位，他主要活跃于以新客为主的中华总商会，也曾出任以侨生为主的中华会馆的会长，而这两个社团皆为巴城侨社的跨帮性领导机构。此外，他也多次出任过帮群社团的领袖职务。陈丙丁关注侨社事务，曾多次领导维权斗争，为侨社争得正当权益，加之其热心助人的个性，因而博得巴城侨社的广泛赞誉。

二　热心国事

陈丙丁终其一生都具有强烈的爱国情怀，这源于他侨居海外的亲身感

① 《荷印中华商联会成立经过》，《申报》1936 年 9 月 3 日；费振东：《荷印中华商会联合会正式成立》，《汉口商业月刊》第 1 卷第 10 期。

② 《荷印中华商会联合会近况》，《苏华商业月报》第 1 卷第 10 期。

③ 《荷印侨胞征求国货赴南洋展览》，《申报》1935 年 11 月 7 日；《荷印中华商会联合会第二次代表大会经过》，《苏华商业月报》第 2 卷第 7-8 期。

④ 华侨志编纂委员会：《印尼华侨志》，华侨志编纂委员会，1961，第 130 页。

⑤ 〔印尼〕梁友兰编《吧城中华会馆四十周年特刊》，吧城中华会馆，1940。

受，他曾写道"吾侨处人篱下，受当地政府之看不起，种种压迫，笔墨难宣，且我国政府日非，国家力量微薄，对于国内尚无能为，焉能顾及华侨者乎？"，他希望"唯尽国民一分子之义务，以冀祖国之复兴，东亚之强盛而已矣"①。他投身孙中山推翻清朝的革命活动，在辛亥革命前加入同盟会，担任宣传员，到处宣传革命事业，"每演讲，炎炎詹詹，忠言嘉谋，拳拳善道，闻者无不感动"②。"中华民国"成立后，他慷慨解囊支持各种筹款筹赈活动。1912年4月底，为缓解财政困难，避免举借外债，时任南京留守的黄兴倡议发起国民捐，得到北京政府的赞同。③ 9月，北京政府财政部发布《国民捐奖励章程》，对捐款按金额给予一至七等奖励，分别颁给一至三等纯金徽章、一至三等纯银徽章和奖状。④ 次年1月，财政部对章程进行修改，将奖励的徽章统一更改为爱国徽章，按捐款百元以上分别颁给一至六等爱国徽章。⑤ 1915年11月，陈丙丁因捐款一百元被授予六等爱国徽章。⑥

1915年末，以蔡锷、李烈钧和唐继尧等将领为首的云南都督府发起了反对复辟帝制、维护民主共和制度的护国运动，陈丙丁给予了积极支持，并于次年运动胜利后被云南都督府授予了二等拥护共和奖章。据云南都督府颁布的《拥护共和奖章条例》，举义时凡担任运动奔走职务及直接统兵或随师出征，赞勷戎务，虽经从事战争，而勋劳稍次者，均给予二等拥护共和奖章。⑦ 陈丙丁获得该奖章应源于"赞勷戎务"。1921年5月，孙中山在广州就任非常大总统，发起第二次护法运动。8月，归国华侨陈耀恒、黄馥生等34人发起成立中央筹饷会，议定所筹款项，专供北伐统一国政之用。⑧ 孙中山为此通电海外各埠，告以中央筹饷会业经政府批准成立，希望侨胞"合力共进，踊跃捐输，以助成统一"⑨。陈丙丁捐款支持，于1924年获颁

① 陈丙丁：《侨居爪哇巴达维亚四十年之经历》，《华侨月刊》第2卷第4期。
② 陈宗山等编《南洋名人集传第二集下册》，1928，第390页。
③ 马陵合：《昙花一现的民初国民捐热潮》，《民国春秋》2000年第1期。
④ 《财政部拟订国民捐奖励章程》，《政府公报》第一百四十六号。
⑤ 《财政部修正国民捐奖励章程》，《政府公报》第二百五十六号。
⑥ 《财政部呈汇奖第十二届各处捐助国民捐爱国徽章缮单请鉴文并批令》，《政府公报》第一千二百七十五号。
⑦ 《拥护共和奖章条例》，转引自尹仑《护国运动时期云南都督府的"拥护共和"奖功制度》，《历史学研究》2016年第1期，第1~8页。
⑧ 蔡鸿源、徐友春主编《民国会社党派大词典》，黄山书社，2012，第52页。
⑨ 黄庆云：《爱国华侨对护法运动的支持和贡献》，广东省孙中山研究会主编《孙中山研究》第一辑，广东人民出版社，1986，第93~105页。

三等银质奖章。① 据中央筹饷会颁布的《广州中央筹饷简章草案》，捐款三百至五百元者，奖给三等银质奖章。② 同年 7 月，巴城中华总商会发起筹赈中国水灾募捐，陈丙丁被选为募捐赈济会副会长，个人负担捐款一千盾，并与梁炳农、王格善、黄天锡联合担保先行向南洋烟草公司借出一万盾汇寄各灾区。③ 1927 年南京国民政府成立后，陈丙丁先后于 1929 年和 1930 年被财政部授予二等银质奖章，被赈务委员会授予二等银质褒章。④ 财政部授予奖章的缘由因资料欠缺而不详。赈务委员会授予奖章似缘于 1929 年国民党巴城支部、国民政府驻巴领事馆、中华总商会、中华会馆、华侨智育会、巴城书报社、福建会馆、广肇会馆等联合发起的筹赈祖国河南、陕西、甘肃、绥远、广东、广西等省水旱灾情活动，陈丙丁在大会上被选为二十人赈灾委员之一。⑤ 据《赈灾委员会捐助赈款给奖章程》，捐款三百至四百元的授予二等银质褒章。⑥ 因赈灾委员会于 1930 年改组为赈务委员会，故奖章由赈务委员会颁发。

除了以上宣传革命、助款助赈外，陈丙丁还常常利用侨团领袖的特殊身份发表对国事的看法。如 1920 年 7 月 27 日，直系军阀吴佩孚发出"感电"，提出召开国民大会，统一善后，制定宪法，实行"国民自决"的主张，得到社会多方的响应。陈丙丁以巴达维亚中华总商会会长发电响应，称："吴将军主召国民大会，诚为救国救民第一要务，海外华侨，均极赞同，应恳坚持到底，勿为权势所移，侨等愿为后盾。"⑦ 1921 年 1 月，国内传闻北洋政府拟向英美烟草公司借款二百万元，陈丙丁发电诘问，国务院予以否认。⑧ 1923 年 7 月 31 日，陈丙丁主持总商会会议通过关于目前国

---

① 《大元帅指令第八七一号：令中央筹饷会干事：呈请颁发筹饷得力人员嘉禾章暨金银各等奖章由》，《陆海军大元帅大本营公报》1924 年第 22 期。
② 《广州中央筹饷简章草案》，转引自张金超《国民党海外报刊系列研究之一：新西兰〈民生报〉略探》，林家有主编：《孙中山研究》第五辑，广东人民出版社，2016，第 230~241 页。
③ 《荷属巴城开会筹赈记》，《南洋商报》，1924 年 8 月 7 日、8 月 8 日。
④ 陈清杰、陈伯中：《陈丙丁》，《安溪方志通讯》1986 年第 2 期；张丹子编《中国名人年鉴上海之部》，中国名人年鉴社，1944，第 405 页。
⑤ 《侨团赈灾联席会议》，《南洋商报》1929 年 2 月 9 日。
⑥ 《赈灾委员会捐助赈款给奖章程》，《国民政府现行法规》第二集，商务印书馆，1930，第 52~53 页。
⑦ 《巴达维亚来电》，《申报》1920 年 9 月 18 日。
⑧ 《专电》，《时事新报》1921 年 1 月 17 日。

事的决议，提出十项救亡主张，包括：①拒绝党报；②反对政党；③勿崇拜伟人；④断绝政界之人；⑤监督议员从速制宪；⑥速组国事委员会裁判所；⑦认真挑选军政各界之纯心爱国者；⑧严告各国不得借款或出售军火；⑨速倡联省自治；⑩速担任筹款，并于 8 月向全国各商会、报馆、教育会、工团等广为宣传。①

1924 年 10 月，广州发生商团事变，广州商团团长陈廉伯向海外各中华商会发电称："十月十五日，孙文下令军人解散商团，并缴枪械，及用机关枪炸弹轰击西关……以上消息，望为广布，并即电款以济灾民。"巴达维亚中华总商会接电后，会长陈丙丁随即召开临时紧急会议，决议在总商会举行华侨全体大会，讨论协商相关事宜，并在侨社广发传单布告。10 月 21 日，华侨大会召开，与会者达四五百人，陈丙丁发言称："今晚蒙请诸君踊跃到会，余非常感谢，本商会无党派，对于粤事，不祖护孙中山，亦不祖护陈炯明，惟守中立，故今晚欲磋商之事，只为赈济粤民今番受兵焚之灾者。"巴城国民党人李笃彬、沈选青、谢作民等纷纷表示反对，认为此次会议召开仅听信一面之词，实有偏袒商团之嫌，是否需要赈济仍需调查。筹款倡议投票表决后未获通过。② 陈丙丁还因此事被荷属国民党支部列入黑名单，1927 年 1 月回国到广州时被该支部函告广东省政府下令通缉。③ 此通缉令直至 1934 年才由国民党荷属总支部整委会发函国民政府行政院下令广东省政府取消。④

1931 年，日军发动九一八事变，陈丙丁参与组织巴城华侨救国后援会，发起筹募救国捐，支援抗日运动。⑤ 为维护福建家乡的繁荣安定，1932 年 4 月，陈丙丁参与发起巴城闽侨救乡会，成为十七位筹备会委员之一，并电请国民政府下令撤办在漳州"剿匪"盘剥的张贞。⑥ 1933 年 11 月 20 日，

① 《华侨对国事之重要表示》，《申报》1923 年 8 月 30 日；《巴达维亚中华总商会要电》，《申报》1923 年 8 月 31 日。
② 《海外华侨大会舌战记》，《广州民国日报》1924 年 11 月 4 日、5 日。
③ 《查缉反动份子陈丙丁》，《广东行政周刊》1927 年第六七期合刊，第 30~31 页。
④ 《函南洋荷属总支部整委会请查明陈丙丁过去行动复见》，《中国国民中央执行委员会西南执行部二十三年党务年刊》，1934，第 98~100 页。
⑤ 《巴达维亚华侨救国后援会第二次会议》，《南洋商报》1931 年 10 月 27 日。
⑥ 《巴城闽侨召开大会议决电请惩办张贞电请派军剿抚组闽侨救乡会》，《南洋商报》1932 年 5 月 2 日；《巴城闽侨救乡会呈请撤究张贞以苏民困而慰侨情》，《南洋商报》1932 年 10 月 17 日。

"福建事变"发生。25 日，巴城闽侨救乡会和福建会馆联合召开闽侨大会，讨论闽变事宜，决议反对闽省独立，并组织委员会负责办理，陈丙丁被选为十一名执行委员之一。大会除通电国民政府和福建省外，还通函各地闽侨团体，采取一致行动，反对独立。① 1937 年全面抗战爆发后，陈丙丁是否有参与抗日救亡运动，因资料欠缺而不详。当年他遭遇了破产，被迫离开巴城②，并于太平洋战争爆发后辗转回国。1945 年抗战胜利时，陈丙丁得知信息时恰在泉州日报馆二楼，"兴奋得将手帕、纸扇往窗外乱抛"③。

政治事务之外，陈丙丁对国家经济事务也颇为关心。1936 年，他专程回国考察农业，考察结束后还向实业部提出条陈，建议利用荒地改革种植，"以我国版图之广，我政府如能以明令指定各省所有荒地，限期强制种植，则数年而后，行见濯濯牛山，莽莽荒野，尽为生产之区矣。抑我国向来以农立国，而近年粮食不足，由外洋输入者，几达数万万，若利用此等荒地，则除稻麦外，广播陕栗（陆稻）、树薯，于民食亦大有裨益"，"丙丁经向本县宣传，深得各界人士同情，已成立苗圃，积极进行，以作提倡，并上福建省政府主席陈，建设厅长陈，均荷赞同，委丙丁代办种子，实施工作，倘政府能扩大宣传，指导全国民众，激励进行，则将来收效必大"。④

综上可知，陈丙丁从辛亥革命伊始便热诚参与国内的各种政治、社会活动，一方面慷慨捐资，一方面出谋出力，展现了其崇高的爱国情操。陈丙丁对国事的关注，是以海外社团领袖的身份为凭，并随着时代的变迁和个人际遇的变化，参与程度不同。如其在任中华总商会会会长期间，对国内政治关注度最高，而其他时期，则只在重大政治事件上发声。

三　率团参访

1931 年 1 月 6 日，巴达维亚中华总商会召开执委会议，会长庄西言在会上提议拟由总商会发起组织荷属华侨游历考察团，乘便调查祖国实业，

---

① 《巴闽侨大会决议反对独立》，《南洋商报》1933 年 12 月 4 日。
② 贾俊英：《印度尼西亚中华商会研究（1907-1942）》，博士学位论文，华中师范大学，2016，第 105 页。
③ 林昌如：《抗战胜利喜讯传到泉州》，《林昌如诗文集》，2003，第 314 页。
④ 《陈丙丁返国考察农业》，《申报》1936 年 7 月 15 日。

得到众执委的赞同。陈丙丁建议先行推举筹备委员会，以资办理。随即推选十二人组成筹委会。① 嗣后，筹备工作积极推进，2月初时已有多人报名参团，并邀请国民政府驻巴城总领事张铭任考察团顾问随团参访。② 3月，考察团正式组成，定名为荷属华侨商业考察团，目的是一方面考察中国实业情形，一方面与国内各地商会联络感情，好将国内特产运销南洋，南洋的特产运销国内，共谋国际贸易的发展，以敌御列强经济之压迫。团员共二十人，其中巴城十二人，万隆四人，三宝垄二人，加拉旺一人，苏甲巫眉一人。张铭任顾问，陈丙丁任团长，庄西言、李祥敏任副团长，陈抚辰任秘书长，蓝秋金、刘瑞珍任财政，黄永甸任庶务。③ 考察团出发前通过总领事张铭向国民政府实业部、外交部和计划参访的省市发函，请求"行抵达时，赐予指导，并饬派军警沿途保护，凡关于该团参观考察等事，予以种种之便利"④。

考察团于3月25日正式启程，31日抵达香港，之后转往广州。⑤ 在广州，考察团得到广东省政府主席陈铭枢、粤军总指挥陈济棠的热烈欢迎，参观了士敏土工厂、岭南大学等。陈丙丁在接受采访时表示："自抵广州后，蒙粤省军政当局热烈欢迎，后往各处工厂参观。见各工厂已呈一种朝气，惟惜规模较少，资本不多耳，倘投以巨资，组织伟大之工厂，使出品日渐改良，货物推销于国内国外，前途发达，未可限量。至广州市政及种种建设，均有良好之成绩，比前进步多矣。"考察团于4月7日返回香港，先后参观了马玉山工厂和出席福建商会欢迎会。⑥ 10日，考察团离港前往汕头。⑦ 在汕期间，拜访了驻军香韩屏师长和张纶市长，先后参观了工艺院、

① 《吧城侨商组织荷属华侨游历考察团》，《南洋商报》1931年1月26日。
② 《巴城华侨商业考察团张总领事欣然参加》，《南洋商报》1931年2月11日。
③ 《巴城侨界巨子设宴欢送华侨商业考察团》，《南洋商报》1931年3月31日、4月1日；《南洋荷属华商考察团回国》，《申报》1931年3月25日。
④ 《实业部训令厦商会招待华侨商业考察团并劝导其兴办有利事项》，《南洋商报》1931年4月16日；《市府饬属保护华侨考察团》，《申报》1931年4月19日；《厅令：保护荷属华侨商业考察团》，《江苏省政府公报》，第704期；《奉市府令以爪哇总领事电称偕同和属华侨商业考察团回国游历令行接洽保护等因仰即遵照办理由》，《公安月刊》1931年四五六合刊。
⑤ 《爪哇华侨考察团抵港》，《申报》1931年4月11日。
⑥ 《荷属爪哇商业考察团考察广州竣事已返港》，《南洋商报》1931年4月17日；《团体到校参观四则》，《私立岭南大学校报》1931年第7期。
⑦ 《爪哇考察团赴汕厦》，《申报》1931年4月19日。

飞机场、中山公园等地，并委托商会代为搜集汕市工厂产品寄给该团。① 12日，考察团抵达厦门，团员只剩下十八人，二名粤籍团员留在家乡未随团同行。考察团参观了淘化大同公司、兆和公司、厦门大学等，出席了厦门商会会长洪晓春、著名侨商黄奕住之子黄友情的联合宴请以及厦门商会与各同业公会的欢迎会，并专程安排前往拟开发的漳州嵩屿考察。陈丙丁在欢迎会致辞中介绍了考察团的宗旨，建议厦门设立火柴制造厂及织布厂，希望"商会或政界将来也能组织一考察团，到外国去考察调查哪样货可以推销"②。之后，考察团转往福州，在游览鼓山时，于更衣亭旁留下了石刻，刻文如下。

> 提倡国货
> 民国二十年四月二十六日，驻荷属爪哇总领事张铭题。民国二十年春，本团同人回国考察商业。至闽，承省政府派杨舒、魏子洞诸先生邀游石鼓寺外名胜，流览颇多。临行，请本团顾问张总领事题字刻石，藉垂纪念。南洋荷属华侨商业考察团陈丙丁、庄西言、李祥敏、陈抚辰、蓝秋金、刘瑞珍、黄永甸、陈仁义、杨纯美、吴温俭、陈厥平、林得意、王炳全、陈文矮、蓝江湖、陈高妙娘、庄李惠娘。③

4月30日，考察团乘船抵达上海。④ 然而，在中国这个最大的工商业都市，各大报纸却几乎没有报道考察团的活动情况，这很可能缘于当地严格遵守实业部咨商字第 7483 号函"饬各报不必登载该团游历经过情形，以免宣扬"⑤。5月16日，考察团乘火车抵南京。翌日，出席中南银行招待会，并前往中山陵谒陵。⑥ 18 日上午，前往实业部拜访，获部长孔祥熙、次长郑

---

① 《华侨考察团抵汕》，《南洋商报》1931 年 4 月 23 日。
② 《厦门各界热烈欢迎巴城华侨商业考察团》，《南洋商报》1931 年 4 月 30 日；《爪哇商业考察团抵漳州》，《南洋商报》1931 年 5 月 4 日；《南洋华侨考察团参观记》，《厦大周刊》1931 年第 20 期。
③ 黄荣春主编《福州十邑摩崖石刻》，福建美术出版社，2008，第 103 页。
④ 《华侨考察团今晨可到》，《申报》1931 年 4 月 30 日。
⑤ 《奉市政府令关于荷属华侨商业考察团回国考察一案遵照前后各令保护并饬各报不必宣扬等因仰即遵办由》，《公安月刊》1931 年四五六期合刊。
⑥ 《荷属华侨考察团谒陵》，《申报》1931 年 5 月 18 日。

洪年的热情接待。中午，蒋介石在励志社设宴招待，对该团返国调查，极表欢迎，希侨胞以后尽力投资，共谋建设。陈丙丁致谢词。考察团还向蒋赠送镌刻"国家保障"的银杯。宴后，赴张学良茶会，张欢迎该团赴东北各省考察，并允电各省当局，予以充分便利。晚上，前往参加陈果夫、陈立夫、余井塘等招宴。① 此后，考察团在南京参观了中央陆军学校，出席了福建留京学会欢迎会、建设委员会茶话会和华侨招待所落成典礼，游览了汤山，接受了外交部部长王正廷和南京市长魏道明的分别宴请。② 25 日，考察团转抵济南。③ 28 日，抵达青岛。④ 在青期间，先后参观了市政府、市商会、海军司令部、商品检验局血清制造所、胶济路四方机厂、沧口华新纱厂、振业火柴厂、民生模范国货工厂等，游览了中山公园、四方公园、崂山等景点。陈丙丁在欢迎会上介绍了考察团宗旨和荷属贸易情况，建议"国产货物从速改良，并于出口时施以检验，务期品质优良，信用日增，中国商业才有发展可能"⑤。

6 月 1 日，考察团抵达天津。⑥ 在津参观了盛锡福帽庄、中原公司等，陈丙丁在市政府欢迎会上表示："此次有组织的来国内，尚为首次调查，以后当竭力将国内实况，宣传于侨胞，并以侨胞过去之经验，建设本国实业。"⑦ 2 日晚，考察团由津到北平。⑧ 其后，分别参观了故宫博物院、颐和园等古迹，出席了上海中国济生会驻平办事处、绥远省政府屯垦公署、西北实业协进总会、中华慈善联合会、北平华侨实业协进总会五团体的联合欢迎会，接受了北平代市长胡若愚的宴请。9 日晚，考察团乘北宁快车前往沈阳。⑨ 在沈参观完后，14 日考察团分成两部分，一部分前往哈尔滨，另一

---

① 《蒋主席欢宴荷属华侨》，《申报》1931 年 5 月 19 日；《蒋张昨宴华侨考察团》，《华北日报》1931 年 5 月 19 日；《蒋主席昨在励志社欢宴荷属华侨考察团》，《中央日报》1931 年 5 月 19 日。

② 《王正廷夫妇宴华侨考察团》，《中央日报》1931 年 5 月 20 日；《招待荷属华侨考察团》，《新闻前锋》第二卷第一期，第 79-82 页；《华侨招待所昨晨举行落成典礼》，《中央日报》1931 年 5 月 21 日；《南洋华侨考察团明晨离京北上》，《中央日报》1931 年 5 月 22 日。

③ 《华侨商业考察团到济》，《申报》1931 年 5 月 26 日。

④ 《华侨考察团抵青岛》，《申报》1931 年 5 月 29 日。

⑤ 《招待荷属华侨实业考察团之经过情形》，《检验月刊》，1931 年第 19 期。

⑥ 《南洋荷属考察团抵津》，《申报》1931 年 6 月 2 日。

⑦ 《吴社会局长欢宴华侨考察团》，《庸报》1931 年 6 月 3 日。

⑧ 《荷属考察团在平参观》，《申报》1931 年 6 月 5 日。

⑨ 《华侨商业考察团回国考察印象极佳》，《华北日报》1931 年 6 月 8 日。

部分前往大连。18 日，陈丙丁、庄西言率团员七人乘船前往日本参访，其余则由大连经上海返回巴城。① 陈丙丁一行在日先后到神户、大阪、京都、东京、横滨等地访问，于 7 月 20 日返抵巴达维亚。②

由上可知，陈丙丁率领的荷属华侨商业考察团由南至北行程跨越了大半个中国，每到一地皆得到当地政府和商界的隆重接待，而国民政府中央也高度重视，从最高领袖到相关部门首长都亲自出面热情款待，是以往华侨参访团体从未获得过的待遇。该团在国内行程引发的广泛关注，增进了社会各界对华侨群体的了解认识，对于改善和提升华侨群体在国内的社会地位发挥了积极作用。

四 回国投资

陈丙丁回国投资的企业涉及交通、工业、房地产、金融、农业等多个行业，以下分别述之。

（一）交通业

1926 年，厦门安溪公会会长林启成在安溪公会第三届常务委员会中倡议筹建安溪至同安公路，叶采真等与会委员一致赞成，但因工程浩大，资金落实困难，筹备工作迟迟未能开展。1927 年，陈丙丁回国观光，在厦门安溪公会举行的招待会上主动建议修筑安溪至同安公路。他表示："吾人生此时代，不能发动建设，实对先辈不住……若使安溪至同安有公路可以通车，不但华侨还乡得到便利，各方面普遍受益，后人亦感恩不尽"，随即当场认捐 5000 元作筹备经费，并愿意协助募股。建议得到厦门安溪公会同仁一致支持。公会随即成立筹备委员会，开始筹备工作，公司定名"安溪民办汽车路股份有限公司"，下设总务、工务、财政、文书、招募五股，决议发行股票，确立股本总额 100 万元，分作 20 万股，每股 5 元，周息 8 厘。陈丙丁、黄则云、蓝瑞璧三人负责招募股。陈丙丁全力开展募股工作，他还自认购 4000 股 2 万元，与施并买、黄土简并列最多。1928 年 3 月 1 日，

---

① 《华侨考察团分道扬镳》，《盛京时报》1931 年 6 月 15 日；《南洋华侨考察团》，《东三省民报》，1931 年 6 月 15 日；《荷属华侨在沈考察》，《申报》1931 年 6 月 26 日。
② 《荷属华侨商业考察团副团长庄西言君谈回国所见》，《南洋商报》1931 年 8 月 17 日。

安同公路正式施工，路线由安溪北石至同安小西门，全长 62.38 公里。1931年4月全线通车。① 该公路为安溪第一条公路。同年，向福建省建设厅申请执照。10月10日，福建省建设厅批准予以立案，并准予全线开业之日起专利三十年，合发给执照。② 由于当时陈丙丁人在海外，因而未参与公司的管理经营，公司经营主要由经理林启成负责，平均月收入可达1万余元。③ 然而由于需偿还筑路欠下的款息，以及每年需支出护路经费，公司至1936年仍未赢利，无法发放股息。④

　　1938年金门、厦门沦陷前夕，为防备日军侵入内地，安溪县、同安县政府奉令对安同公路实施破坏，公司的汽车亦奉命调用，公司宣告停业。1946年5月，已返国的陈丙丁与同在厦门的该公司董事叶道渊、许子晖、叶采真、钟铭选等人，联合倡议组织安同公路复路委员会，公推林泗水、林长青为正副主任委员，负责筹划事宜。委员会先行拟定复路计划，并召开董监事联席会议，决议旧股以一当十，即旧股一元为新股十元，计划添募新股一亿元，以资复路。会议公推陈丙丁、叶采真、叶道渊为募股委员，进行募股工作。陈丙丁前往南洋群岛募得6000多万元。复路工作即着手开展。1946年9月至10月上旬，安溪县政府动员民工2万多人修复龙门至东岭路基。同年11月至12月，同安县政府动员美峰乡民工修复东岭至同安路基。全线于12月18日修复通车。⑤ 营业车辆方面，公司自修旧车二辆，向厦海军租旧车二辆，临时与公司租路合营行车者八辆，合计十二辆。1947年4月公司获利一千五百万元。⑥ 此后，陈丙丁被选为公司董事长。新中国

① 林辉标主编《龙门隧道志》，中国统计出版社，1997，第13~14页；福建省地方交通史志编纂委员会编《福建公路运输史：第一册 近代公路运输》，人民交通出版社，1988，第22页；黄则云：《筑十里路通十里车——安溪民办汽车路创办经过》，《旅缅安溪会馆四十二周年纪念特刊》，1962，第Q1-Q4页。

② 《安溪汽车公司执照》，载泉州市档案馆编《民国时期泉州华侨档案史料》，北方文艺出版社，2006，第528~529页。

③ 《福建省华侨投资汽车公司概况表》，载泉州市档案馆编《民国时期泉州华侨档案史料》，北方文艺出版社，2006，第486页。

④ 《安溪汽车公司第四届股东代表大会决议录》，载泉州市档案馆编《民国时期泉州华侨档案史料》，北方文艺出版社，2006，第530~534页。

⑤ 林辉标、陈拱、黄春英编纂《龙门隧道志》，中国统计出版社，1997，第15~16页；《安溪汽车公司关于复路通车情形致建设厅呈》，载泉州市档案馆编《民国时期泉州华侨档案史料》，北方文艺出版社，2006，第534~535页。

⑥ 陈丙丁：《俚语杂陈》，《蓝天月刊》1947年第2期。

成立后，1952 年，该公司由国家运输部门接管。①

（二）工业

陈丙丁参与投资的工业企业主要有福建造纸公司、厦门民生织布厂和上海爪哇公司。福建造纸公司是由菲律宾归侨陈天恩及其子陈希庆于 1929年发起创办的。陈丙丁参与投资的金额和具体时间不详。据该公司 1929 年10 月 17 日第一次股东大会制定的《福建造纸公司章程》，陈丙丁并未位列十三人发起人和十七人筹备员。② 综合各种资料推测，陈丙丁很可能于该公司创办之初即参与投资。③ 福建造纸公司开工生产后长期亏损。抗战时期，公司遭到严重破坏，损失惨重。④ 1946 年 8 月，公司筹备复工。1947 年 12月 6 日，公司召开第十二次临时股东会议，到会股东 22 人，股东代表 38人，检点股权计 5192 股权。陈丙丁在此次会议上以 4711 股权当选为公司七位董事之一。⑤ 1948 年 4 月，公司正式复工。新中国成立后，该公司于 1954年完成公私合营改造。⑥

厦门民生织布厂是由广东汕头人陈英南于 1929 年邀集侨股本额 16 万元，实收 12 万元创办的。⑦ 陈丙丁参与投资的金额和具体时间不详。据1937 年福建省府和厦门市关于该厂内迁事宜的来往电，陈丙丁的叔父陈迥义此时已是该厂的主要负责人之一。⑧ 以此推测，陈丙丁很可能初期即参与投资。1935 年，该厂因经营困难而宣告停业。抗战胜利后，该厂再行招股筹划复业，改称民生电机染织布厂股份有限公司，股东百分之九十

---

① 林金枝、庄为玑编《近代华侨投资国内企业史资料选辑（福建卷）》，福建人民出版社，1985，第 330 页。
② 《福建造纸公司章程》，福建省档案馆编《福建华侨档案史料》，档案出版社，1990，第872~874 页。
③ 张丽群：《近代福建企业家陈天恩研究》，硕士学位论文，福建师范大学，2018，第 78 页。
④ 林金枝：《近代华侨投资国内企业概论》，厦门大学出版社，1988，第 219~225 页。
⑤ 《福建造纸公司第十二次临时股东会议录》，福建省档案馆编《福建华侨档案史料》，档案出版社，1990，《福建华侨档案史料》，第 896~898 页。
⑥ 余寿康：《和平改造走向新生——私营福建造纸厂的社会主义改造》，张琰主编《中国资本主义工商业的社会主义改造 福建卷》，中共党史出版社，1992，第 357~363 页。
⑦ 《民生织布厂经营概况》，福建省档案馆编《福建华侨档案史料》，档案出版社，1990，第858~859 页。
⑧ 《省府及厦门市府关于民生织布厂内迁事宜的来往电》，福建省档案馆编《福建华侨档案史料》，档案出版社，1990，第 859~860 页。

为安溪人,资本额 2 亿元,陈丙丁被推举为董事长,白源地被聘为经理。厂里有电力布机 55 架,人力布机 20 架,纺纱机 5 架,轧布机 1 架,结纱机 2 架,男女职工 103 人,月产各色土布 600 尺,成为闽南地区最大的织布厂。[①]

上海爪哇公司是陈丙丁于 1936 年在上海投资设立的,公司地址位于法租界内,他自任总经理。该公司主要生产销售生鱼片、熟虾片、咖啡粉等南洋风味食品,在南京和苏州设有销售代理商。[②]

(三)房地产业、金融业、农业

陈丙丁投资房地产业是在他归国于厦门定居之后。他在厦门豆仔尾美头山购入土地七八百方丈,投入建设资金 5 万美元,聘请归荣源营造厂设计建造房屋。一期建设六幢房屋,于 1949 年下半年完成。二期计划建设房屋七座,因厦门解放而搁浅。[③]

金融业方面,1947 年春,安溪县筹备设立银行,叶采真任筹备主任,林泗水、叶书衷任副主任。[④] 陈丙丁入股投资 200 万元,并出任该行监察。[⑤]至开业前,安溪县银行实收股本 1.1 亿余元,于 1947 年 5 月 12 日正式对外营业。[⑥]

农业方面,陈丙丁在家乡安溪投资设立了安溪碧水山垦植公司,自任董事长。该公司似与前述陈丙丁 1936 年回国考察农业有关,主要进行荒地开发和树薯培育种植。[⑦]

此外,陈丙丁还参与投资福建经济建设公司。福建经济建设公司是胡文虎于 1946 年倡议发起的,拟募集股本国币 300 亿元,开发建设福建。[⑧]

---

① 《民生电机染织布厂股份有限公司调查表》,福建省档案馆编《福建华侨档案史料》,档案出版社,1990,第 861~862 页;陈丙丁:《俚语杂陈》,《蓝天月刊》1947 年第 2 期;吴雅纯编《厦门大观》,新绿书店,1947,第 104 页。

② 《爪哇公司广告》,《申报》1937 年 4 月 18 日;《市场短简》,《申报》1938 年 12 月 16 日。

③ 《厦门华侨新村》,《东南日报》1949 年 4 月 20 日。

④ 叶采真:《安溪县银行筹备经过》,《蓝天月刊》1947 年第 2 期。

⑤ 《安溪县银行筹备处征信录》,《蓝天月刊》1947 年第 2 期;《安溪县银行董监事一览》,《蓝天月刊》1947 年第 2 期。

⑥ 《县银行五月十二日开业 叶采真先生当选董事长》,《蓝天月刊》1947 年第 2 期。

⑦ 《侨商陈丙丁谈改良农食》,《申报》1936 年 7 月 16 日。

⑧ 罗肇前:《福建近代产业史》,厦门大学出版社,2002,第 370~371 页。

1947 年 7 月 12 日，福建经济建设公司在厦门举行创立大会，陈丙丁作为荷属股东代表出席。[①] 14 日，在创立大会第四次会议上，陈丙丁被选为三十三位董事之一。[②] 该公司成立后曾投资福州公共汽车公司、厦门轮渡公司、德化瓷器厂、古田溪水电站等，于新中国成立前夕停止经营活动。[③]

以上是陈丙丁在国内参与投资企业的情况，其涉及行业之广，企业数量之多，展现了其活跃多元的经营思想。陈丙丁回国投资不仅是为了赚钱牟利，更是为了改变祖国和家乡贫穷落后的面貌，其参与投资的企业在福建和安溪的经济现代化进程中都发挥了一定作用，尤其是其力推开辟的安溪第一条公路更是改变了家乡闭塞的交通环境，畅通了与外界的交流渠道，对家乡的经济发展起到了重要作用。

五　兴办公益

陈丙丁捐资兴办的公益事业分为巴城和国内两部分。因资料限制，本文只讨论国内部分。他在国内捐资兴办的公益事业分布于教育、卫生、文化设施等方面。下面分述之。

教育方面，1922 年 4 月，陈丙丁与叔父陈迥义联合在家乡安溪官桥捐资设立"私立曾郁小学"，校舍先设于官桥文庙，又先后迁往岭后隆昌楼和谦斋书室。1930 年，陈丙丁和陈迥义捐资建设新校舍，至 1933 年全部落成。[④] 他们还为学校购入校产，包括田产、油桐等，每年可获得固定收入。陈丙丁等还每年为学校提供数额不定的捐款。至 1939 年，学校已培育学生八组。1940 年，学校改名为"私立官郁中心学校"。[⑤] 抗战胜利后，陈丙丁再次捐款续建学校钟楼第二层之后房。1949 年春，陈丙丁与陈文同等复组

[①] 《筹备经年之经建公司昨晨举行创立会》，《江声报》1947 年 7 月 13 日。

[②] 《经建会昨四次会选举董监事》，《江声报》1947 年 7 月 15 日。

[③] 林金枝、庄为玑编《近代华侨投资国内企业史资料选辑（福建卷）》，福建人民出版社，1985，第 396~400 页。

[④] 《官桥学校简史》，中国人民政治协商会议安溪县委员会文史资料工作组编《安溪文史资料》第一辑，1983 年，第 15 页；《私立曾郁小学校消息》，《安溪教育》1930 年第 1 期，第 108 页。

[⑤] 《安溪县侨办（助）小学校董会立案一览表》，载泉州市档案馆编《民国时期泉州华侨档案史料》，北方文艺出版社，2006，第 265 页。

织校董会。新中国成立后，学校逐步改为公办侨助。①

1946 年，陈丙丁参与捐资创办安溪县"私立蓝溪初级中学"。该校由新加坡华侨林树彦发起，校址设在安溪赤岭林氏宗祠，因临近的官桥、龙门一带没有中学，故该中学的创设得到这两地社会人士的热烈响应。陈丙丁出任校董会董事，负担校董常年捐，各校董常年捐总额为 3.25 亿元。该校于 1947 年 2 月办理立案并招生开学。②

卫生方面，1946 年春，陈丙丁与钟铭选等捐资 2674.2 万元，作为开办费用，借用官桥田许氏祖厝作院舍，创办安溪依新公立医院。该院为安溪县第一所侨办医院。陈丙丁出任医院名誉董事长，钟铭选任董事长，医院聘请厦门集美医院医师陈渊源主持。同年 8 月，医院正式开业。翌年，陈丙丁和钟铭选各捐资 2500 万元作为医院建筑新院舍费用。③

文化设施方面，抗战胜利后，陈丙丁鉴于厦门中山公园管理不善，破损严重，发起筹款修整。修整工程包括东西北门修理，倒塌石堤重砌约 25英方，修筑栏杆 1016 英尺，修复木桥 1 座，幼稚园后栏杆及石堤整理，修复游戏场，围墙油漆并粉刷全部围墙 316 垛，新建厕所 1 座，修复小便所 1个，修理司令台全部门窗及破损部分。工程共耗资 3100 余美元。陈丙丁并派人与市政府建设科会同验收。④

以上是陈丙丁在国内兴办公益事业的情况，其在家乡创办的学校和医院，大大改善了家乡人民就学就医的条件，为侨乡教育和医疗的现代化做出了贡献。

六　归侨领袖

抗战胜利后，陈丙丁在厦门定居，之后积极参与当地侨界的活动。1946

---

① 《官桥学校简史》，中国人民政治协商会议安溪县委员会文史资料工作组编《安溪文史资料》第一辑，1983 年，第 15 页；《私立曾郁小学校消息》，《安溪教育》1930 年第 1 期，第 15 页。

② 《安溪县府关于蓝溪初中董事会请准立案呈及卅七学年度第一学期校况表》，载泉州市档案馆编《民国时期泉州华侨档案史料》，北方文艺出版社，2006，第 210~215 页；《蓝溪中学简史》，中国人民政治协商会议安溪县委员会文史资料工作组编《安溪文史资料》第一辑，1983 年，第 18 页。

③ 陈克振主编《安溪华侨志》，厦门大学出版社，1994，第 120 页；《依新医院近讯》，《蓝天月刊》1947 年第 2 期。

④ 《华侨解囊 公园改观》，厦门图书馆编《厦门轶事》，厦门大学出版社，2004，第 157~158 页。

年 8 月 7 日，他作为十二位海外归侨领袖之一，应邀出席市海外华侨协会的欢迎招待会。① 1948 年 1 月，厦门市侨界筹备成立华侨产业保障委员会，陈丙丁被聘为筹备委员。② 2 月 28 日，华侨产业保障委员会在国际联欢社举行成立会，陈丙丁被推举为十一位委员之一。该会的主要任务是协助政府对于华侨产业之保障，与纠纷之处理。③ 3 月 2 日，该会举行第一次委员会议，陈丙丁被公推为主任委员，张澜溪为副主任委员，会议决议经费由各委员每人负责劝募 500 万元以上，充为基金。④ 华侨产业保障委员会成立后近一个月内，就有许多华侨因房屋被占，前往该会申请追回，数量达 20 余起，其中经该会审核登记处理的有 9 起。⑤ 4 月 11 日，该会召开第三次常委会，陈丙丁主持通过：一、嗣后每一调解案件，须经组长通过原则，然后提付秘书执行；二、华侨申请调解，如对方借口屡不到会申述理由，则根据申请人意见，由会调解，并应由会根据申请理由，函有关当局依法办理。陈丙丁还捐资 1000 万元作为会务经费。⑥ 至 5 月中旬，侨产保障会已调解完成纠纷案件 7 件，继续在调解中者 10 件。⑦ 至 9 月中旬，该会累计接受调解案件共 54 件，已完成调解者 16 件。⑧

　　1948 年 10 月，南京华侨协会厦门分会酝酿成立，陈丙丁应邀出任筹备委员。⑨ 11 月 7 日，该会在华侨服务社举行成立大会，陈丙丁在会上当选为

---

① 《市海外华侨协会昨欢宴十二侨领》，厦门市图书馆编《厦门华侨资料选编（1909-1949）》，厦门大学出版社，2019，第 207 页。

② 《华侨产业保障委会积极筹备中》，厦门市图书馆编《厦门华侨资料选编（1909-1949）》，厦门大学出版社，2019，第 217 页。

③ 《解决华侨产业纠纷 厦侨产保障会成立》，厦门市图书馆编《厦门华侨资料选编（1909-1949）》，厦门大学出版社，2019，第 223~224 页。

④ 《华侨产业保障会昨举行首次常会》，厦门市图书馆编《厦门华侨资料选编（1909-1949）》，厦门大学出版社，2019，第 225 页。

⑤ 《华侨房屋被占 计登记廿余》，厦门市图书馆编《厦门华侨资料选编（1909-1949）》，厦门大学出版社，2019，第 227 页；《侨产纠纷案已登记九起》，《江声报》，1948 年 3 月 23 日，第 3 页。

⑥ 《第三次侨产保障会》，厦门市图书馆编《厦门华侨资料选编（1909-1949）》，厦门大学出版社，2019，第 229~230 页。

⑦ 《侨产保障会 调解案一批》，厦门市图书馆编《厦门华侨资料选编（1909-1949）》，厦门大学出版社，2019，第 232 页。

⑧ 《侨产保委会第四次会议》，厦门市图书馆编《厦门华侨资料选编（1909-1949）》，厦门大学出版社，2019，第 240 页。

⑨ 《华侨协会厦门分会首次筹备会》，厦门市图书馆编《厦门华侨资料选编（1909-1949）》，厦门大学出版社，2019，第 241~242 页。

理事。该会组设的目的是：一、发展华侨事业；二、以华侨力量，促进国内建设；三、以会的组织力量，协和各友邦、各民族的团结。① 陈丙丁之后被委任为该会经济委员。该会计划开展的工作为：一、筹备基金；二、办理侨民福利；三、辅导经济事业；四、调解侨民一切纠纷。② 然而，因政局动荡，该会并未开展多少实际工作。此外，陈丙丁还曾以华侨财产保障委员会主任身份参与厦门侨团联谊会的工作。

1949 年 10 月 17 日，厦门市解放。11 月，厦门市华侨联合会筹创。通过个别访问，分片召开各阶层归侨座谈会，由归侨原侨居地分别推选 21 名筹委会委员组成，其中马来亚归侨 5 名、菲律宾 4 名、印尼 4 名、缅甸 3 名、越南 2 名、暹罗 1 名、华侨学生 2 名。陈丙丁、黄天锡、章骥、蓝长江 4 人当选为印尼组委员。12 月 12 日，正式成立筹备委员会，林惠祥任主任委员。③ 然而，陈丙丁并未等来侨联的成立，他于 1950 年 4 月 30 日病逝，享年 62 岁。

七 结语

本文对印尼侨领陈丙丁的生平事迹进行了梳理回顾。陈丙丁少年南渡，经商致富，造就其一生事业的基础。卓越的经济地位使其能够在侨社出人头地，加之"天性喜群"的个性，其逐步成长为侨社领袖。他长期参与领导跨帮性机构中华总商会，并借此为侨界和侨民权益发声，在巴城侨社享有崇高声望。陈丙丁因在侨居地的经历感受，萌发出朴素的爱国情怀，对祖国的富强文明倾注极大的关怀。他积极投身各种爱国运动，从政治革命、经济发展到社会救灾救济皆有参与，出资出力，不遗余力。陈丙丁率领荷属华侨商业考察团回国参访，在国内刮起一阵华侨旋风，影响范围广及社会各界，对于改善华侨地位和保护华侨权益发挥了积极作用。陈丙丁与家乡有割舍不断的亲情，在家乡投资修公路、建企业，捐资兴办学校和医院，热切关注家乡的发展。他在家乡投资的企业涉及交通业、工业、房地产业、金融业、农业等

---

① 《华侨厦分会成立 理监事昨均选出》，厦门市图书馆编《厦门华侨资料选编（1909-1949）》，厦门大学出版社，2019，第 244-246 页。
② 《华侨协会分配工作》，厦门市图书馆编《厦门华侨资料选编（1909-1949）》，厦门大学出版社，2019，第 247 页。
③ 《厦门归侨联合会林惠祥被选为筹备主任》，《南洋商报》1950 年 4 月 18 日。

多个领域，展现了其作为现代企业家的广阔目光。侨居南洋四十年后，陈丙丁回国定居，他继续投身社会活动，发挥自身影响力，成为侨界权益的代言人。

综上可知，陈丙丁身上所展现的爱国情怀源自其在海外被欺辱的亲身经历，是许许多多海外侨胞的共同感受，也是民族主义在海外华社诞生和传播的基础。在巴城华社，陈丙丁活跃于以新客为主的中华总商会，而中华总商会不仅是民族主义影响下的产物，更是民族主义传播的堡垒。陈丙丁以中华总商会为基地，来构建与祖籍国的关系。从其实践中可以看出，其将与祖籍国的关系分成国家和地方两个层面。在国家层面，其积极参与祖国各种政治活动，对国事公开发表见解，发起组团回国参访，加强与执政当局的联络。这一层面的联系，时紧时松，受时代变迁影响较大。在地方层面，其主要关注家乡的经济社会发展。这一层面的联系，则长时间保持紧密状态。两个层面的关系，反映了陈丙丁身上同时具有的民族国家和乡土籍贯两种意识，这两种意识的交织交错建构了其与祖籍国间的联系。海外华侨的乡土籍贯意识先于民族国家意识产生，两者间的竞争融合是深入理解民族主义在海外华社传播的关键之一，本文陈丙丁的事例只是对此做一初步的探索，深入的研究仍有待进一步开展。

A Study of Tan Pia Teng the Leader of Overseas Chinese in Indonesia

Luo Xi

Abstract：Tan Pia Teng, a notable Indonesian leader of Chinese descent during the Republican era, served as the president of the Chinese Chamber of Commerce and the Fujian Association Hall in Batavia. With deep patriotic sentiments, he made significant contributions to the development of his homeland and ancestral country. Leveraging the Chamber, Tan Pia Teng nurtured relationships at national and local levels with his ancestral country. While national ties experienced fluctuations over time, local connections remained strong, reflecting Tan Pia Teng's intertwined sense of national and local identity, which shaped his bond with his ancestral country.

Keywords：Indonesia；Batavia；Overseas Chinese Leaders；Tan Pia Teng

归侨与侨乡

试析 20 世纪 40 年代影响暹罗侨汇的现实因素

——基于潮汕侨批和华文报纸的解读

张　钊[*]

摘　要　近代以来，侨汇对于闽粤两省境内的侨乡地区有着非凡的社会意义和经济价值。由于来自国外，侨汇属于国际汇款。在 20 世纪 40 年代，一笔笔自暹罗寄往今潮汕地区的侨汇在汇寄和付兑过程中会受到诸多因素影响。这些因素主要包括暹罗政府对侨汇的管制、当时中国国内恶劣的金融局势和不断上涨的额外费用。这一问题真切地体现了国际移民活动的特征。

关键词　侨汇　潮汕　暹罗　侨乡　国际移民

一　引言

汕头于 1860 年开埠对于粤东地区的底层百姓来说是一件大事。在当时的交通条件下，乘船是前往海外谋生的唯一方式。汕头—曼谷航线的开辟则为当时粤东地区的潮汕人[①]和客家人前往暹罗[②]谋生提供了必要的条件。在潮汕人的移民史上，暹罗扮演着重要的角色。数百年来，大量潮汕地区底层民众出于谋生或其他目的纷纷远离家乡来到这个国家。

对于暹罗华侨来说，20 世纪可谓一个"多事之秋"！历史上以对待华侨

* 张钊，历史学博士，暨南大学出版社编辑，研究兴趣为广东侨批文献。

① 由于清代潮州府涵盖今潮汕三市（汕头、潮州、揭阳），我国港澳地区和东南亚各地惯用"潮州人"这一概念。

② 暹罗（Siam）于 1939 年改名为"泰国"（Thailand），1945 年复名"暹罗"，1949 年再度改名"泰国"，沿用至今。本文所引用的侨批文献和华文报纸中多用"暹罗"，故标题、摘要、正文中使用"暹罗"。

亲善著称的暹罗也开始调整其政策，对华侨进行限制、排斥，甚至打压，"东方犹太人"之说一度甚嚣尘上，陆续出现了以征收入口税和打压华侨社团、学校和报纸为代表的一系列排华措施。对此，施坚雅（William Skinner）认为："出于对华侨民族意识不断扩张、日益增强的独立性和日益壮大的新客华侨社群的担忧，政府开始调整政策以加强对中国移民的直接管制。"①

此外，全球经济危机对东南亚的冲击、第二次世界大战的爆发、战后中暹两国的局势，以及日益严苛的入境政策都足以给华侨在暹罗的生活带来深刻的影响。汇款这一问题就是最典型的例子。在那个时代，华侨主要通过侨批局来完成汇款回乡一事。由于是国际汇款，故侨汇业务势必受到当时中暹两国国情和世界局势的影响，给广大华侨的生活带来巨大的冲击。学术界对于近代侨汇的研究主要集中于汇款的功能、经营侨汇的机构，以及华侨与家庭成员之间的联系等方面，少有专文从华侨（寄款人）自身的视角出发论述现实中影响汇款的具体因素。②

闽粤两省底层百姓在近代的海外迁徙活动催生了一个独特的历史产物——侨批（广东珠三角地区多称为"银信"），即在外国谋生的华侨寄往家乡的款项和书信。有研究指出："之所以有大量的书信寄往中国，主要是因为华侨与家乡之间的纽带十分坚固。移民们通过寄信回家与家人维系感

---

① William Skinner, *Leadership and Power in the Chinese Community of Thailand*, Ithaca: Cornell University Press, 1958, p. 13.
② 主要成果（含译著）有陈达：《南洋华侨与闽粤社会》（修订本），商务印书馆，2011；林金枝：《析华侨汇款及其作用》，《八桂侨史》1996年第3期；林家劲等：《近代广东侨汇研究》，中山大学出版社，1999；陈丽园：《近代跨国华人社会建构的事例分析——1929—1930年新加坡保留民信局与减轻民信邮费全侨大会》，《华侨华人历史研究》2010年第3期；陈丽园：《战后华南与东南亚侨批网络的整合与制度化——以南洋中华汇业总会为中心》，《东南亚研究》2014年第3期；袁丁、陈丽园、钟运荣：《民国政府对侨汇的管制》，广东人民出版社，2014；焦建华：《福建侨批业研究（1896—1949）》，厦门大学出版社，2017；袁丁、秦云周：《抗战期间广东省银行沟通潮梅汇路之研究》，《华侨华人历史研究》2020年第2期；陈丽园：《抗战时期的侨汇政策与侨批网络——以潮汕地区为中心》，《汕头大学学报》（人文社会科学版）2020年第6期；秦云周：《华南抗战时期广东省银行与私营侨业经营关系研究》，《东南亚研究》2021年第5期；〔日〕滨下武志：《资本的旅行：华侨、侨汇与中华网》，王珍珍译，社会科学文献出版社，2021；陈海忠：《天下四合：潮阳陈四合批局陈云腾家族史》，广东人民出版社，2022；〔英〕班国瑞、〔新〕刘宏：《亲爱的中国：移民书信与侨汇（1820—1980）》，贾俊英译，张慧梅审校，东方出版中心，2022。

情，以此来鼓舞自己不屈服于海外对华侨的歧视和排华措施。"① 侨批作为民间文献资料，记载翔实，内容丰富，广泛涉及当时的社会经济、政治、文化、教育、金融、交通，乃至国际关系等领域，承载着海外华侨与家乡亲属之间的血脉亲情，是研究华侨史、中国教育史、侨乡民间文化等方面的珍贵史料，是不再生的"草根"资源。② 考虑到华侨寄回家乡的书信与汇款密切相关，本文结合 20 世纪 40 年代的相关资料，再辅以当时部分在曼谷出版发行的华文报纸，从华侨自身的视角出发，对这一时期影响汇款的现实因素进行一番解读。

二 暹罗政府的管制

在 20 世纪 30 年代，暹罗政府对华侨汇款的管制措施之一是抽税。对此，1935 年出版的《南洋研究》就有文章详细记载道：

> 暹政府鉴于每年流出华资甚多，特颁行汇兑税律，以限制我华侨之汇兑。此项巨税，虽直接由华资银行每年向暹政府缴纳，间接实取自华侨。近复拟抽收批税，使华资受此限制，流出减少。查批税一项，最初暹政府原拟与汇兑税同时征收。惟因发批局所收之批款，均属贫苦华工所寄，每批为数不过三五元。区区数目，实无抽税必要。故当时徇批商请求，未予征收。乃今年七月间暹政府又突然下令四大批商将历年账册缴查，准备抽取该项批税。③

在这种情况下，抽税就成为华侨们不得不面对的问题。一位华侨在寄给家中亲戚的信中就说道："每寄家批每铢须被抽二丁。"④

---

① Gregor Benton and Liu Hong "The Project in Comparative Perspective"，载刘进主编《比较、借鉴与前瞻：国际移民书信研究》，广东人民出版社，2014，第 23 页。

② 邓达宏：《潮汕侨批史料：原生态草根文献——兼论侨乡教育》，《发展研究》2013 年第 3 期。

③ 苏鸿宾：《暹罗排华运动之过去与现在》，原载《南洋研究》1935 年第 5 期，转引自耿素丽、章鑫尧选编《南洋史料》（第 8 册），国家图书馆出版社，2008，第 211~215 页。

④ 《暹罗吕锡坤寄潮安鲲江乡郑芳良》（1939 年 5 月 19 日），载潮汕历史文化研究中心编《潮汕侨批集成》（第二辑）总第 43 册，广西师范大学出版社，2010，第 276 页。

到了第二次世界大战后，除抽税外，暹罗当局管制外汇的另一大手段是限制，甚至取缔侨批局。对于相关情形，1946 年 4 月 10 日的《光华报》有新闻记载道：

> 和平后，本京新张之批局虽如雨后春笋，然因格于统制外汇条例，未能自由营业。但因时势趋及特殊之交通关系，尚能应付裕如。及至去月二十九日，财部据海关人员报告，发觉时有违犯统制外汇情事发生，乃重申统制外汇法令，并令邮局停止接收侨批之配寄。以上消息经详志本报。消息传出后，侨汇虽不致就此完全断绝，然手续则已远较困难矣。[①]

1946 年 5 月 8 日的《中原报》也有新闻记载道：

> 昨天上午九时，税务厅厅长接见各批局代表百余人，对批局印花税事有所训示，大意略称，是次再度召见各批业，其动机为请求各批局与税务厅合作，切实按照印花条例办理，今后不得有规避情事发生。各批局如再玩法，政府将采取严厉办法，依据法律规定罚则进行办理。批局即有被查封及拘捕事主之可能，且同时当局或将派税务厅职员常驻各批局监督营业，如各当铺之办法相若。[②]

显然，暹罗政府用行政手段对侨汇进行管制和打压，使得汇款手续麻烦、渠道变少且额外支出增多。暹罗政府一系列的管制措施对经营侨汇业务的批局来说是十分严苛的，华侨汇款回乡一事自然也就不免遭受影响。

三 国内恶劣的金融局势

关于 20 世纪 30 年代暹罗国内货币与中国国内货币的兑换，1935 年 11

---

① 《中央邮局扣留侨批依法查办被扣者三帮现在审查中国家银行经理警告批局》，《光华报》1946 年 4 月 10 日，转引自潮汕历史文化研究中心、侨批档案馆编《泰国侨批档案选编》，香港天马出版有限公司，2011，第 131 页。

② 《国税厅长昨警告批局如再违法将查封》，《中原报》1946 年 5 月 8 日，转引自潮汕历史文化研究中心、侨批档案馆编《泰国侨批档案选编》，香港天马出版有限公司，2011，第 135 页。

月 18 日的《民国日报》有新闻记载道：

> 查各信局宣布以法定纸币收批后，小批价每元骤减十一士丁。今天更行缩减。据今晨银信公所派出之行情一览表，计大批每百铢寄一百四十七元，小批则每六十九丁寄一元。①

1937 年 8 月 24 日的《华侨日报》有新闻记载道："因香票之狂跌，至本谷寄潮梅批信，价高昂异常，由每元寄六十八丁升至七十三丁。一般非富有而须寄款回梓。赡养眷属之同侨，莫不引以为忧。"②

正所谓"祸不单行"，抗日战争结束后，中国国内的金融局势也日趋恶化。由于华侨汇款涉及中暹之间的货币兑换，故此时侨汇的实际价值也大受影响。对此，1947 年印行的《南洋杂志》的一篇文章记载道：

> 战后侨汇数量之高，实非战前情形所能同日而语，仅只一个月之数量，便可等于战前的全年。战前每年的侨汇系在一千五百万铢至二千万铢之间。战后每月最高额竟达二千五百万铢左右，这自然因为战争数年来侨汇不能通畅，华侨已有长期未尝寄款，故战后乃有激增之象，同时亦是为了币值降低的缘故……战后初期国币的价值颇为稳健，华侨寄款往祖国每万元尚须付出二百余铢，迨后即见国币逐渐下降，因为国币之降跌，所以去年三月间我政府乃有统制外汇之宣布，冀期挽救国币之命运，但有效力之时间甚暂。至去年五月暹罗重打新汇率，提高暹币价值，于是国币再跌，一蹶不振，兹将一九四六年汕头批价（以每万元计）全年价目列下：
> 一月 210 铢；二月 180 铢，140 铢，105 铢；三月 107 铢，90 铢，93 铢；四月 100 铢，94 铢；五月 80 铢，70 铢，69 铢；六月 68 铢，73 铢；七月 71 铢，62 铢；八月 59 铢，57 铢，62 铢，52 铢；九月 50 铢，

① 《银信公所表决自前天下午四时起以法币升算批价批水一涨而达 147 元因潮汕已概不能使用白银》，《民国日报》1935 年 11 月 18 日，转引自潮汕历史文化研究中心、侨批档案馆编《泰国侨批档案选编》，香港天马出版有限公司，2011，第 25 页。

② 《香票回涨今天侨批寄减二丁汕银行迁址以后批价可望稳定》，《华侨日报》1937 年 8 月 24 日，转引自潮汕历史文化研究中心、侨批档案馆编《泰国侨批档案选编》，香港天马出版有限公司，2011，第 45 页。引文中的丁为暹罗货币单位，1 铢合 100 丁。

49 铢，48 铢，50 铢；十月 53 铢，48 铢，49 铢；十一月 53 铢，60 铢，53 铢；十二月 53 铢，50 铢，41 铢。①

显然，国币在 1946 年处于一路狂跌的状态，一年之内的跌势十分惊人。相比之下，20 世纪 30 年代暹铢与国币的兑换实属“小巫见大巫”。在如此动荡且恶劣的金融形势下，华侨如果将自己的辛苦所得寄回家乡，势必将蒙受更大的损失。华侨往往对于币值不稳所带来的消极影响心有余悸。一位家在潮安的陈姓华侨就在寄给家中双亲的信中直言：“此次很久未寄批者，因唐中币值日跌而儿在外所寄的批款暹币甚多，则家中收效甚微，故未有即寄者也。”② 陈松锦在寄给曾祖母的信中则询问道：“现唐中已使行中央币，未知比旧时广东币每元找价若干。但米以及粮肥之类价格比前岂得廉价否？祈回音示知。”③

有华侨则在寄给家中母亲的信中嘱咐道：“现在唐中金圆券日见缩小，币值未能稳定。如家中目下若有一二月之米为可度活，儿拟候缓看币值稳定，自当多寄以充家中薪米之需不误。”④ 这位华侨又在另一封寄给母亲的信中用安慰的口吻表示：“逢邮之便奉上金圆券五千元，至时捡收家用，请大人该款收后速即购买米谷至要。因现在金圆券日渐缩小，不可久延……儿寄上之款，无论多少，收后即买米谷为要。”⑤ 也有华侨在寄给家中母亲的信中表示：

> 缘因迩来雨水不均，对于生意不佳，又况迩来币制贬值未定，影响泰京谷银信局。批局一度收批打回，一度停止收批。故此延至于斯

---

① 卢维基：《战后暹罗华侨的金融事业》，原载《南洋杂志》1947 年第 4 期，转引自姜亚沙主编《民国珍稀短刊断刊·广东卷》第 10 册，全国图书馆文献缩微复制中心，2006，第 4815 页。

② 《暹罗陈操寒寄潮安十五乡家中双亲》（1949 年 4 月 21 日），载潮汕历史文化研究中心编《潮汕侨批集成》（第三辑）总第 105 册，广西师范大学出版社，2015，第 11 页。

③ 《暹罗陈松锦寄澄海本都居美后陈乡曾祖母》（1947 年 6 月 5 日），载潮汕历史文化研究中心《潮汕侨批萃编》（第一辑），香港公元出版有限公司，2003，第 49 页。

④ 《暹罗曾哲坤寄澄海图濠乡慈亲》（1949 年 2 月 7 日），载潮汕历史文化研究中心、侨批档案馆编《潮汕侨批档案选编（一）》（上册），香港天马出版有限公司，2011，第 4 页。

⑤ 《暹罗曾哲坤寄澄海图濠乡慈亲》（1949 年 2 月 9 日），载潮汕历史文化研究中心、侨批档案馆编《潮汕侨批档案选编（一）》（上册），香港天马出版有限公司，2011，第 2 页。

才寄信，致使家中乏银需求费用，而使大人之忧耳。①

家在潮安的王赵宝则在寄给家中母亲的信中坦言："现在暹中行情甚苦，一日不如一日，尤其国币惨跌。"② 也有名叫林友令的华侨在寄给家人的信中表示：

> 就现时唐中生意，因国币跌势之惊人，实在需有着十二分之精神才能在商场行走。
>
> 对于囤积些项货物，就国币与暹批水比较，现在金圆券每千元暹币四铢，唐山米贵。③

对于类似的问题，1947 年 3 月 28 日的《中原报》有新闻报道：

> 依据当时财部法令规定，美钞一万二千元，港币二千四百五十元，全国一律，申算不变。讵意粤汕分行，藉口防止投机，竟于本月十八日擅将港币改为二千二百元，侨汇损失，殊非浅鲜。不独此也，在未改价之前已将核准收买之港汇，亦以二千二百元计算拨给，察其用心，简直剥夺侨汇，置侨眷生活于不顾，如不力争，侨汇损失，将不知伊氏胡氏。④

1947 年 8 月 4 日的《全民报》则有新闻这样报道：

> 本谷汕汇的交易，自和平以后，就都是投机生意，相同于买空卖

---

① 《暹罗杨炎奎寄澄海凤岭乡慈亲》（1949 年 5 月 7 日），载潮汕历史文化研究中心编《潮汕侨批集成》（第一辑）总第 1 册，广西师范大学出版社，2007，第 471 页。

② 《暹罗王赵宝寄潮安东里村慈亲》（1948 年 6 月 17 日），载潮汕历史文化研究中心编《潮汕侨批集成》（第三辑）总第 75 册，广西师范大学出版社，2015，第 420 页。

③ 《暹罗林友令寄汕头二马路同济街林友存》（1949 年 3 月 12 日），载潮汕历史文化研究中心、侨批档案馆编《潮汕侨批档案选编（一）》（下册），香港天马出版有限公司，2011，第 439 页。

④ 《粤汕央行剥夺侨汇汕暹银信局公会决议理力争将电财次与央总请从速加以制止》，《中原报》1947 年 3 月 28 日，转引自潮汕历史文化研究中心、侨批档案馆编《泰国侨批档案选编》，香港天马出版有限公司，2011，第 176 页。

空，完全是等于赌博形式，放出又吸进，购入复抛出。我买你的期单，然后卖给他；他买我的期单，再卖给你。因为信誉的关系，故盘价遂有高低不同。因此，买了某号的低价，而自己却高价卖出去。亦有一些看后市必跌，而先期低价空出，因此倒风一起，牵连甚广。①

面对这样的局面，有的华侨就不免对辛辛苦苦攒下的钱寄回家乡时价值无几的现象颇有微词。如来自澄海的曾哲坤就在寄给家中母亲的信中表示：

> 儿旅遑稍安，免介。自年底之信至家迄今月余，因儿正月想要停业，另寻别职，故未敢多寄。一面关系唐中币制不定，所寄之项完全收无三四成。儿为辛苦而来之金钱，因此未敢多寄。母亲知之，非儿无良心家信不愿多寄。候唐中币制稳定，即行多寄厚款以助家中薪米之用不误。②

另一位澄海籍华侨也在寄给家中母亲的信中无奈地表示："今奉上金圆券三十五万元，到时查收家用也。因为儿无何厚利入手，又况每次之寄批，为银币之跌落过多，才致到接信时存无几，伏希谅之为盼。"③ 有华侨则在寄给家中双亲的信中写道："因金券跌势不止，今只能寄去港币一百元，即等于暹币五百五十铢左右，至祈核收，并将情形示晓。"④ 也有华侨在这种形势下只得在寄给妻子的信中嘱咐道："现今银到即时就打算买货，各等食物都可以买……金圆不可存之，你若是不听吾言吩咐，日后你勿怪是。"⑤

类似的例子还有很多。如一位家在隆都的华侨在寄给家中子女的信中

① 《汕汇风暴狂潮》，《全民报》1947 年 8 月 4 日，转引自潮汕历史文化研究中心、侨批档案馆编《泰国侨批档案选编》，香港天马出版有限公司，2011，第 196 页。

② 《暹罗曾哲坤寄澄海图濠乡慈亲》（1949 年 3 月 15 日），载潮汕历史文化研究中心、侨批档案馆编《潮汕侨批档案选编（一）》（上册），香港天马出版有限公司，2011，第 12 页。

③ 《暹罗杨炎奎寄澄海凤岭乡慈亲》（1949 年 4 月 16 日），载潮汕历史文化研究中心编《潮汕侨批集成》（第一辑）总第 1 册，广西师范大学出版社，2007，第 470 页。

④ 《暹罗成昌寄双亲，地址不详》（1949 年 3 月 18 日），载潮汕历史文化研究中心、侨批档案馆编《潮汕侨批档案选编（一）》（下册），香港天马出版有限公司，2011，第 248 页。

⑤ 《暹罗吕成鑫寄澄海斗门乡吕宅惜兰》（1949 年 1 月 29 日），载潮汕历史文化研究中心编《潮汕侨批集成》（第一辑）总第 11 册，广西师范大学出版社，2007，第 69 页。

就如此吩咐道："再者，目下国币日跌，银至之日，宜速购柴米，勿藏国币，切切勿违远嘱。"① 这位华侨在另一封寄给家人的信中则以十分急切的语气嘱咐道："另者二月这十数天来，金圆券狂跌似前国币一样，望贤妻接银之日速购柴米，一切祈知之。"② 这位华侨在又一封寄给家人的信中则以更加坚定的语气督促道："另者现在金圆券可以比做去年，俺家中之糜番薯，糜烂番薯，赶紧卖掉，理属当宜。而腐败之金圆券，尤宜从速购买柴米，势之必要，切祈知之。"③ 也有华侨在寄给家中子女的信中同样以较重的语气吩咐道："刻下币价大跌，所接之银祈至切换作粮食食物，否则一定受到大大损失。祈切以吾言为重，切勿有误是要。"④ 在这些华侨的心中，侨汇应被用于购买粮食日用以保证实现价值的最大化。

对于这类情况，1948 年 5 月 10 日的《中原报》则如此描述道：

> 自从农历新年过后，潮汕一带，发生大钞贴水的恶风，起初每亿元贴水不过数百万元，近来日益加厉，每亿元贴水已达一千六百万元，以后仍有趋涨之势。本京潮州会馆以华侨利益蒙受损害，曾电请财政部迅饬中央银行无限制兑换小钞，藉遏此风；银信局公所亦为其同业利益，叠向粤汕当局吁请设法制止。顾迁延至今，仍未见动静。⑤

因此，可以说汇率的暴跌几乎已经完全失控，开始成为这一时期困扰华侨的一大难题。如果结合信中的信息来看侨汇的发展趋势，我们将会对侨汇暴增和衰退的理由有进一步的认识。⑥ 对照侨批中所反映的情况来看，金融局势失控使得华侨汇回家乡的款项价值缩水，既无法保障侨眷的切身

① 《暹罗吴宝得寄饶平隆都前沟乡吴锡钦》（1948 年 2 月 24 日），载潮汕历史文化研究中心编《潮汕侨批集成》（第一辑）总第 19 册，广西师范大学出版社，2007，第 5 页。

② 《暹罗吴宝得寄饶平隆都前沟乡吴锡钦》（1948 年 9 月 22 日），载潮汕历史文化研究中心编《潮汕侨批集成》（第一辑）总第 19 册，广西师范大学出版社，2007，第 7 页。

③ 《暹罗吴宝得寄饶平隆都前沟乡吴锡钦》（1949 年 2 月 21 日），载潮汕历史文化研究中心编《潮汕侨批集成》（第一辑）总第 19 册，广西师范大学出版社，2007，第 8 页。

④ 《暹罗蔡绍勤寄澄海程洋冈乡蔡素招》（1949 年 2 月 6 日），载潮汕历史文化研究中心编《潮汕侨批集成》（第一辑）总第 27 册，广西师范大学出版社，2007，第 320 页。

⑤ 《遏止大钞贴水》，《中原报》1948 年 5 月 10 日，转引自潮汕历史文化研究中心、侨批档案馆《泰国侨批档案选编》，香港天马出版有限公司，2011，第 248 页。

⑥ Gregor Benton and Liu Hong, "The Project in Comparative Perspective"，载刘进主编《比较、借鉴与前瞻：国际移民书信研究》，广东人民出版社，2014，第 20 页。

利益，也会令海外侨胞的努力打了水漂，可谓对侨眷与侨胞形成了双重打击。

四 额外费用

正常情况下，自所在国向境外汇款需要缴纳手续费。华侨汇款回乡也需如此，相关费用称为"批价"或"批银"、"批价银"。

第二次世界大战后，国内金融局势一片混乱，严重影响了华侨汇款一事。抱怨当时的批价过贵成为这一时期许多华侨寄回家乡的书信中的主要内容。有华侨在寄给家中双亲的信中满是无奈地说："港币每元换暹银二十铢，批银每封十铢，但时局使然，此亦无法矣。"① 有华侨则在寄给家中双亲的信中直言："近闻唐中金圆券之变化，但不知否，故特寄上港币以免大人在家之交还也……现今批价太贵，每封暹币十二铢，即港币三元余。"② 一位潮安籍郑姓华侨则在寄给家中长辈的信中表示："兹逢机便奉上金圆券四千，内计信泰添泉二千元，合共六千元。此避批价银之太重，故合寄耳。"③

一位家在澄海的陈姓华侨则在寄给家人的信中无奈地表示："近日暹批价后浮已达百二十元外，势有再涨多少。但目下各行情依然寥寥……今年稻颇难收获，如何未敢断耳。"④ 有华侨就以此为由向母亲就未能寄批一事解释道："慈亲所说之话，儿自听从，因为批价太贵。每批要暹币十二铢，所以在这两月没有寄批。其他之事，儿不敢忘为。"⑤ 可以想见，有相当数量的华侨都对批价过贵的问题感同身受。

旅居在外的侨民向仍旧居住在国内的亲属汇款是一种国际现象。当汇

---

① 《暹罗陈操寒寄潮安十五乡双亲》（1949 年 2 月 1 日），载潮汕历史文化研究中心编《潮汕侨批集成》（第三辑）总第 105 册，广西师范大学出版社，2015，第 15 页。

② 《暹罗刘石茂寄潮安蓬洞乡双亲》（1949 年 5 月 13 日），载潮汕历史文化研究中心编《潮汕侨批集成》（第三辑）总第 80 册，广西师范大学出版社，2015，第 432 页。

③ 《暹罗郑梦壶寄潮安鹤塘乡陈璧如》（1949 年 1 月 29 日），载潮汕历史文化研究中心编《潮汕侨批集成》（第三辑）总第 103 册，广西师范大学出版社，2015，第 139 页。

④ 《暹罗陈景鸿寄澄海下岱美乡陈丽鸿》（1949 年 9 月 26 日），载潮汕历史文化研究中心编《潮汕侨批集成》（第一辑）总第 30 册，广西师范大学出版社，2007，第 412 页。

⑤ 《暹罗谢锡浩寄潮安井美乡慈亲》（1949 年 7 月 6 日），载潮汕历史文化研究中心编《潮汕侨批集成》（第三辑）总第 77 册，广西师范大学出版社，2015，第 152 页。

款的数额较小时，汇款的代价和相关费用将会变得十分重要。[1] 显而易见的是，20 世纪 40 年代旅居暹罗的潮汕籍华侨也要面对类似的问题。

与邮寄物品一样，寄批回乡同样也需要付出邮资。有关资料显示，暹罗曼谷 1928 年寄往中国广东汕头的侨批每封邮资 15 士丁[2]；暹罗曼谷 1937 年寄往中国广东汕头的侨批每封邮资 15 士丁[3]；暹罗曼谷 1942 年寄往中国广东汕头的侨批每封邮资泰币 45 士丁[4]；暹罗曼谷 1948 年寄往中国广东汕头的侨批每封邮资泰币 1 元[5]。可见，华侨在寄批回乡的过程中所需付出的邮资处于不断上涨中。一封 1947 年 3 月 12 日寄给暹罗华侨银信局公会筹备委员会的公函如此说道："近日邮局宣布增加国际邮资，计每封一千一百元，回批半价为五百五十元。近日若寄航空，则加航空费五百五十元，每封合为一千一百元。"[6] 可以说，不断上涨的邮资也可能成为在暹华侨汇款回乡过程中无法逃避的经济负担之一。

五　余论

汇款所需付出的代价通常包括汇款的费用以及将境外货币兑换为本地货币的手续费和不断波动的汇率。[7] 由于汇款回乡是华侨旅居在外的主要任务，而寄回家乡的款项又是平日里辛苦积蓄所得，故在面对批价、邮资的波动和国内币制的动荡时，华侨既需要继续汇款，又要担心或承受在这一

[1] AltinIdrizi, *Emigration and Remittances in Albania： Socioeconomic Impact of Remittances in Albanian's Life*，Saarbrücken：Scholars' Press，2014，p. 46.

[2] 潮汕历史文化研究中心、侨批档案馆编《潮汕侨批档案选编（三）》，香港天马出版有限公司，2011，第 300 页。

[3] 潮汕历史文化研究中心、侨批档案馆编《潮汕侨批档案选编（三）》，香港天马出版有限公司，2011，第 374 页。

[4] 潮汕历史文化研究中心、侨批档案馆编《潮汕侨批档案选编（三）》，香港天马出版有限公司，2011，第 396 页。

[5] 潮汕历史文化研究中心、侨批档案馆编《潮汕侨批档案选编（三）》，香港天马出版有限公司，2011，第 377 页。

[6] 《就汕头邮资加价事由函告暹罗华侨银信局公会筹备委员会》，载汕头市档案局、汕头市档案馆、侨批文物馆、潮汕侨批档案馆合编《潮汕侨批业档案选编》，香港天马出版有限公司，2010，第 318 页。

[7] AltinIdrizi, *Emigration and Remittances in Albania： Socioeconomic Impact of Remittances in Albanian's Life*，Saarbrücken：Scholars' Press，2014，p. 46.

过程中将会遭受到的各种损失。汇款价值的缩水和额外支出的剧增使得华侨在汇款时出于对自己切身利益的考量不得不三思而行。

可以说，在 20 世纪 40 年代这样一个多事之秋，除了受自身经济条件所限外，寄批回乡一事在暹罗政府的严厉管控和当时恶劣的金融形势的影响下对在暹华侨的生活带来了巨大的冲击，足以给其生活带来无尽的烦恼和困扰，堪称其旅居暹罗期间日常生活中的一大负担。由于侨乡的基本物质生活需求和日常生活的维系都严重依赖海外移民的汇款，他们虽然离开故土身在海外，却仍旧和家乡维持经济上的联系，呈现出一种"离土不离乡"（即在地理空间上远离故土却并未在生活中与家乡断绝联系）的状态。近代"下南洋"的闽粤华侨本质上是中国传统乡村宗族社会结构下的一群跨国移民。作为一群"离土不离乡"的跨国移民，身在海外的他们在生活中所有与故乡保持联系的行为都不可避免的同时受到移居国和家乡两地因素的影响和冲击。可以说，国际移民活动的特征和因素在 20 世纪 40 年代旅居暹罗的潮汕籍华侨汇款回乡一事上体现得淋漓尽致。

An Analysis of Reality Factor of Remittances from Siam During 1940s: on the Base of the Collections of Teochew Qiaopi and Chinese Newspaper

Zhang Zhao

Abstract: Since modern times, Remittances were still always played an important role in the hometown of overseas Chinese. Remittances are international remittances because it came from abroad. During 1940s, remittances from Siam to Teochew were be affected by many factors in the course of remittance and payment. It include controls on remittances by the Siam government, terrible financial situation in China, and the rising additional charges. It reveals the characteristics of international migration in a real way.

Keywords: Remittances; Teochew; Siam; Hometown of Overseas Chinese; International Migration

书　评

"侨乡-唐人街" 框架下的华人社区研究

——评《唐人街：镀金的避难所、民族城邦和全球文化流散地》[*]

郭瑞敏[**]

摘 要 北美唐人街研究是少数族裔社区研究的一部分，这种研究取向忽视了唐人街研究的本位性和主体性。《唐人街：镀金的避难所、民族城邦和全球文化流散地》一书试图回归唐人街本身，通过研究世界各地唐人街的产生、发展与变迁进程，探讨唐人街的本质为何。余以为唐人街研究若要进一步拓展，应探索"将唐人街与侨乡置于同一社会空间之内"，因为唐人街的独特性、多样性与适应性虽都发生于海外，但这些特征的内在逻辑与背后的文化因素源于侨乡。"侨乡-唐人街"新视角的提出，不仅有利于深化学界对于唐人街本质的研究，同时有利于地方政府通过参照唐人街的转型经验优化侨乡振兴实践。

关键词 唐人街 侨乡 全球化 少数族裔社区

一 作为少数族裔社区的唐人街研究

自 20 世纪 60 年代芝加哥学派提出移民同化论[①]以来，将唐人街置于少数族裔社区框架下的研究始终占据主流地位。到了 80 年代，多元共存论和社会融合论的学者转而重视少数族裔主动融入主流社会并重塑主流社会的

---

[*] 本文是华侨大学高层次人才启动项目"问责机制下侨乡基层治理体系的应灾韧性研究"的阶段性成果，项目编号：605-50Y22028。

[**] 郭瑞敏，华侨大学华侨华人与区域国别研究院，讲师。华中师范大学政治学博士（2019）、华中师范大学社会学博士后（2022）。主要研究方向为基层社会与地方治理。

[①] Park R. E., Burgess E. W., *Introduction to the Science of Society*, Chicago：University of Chicago Press, 1921, pp.734-737.

现象，越来越多的学者相信少数族裔社区可以在保持族裔文化特性的基础上融入东道国社会。① 这一流派的学者重点关注作为少数族裔聚居区的唐人街如何促进或阻碍华人融入主流社会，以及华人融入主流社会的方式。

周敏赞颂唐人街的成功，她从族裔聚居区经济、族裔资本与社会融入的视角出发，提出唐人街移民创业、族裔聚居区经济发展可以促进成员融入主流社会。② 在族裔资本较强的唐人街，华人中产阶级虽移居郊区的华人社区，但始终与唐人街保持密切联系。③ 邝治中则认为唐人街的华人劳工不仅受到雇主剥削，还深受主流社会的歧视④，且族裔聚居区理论默认族群内部的统一性，忽视唐人街内部的差异性和竞争性。⑤

作为少数族裔社区的唐人街研究始终缺乏主体性，并带有强烈的从东道国主流社会审视少数异域族群的视角和特点，其研究指向始终是少数族群能否融入、如何融入主流社会的问题。2010 年之后，以陈志明、王保华为代表的人类学家呼吁回归唐人街研究的主体性，探讨唐人街本身的形成、变迁与发展趋势，《唐人街：镀金的避难所、民族城邦和全球文化流散地》（*Chinatowns around the World*：*Gilded Ghetto*，*Ethno polis*，*and Cultural Diaspora*）（下文称《唐人街》）一书就是在此背景下于 2013 年出版。中文版由张倍瑜博士翻译，于 2019 年出版，为广大读者展示了丰富多彩的唐人街样态。

作为一部由数位人类学家写就的论文集，《唐人街》一书采用了"总－分－总"的框架，绪言与第十章在书中起到"穿靴戴帽"的作用，其他九篇论文则分别对北美（温哥华、纽约、芝加哥）、澳大利亚（悉尼）、拉美（秘鲁、哈瓦那）、欧洲（巴黎、里斯本）、亚洲（东京）等五个华侨华人聚居地的唐人街进行观察研究。正如该书的副标题"镀金的避难所、民族

---

① Hurh W. M., Kim K. C., "Adhesive Sociocultural Adaptation of Korean Immigrants in the U. S.: An Alternative Strategy of Minority Adaptation", *The International Migration Review*, Vol. 18, No. 2, 1984, pp. 188-216.

② 周敏、王大磊：《国际移民创业与族裔社区建设——以美国洛杉矶华裔和韩裔经济为例》，《华侨华人历史研究》2021 年第 2 期。

③ 狄金华、周敏：《族裔聚居区的经济与社会——对聚居区族裔经济理论的检视与反思》，《社会学研究》2016 年第 4 期。

④ 〔美〕邝治中：《纽约唐人街——劳工和政治 1930-1950 年》，杨万译，上海译文出版社，1982，第 2 页。

⑤ 〔美〕邝治中：《新唐人街》，杨立信等译，中华书局，1989，第 8 页。

城邦和全球文化流散地"所描述的那样,该书正文部分运用了大量翔实的田野调查案例作为论证依据,充分展现了主体性视角下各地唐人街的多样性。

该书的问题意识是唐人街的本质为何,如何审视唐人街的变与不变。围绕这一主题,九篇论文基本遵循唐人街的形成、唐人街自我变迁以及当地社会为了治理唐人街所做出的努力等研究主线进行叙述。各章节皆强调研究对象不同于其他唐人街的特殊性,这一特殊性源于华侨华人本身,也源于当地社会的外部因素。但九篇论文都认同唐人街是动态变化的,这一变化并不指向唐人街逐渐融入主流社会并走向消亡,而是指地理上的唐人街正在逐渐向外拓展和延伸;尽管社会文化经济等功能也在发生变化,但唐人街文化内核的本质并不会发生变化。

二 回归主体性的唐人街研究

在回归主体性的唐人街研究视角下,《唐人街》作者团队向读者描述了当地人眼中的唐人街,这些研究成果有利于帮助我们理解唐人街概念的多样性、唐人街地理边界的扩展性以及唐人街治理的动态性。

(一) 唐人街概念的多样性与演进性

唐人街的概念意涵在不同地区存在较大差异。正如本书绪言所述,唐人街很难被准确定义,各地称呼唐人街的词汇也不相同,包括"Tangrenjie"、"Huabu"、"Chinese Quarters"、"Ethnopolis"、"China Town"等。唐人街包罗万象,种类繁多,因此王保华提出研究某地的唐人街,应该从当地人的"主位"视角出发,阐释当地唐人街的实际含义和自身特色。(引自 2019 年中译本《唐人街》,第 3 页,下同)悉尼唐人街与巴黎唐人街的案例表明,即使是同一个国家的唐人街,外界对它们的看法和它们的发展水平也是参差不齐的。因此每一个唐人街都必须在其政治经济背景下被研究 (第 393 页)。例如,悉尼狄克逊大街与卡市都是华人聚居区,但前者的成功振兴与繁荣景象与后者的毒品犯罪形象形成了鲜明对比 (第 166 页、167 页)。

大众对唐人街的印象随时间推移而不断变化。唐人街一词源于北美,种族歧视和排华运动导致华人不得不蜷缩在一个被隔离开的区域抱团取暖，唐人街也因此带有贬义。在大众的认知里，唐人街与贫穷、肮脏和犯罪相互勾连。随着唐人街地理边界的拓展和发展变迁，其商业功能、文化功能、政治功能（选票、与中国的外交）开始显现，美国社会对华人的看法逐渐发生改变。"人们对唐人街的态度从种族歧视转变到将其视为少数族裔的模范，从强调同化华人变为支持多元文化。无论它（美国社会）怎么看待华人，多数族群的霸权是无法消灭的，即便在加拿大多元文化主义的背景下，那里的华人依然被视为他者。"（第387页）因此，陈志明呼吁将唐人街的概念与海外华人社区分离，且强调唐人街作为非华人主体社会的少数族裔社区属性（第394页）。

（二）唐人街的地理边界

唐人街的地理边界可定义为外部边界和内部边界。以往对唐人街边界的探讨大多集中于唐人街是否发展成为一个被隔离开的区域，并在此基础上探讨唐人街与华人社会融入所在国的问题。在北美以外的很多区域，唐人街并没有被严格地隔离开，甚至没有发展出族裔聚居区经济，如澳大利亚悉尼、葡萄牙里斯本等。以书中第八章里斯本唐人街为例，政府试图将华人工厂集中管理并打造唐人街的计划引起了广泛的争论，且这一项目并未成功实施（第319~321页）。唐人街的隔离、分散与拓展，都是在历史进程中华人群体自主发展形成的一种聚居方式。政府或民间机构试图在没有华人的地方打造唐人街，也是必须建立在该地拥有华人历史记忆的基础上。里斯本的这一项目试图通过外部力量推动唐人街的建立，与北美唐人街的建立有着本质区别。虽然北美唐人街被隔离的命运是一种被动选择的结果，但它是被排挤的华人在历史背景下"被动性"自然选择的聚居状态。

在回归主体性的视角下，唐人街的内部边界主要指向华人群体的分化，包括新移民与旧移民，中产阶级与贫困群体，福建、广东与港台地区华人群体以及东南亚二次移民的华人群体之间的分化等。学者往往从华人群体的团结与冲突切入，研究唐人街的内部边界；本书是回归主体性的唐人街研究，自然注意到了这一点，但研究结论止步于群体差异，未能详细考察群体差异背后的原因。

（三）唐人街的治理边界

唐人街的地理边界随着人的流动不断变化，严格意义上的社会边界并不存在。就治理主体而言，狭义上，唐人街的治理主体是指唐人街的居住者或常驻群体；广义上的治理主体包括提供服务的政府、唐人街的社团组织、第三方社会组织、居住者等。唐人街内部的产业选择、公共服务、区域规划等，以及唐人街与外部社会的互动交往等都是唐人街的治理范围，但这些治理内容并非都由占唐人街居住者大多数的华人群体所决定，住在国从法律上或文化机制上对"他者"的排斥性与包容性，是影响唐人街的治理内容的重要因素。近年来，唐人街的产业受到外界抹黑华人谣言的影响，这与中国崛起不无关系。华人祖籍国与住在国的力量对比发生变化引发了当地社会的竞争性恐慌。从唐人街与外部社会交往的意义来讲，唐人街的治理主体是没有严格边界的。例如里斯本的唐人街是否应该被隔离成一个单独的区域、哈瓦那的唐人街是否应该从非正式的管理转为正式管理、巴黎唐人街华人群体是否应该为交通拥堵问题负责，这些都不是居住在唐人街的华人群体能单独决定的。

就治理方式而言，唐人街多元治理主体不仅需要关注事件本身，同时也需要处理异文化之间的融合与冲突，有时文化式叙事可以帮助处理社会问题，有时文化冲突会进一步激化社会问题。以法国巴黎欧贝维利唐人街交通拥堵问题的处理为例，虽然华人与法国人采取了协商民主的方式，但解决问题的方案却不是在协商会议上讨论出来的，而是在协商会议之前就已经达成一致，因为中国人提出"无法忍受欧洲人冗长的永无止境的讨论"（第301页）。这一案例表明，唐人街治理的方式并不是纯粹的西方式的或者是中国式的，治理方式的边界选择也是模糊不定的。

因此，唐人街的命运在很大程度上受到联结华侨华人两端的社会与国家的影响，这种影响可能来自传统的文化层面，也可能来自现代化的政治层面。

三 "侨乡-唐人街"研究框架：观察唐人街的新视角

在全球化语境下，移民的流动性日渐频繁，如果从侨乡的视角望向海外，唐人街并不"遥远"。中华文化观照之下的唐人街更像是远方的故土，如风筝般的华侨华人始终被扎根侨乡的风筝线所联结。

（一）"侨乡-唐人街"研究框架的提出

被置于少数族裔社区框架下的唐人街研究，无论是赞颂唐人街的成功还是批判唐人街的剥削，都未能解释华侨华人可以保持自身文化特色并融入当地主流社会背后深层次的因素。而"回归主体性"的论述对唐人街的研究转向起到一定的推动作用，其研究视角从"将唐人街与其他少数族裔社区置于同一社会空间"，转向"将唐人街与郊区华人社区置于同一社会空间"。《唐人街》一书的作者团队提出将唐人街置于全球化的语境之下，但对于全球化的探讨限于全球不同国家和地区的唐人街在空间与时间意义上的多样性。

然而，上述研究都不足以回答下列问题：海外华人的适应性、唐人街内部的分化与团结、唐人街长期存在的原因、为什么有的唐人街可以成功转型有些却不能。因此，将侨乡与唐人街置于同一社会空间之下，并在侨乡文化的参照之下探讨唐人街的本质，可以进一步深化唐人街研究。

（二）"侨乡-唐人街"框架下的参照性研究

唐人街最早形成于19世纪初期的北美地区，19世纪中期以后唐人街开始遍布欧洲、拉丁美洲、澳大利亚等地。始于1882年的排华运动，使得唐人街的华人生存境遇急剧恶化，直至1965年美国《移民与国籍法案》（INA）发布以后，唐人街才获得了发展机会。20世纪80年代之后，新移民的到来为部分唐人街带来新的发展生机。与此同时，中心城区建设、房地产开发、旅游业兴起等带来了唐人街的"绅士化"和"商业化"，导致大量中产阶级华裔家庭搬离唐人街，传统唐人街呈现出转型与衰落趋势并存的现状。

随着新移民涌入，利马和纽约等地的传统唐人街面临着许多新的社会问题，例如老龄化、住房短缺、就业困难、社会公平与福利问题（第21页）。对于华人迁出带来的唐人街衰退现象，地方政府或民间机构将其打造成中国文化景观，挖掘唐人街的旅游功能。以哈瓦那唐人街为例，古巴革命之后，哈瓦那唐人街开始迅速衰落，直至20世纪90年代中国和古巴建立了稳定友好关系，在中国市场的影响下，唐人街再次繁荣起来。此后，唐人街作为古巴和中国象征性的文化和外交桥梁，成为一个十分有经济潜力的旅游点（第255页）。就唐人街的振兴与转型而言，有些受到当地政府的支持如横滨与神户的唐人街；有些则是由华人中产阶级主导并积极与当地政府交涉来推动建设与转型，如悉尼唐人街的重建动力来自悉尼议会与其他政府机构以及中国企业家们的合作。悉尼唐人街的重建获得显著成功，唐人街再一次成为华人聚居地（第164~165页）。

侨乡是指海外移民及其后裔的故乡，具有"迁民人数较多、历史较长、迁民对于家乡有比较明显的影响"等特点。侨乡孕育和形成于19世纪中叶到20世纪初，在1912年至1937年间得到蓬勃发展，于第二次世界大战期间发展停滞，20世纪40年代末至70年代末发展状态发生转变，1978年至今迈向了新的发展阶段。

当前传统侨乡的普遍性衰退趋势愈发凸显，而新侨乡的发展蒸蒸日上。学界普遍将侨乡的衰退原因归结于"侨"的退场。[①] 然而侨乡人口流动不仅指向海外，还有大批从农村流向城市，且这一流动具有"先由农村向城市，再由国内向海外"的次序特征。青壮年劳动力流向城市带来的整体性的衰败也是侨乡衰退的重要原因。当前衰退型侨乡面临着跨国婚姻、跨国养老、跨国治理的一系列困境。为了实现振兴，不少侨乡被打造成异域风情小镇，目的是挖掘旅游功能。而新侨乡则在华侨华人与归侨侨眷的推动下，建设成了欧洲风情小镇、南洋风情街等，这些异域风情街具有商业、居住、文化等多种功能。

如果将传统唐人街与侨乡的现状与振兴模式进行对比，二者仿佛是镜像版的存在。二者作为特定历史时期的产物，其不同于当地主流社会的特殊性文化景观，被视为振兴当地可以利用的最重要的文化资源。有人认为，开发旅游功能的唐人街变成了一个满足游客们贪婪窥视欲的"动物园"（第1页），这种看法虽过于激进，但也在一定程度上反映了唐人街和侨乡在大众或政府眼中不同于本土性的"他者性"特征。

诚然，唐人街与侨乡所处的社会背景具有明显差异，唐人街大多处于城市而侨乡位于农村、唐人街是嵌入主流社会中的少数族裔聚居区而侨乡

---

① 黄静：《潮汕与中国传统侨乡：一个关于移民经验的类型学分析》，《华侨华人历史研究》2003年第1期。

是当地主流社会中叠加了异域文化特征的特殊社区、唐人街是移民流入地而侨乡是移民流出地。但是本文所提出的"侨乡-唐人街"框架下的"参照性"研究，并非简单将二者进行对比，而是将唐人街与侨乡从各自社会背景中抽离，从新的视角切入观察华侨华人两端社会的相通之处。在社会环境、政治变迁、经济发展的影响之外，华侨华人两端社会依然保留着相同特征，这将有利于进一步深化与拓展当前的唐人街研究。

（三）"侨乡-唐人街" 框架下唐人街研究的拓展

回归主体性的唐人街研究探讨了唐人街的多样性和动态变迁性，学者们对唐人街的特色分析聚焦于移民特征、所在地的社会背景与移民政策，对唐人街的变迁性分析聚焦于城市规划与华人移民的迭代性。

城市规划与唐人街变迁是移民社会融合论的组成部分，社会融合论不仅关注移民的多维度融合，同时也关注移民对当地社会的反向塑造[1]，这一点更能反映移民在所生活城市的主体性地位，因此部分学者集中探讨荷兰政府对唐人街的规划影响着华侨群体在唐人街的主体性地位[2]，而悉尼狄克逊东方步行街的振兴则得益于与广州缔结友好关系，中国企业家在当地唐人街振兴过程中发挥了较大推动作用（第 164 页）；也有学者提出超越族群整体，关注华人个体的社会融入特别是政治参与问题。[3] 移民迭代性也是影响唐人街变迁的重要因素，《唐人街》一书中展现了纽约、利马、芝加哥等地新移民到来对唐人街变迁的影响。可见学者们不仅关注到了唐人街变迁过程中华人群体的地位变化，同时也关注到了华人群体内部的分化对唐人街变迁的影响，且学者大多从华人移出地、移出时间来对华人群体进行分类和分析，但这种差异性的根源在于侨乡文化的地域差异性以及变迁性。

因此，将唐人街置于"侨乡-唐人街"的框架之下，从侨乡的角度探讨

---

① 黄旭、刘怀宽、薛德升：《全球化背景下国际移民社会融合研究综述与展望》，《世界地理研究》2020 年第 2 期。

② Jan Rath, Annemarie Bodaar, Thomas Wagemaakers & Pui Yan Wu, "Chinatown 2.0: the Difficult Flowering of An Ethnically Themed Shopping Area", *Journal of Ethnic and Migration Studies*, Vol. 44, No. 1, 2018, pp. 81-98.

③ Chen A, Lu Y, "Beyond Ethnic Enclave: Social Integration of Chinese Immigrants in Paris's 'Little Asia'", *Journal for Undergraduate Ethnography*, Vol. 10, No. 2, 2020, pp. 73-92.

移民群体在唐人街建设当中的主体性地位以及移民群体内部差异性的原因，将进一步深化和理解唐人街的变迁。中国侨乡不同地区之间的文化差异、社会治理方式及侨务工作成效的差异较大，而当前国内外学界针对各地侨乡对比的研究尤为不足，无论是基于田野调查的实证分析还是理论分析都是如此。因此，"侨乡-唐人街"框架的提出，也将反过来推动国内侨乡研究的拓展。

四 "侨乡-唐人街"框架下的侨乡研究

"侨乡-唐人街"研究框架的提出，将在以下三个方面拓展侨乡研究。一是作为华侨故乡的侨乡研究，这一研究取向注重研究"侨"而非"乡"，但目前该研究取向并未将华侨华人在海外的多样性与变迁性与侨乡研究有效结合；二是回归侨乡主体性的侨乡研究，这一研究取向应关注侨乡的历史、现状与未来，从侨乡向海外移民、侨乡向城市移民以及贵州等地向侨乡移民的链条出发，探讨移民流出与流入对侨乡发展的影响；三是关系中的侨乡，当前针对侨乡经济发展、社会状况、文化内涵的研究较多，但侨乡治理研究尤其是侨乡与其他治理主体之间的互动关系研究明显不足。"侨乡-唐人街"框架下的侨乡研究，注重考察"中央-地方关系""中心-边缘关系""内外互动关系"下的侨乡，这些研究将有助于深入探讨侨乡兴盛、衰落与振兴的发展进程以及背后的影响因素。

（一）新视角下的回归侨乡主体性的研究

侨乡研究经历了三个阶段。第一阶段是"目光向外"，侨乡被当作海外华侨的故乡与研究背景，学者依照海外华侨划定侨乡研究范围[1]，以西方社会为参照分析位于神秘东方的侨乡社会。[2] 第二阶段是"目光向内"，将侨乡作为研究对象，关注侨乡社会资本如何促进移民[3]，强调侨乡经济与社会发展不均衡。第三阶段是"跨国主义视角"。2010 年起学者开始关注侨乡的

---

① 陈达：《南洋华侨与闽粤社会》，商务印书馆，2011，第 3~5 页。

② 〔美〕葛学溥：《华南的乡村生活》，周大鸣译，知识产权出版社，2011，第 6~9 页。

③ 李明欢：《"侨乡社会资本"解读：以当代福建跨境移民潮为例》，《华侨华人历史研究》2005 年第 2 期。

本土化与国际化特征①，包括跨国宗族、跨国婚姻、跨国消费等主题。②

全球化背景下的华侨华人研究注重将国际移民与城乡移民相结合③，而与华侨华人研究联系密切的侨乡研究也可置于"侨乡-唐人街"框架下，探讨"移民从侨乡→唐人街→郊区华人社区"的迁移链条与"侨乡移民流向海外，贵州云南等地移民流向侨乡从事农业生产"的迁移链条，同时分析迭代移民对于侨乡治理与发展带来的影响，突破目前学界普遍使用的以华侨华人对侨乡的影响力及侨乡经济发展水平为依据的分类，即"衰退型侨乡、中兴型侨乡、稳定型侨乡"④的分类。

（二） 新视角下作为华侨故乡的侨乡研究

当前侨乡社会田野调查材料比较丰富，但侨乡研究的地域性特征非常明显，这从广府侨乡、闽南侨乡、潮汕侨乡、温州侨乡的粗线条分类可见一斑，学者对中国侨乡的宏观性、整体性把握不足，很难从深层次社会结构层面对侨乡进行分类研究，并做出理论化的尝试。

华侨华人在海外的分与合、融入与隔离并非简单的源自地域差异与新老移民差异，故而有必要重新审视唐人街变迁过程中华侨华人的内外互动关系，以及背后的中外文化交流互动过程，并在此基础上突破侨乡的地域性分类、新老侨乡分类。因此，将侨乡研究置于"侨乡-唐人街"框架下，或可探索从侨乡文化的本土性特征与国际化特征互动关系的视角对侨乡进行分类与对比研究。

（三） 新视角下的侨乡振兴研究

当前侨乡的衰退与振兴研究大多都是从"侨"出发，忽视了侨乡治理

---

① 郑振满：《国际化与地方化：近代闽南侨乡的社会文化变迁》，《近代史研究》2010 年第 2 期。
② 黎相宜：《海外华侨华人、侨乡社会与跨国宗族实践——以广东五邑侨乡薛氏为例》，《华侨华人历史研究》2016 年第 1 期。
③ Xiang B，"Beyond Methodological Nationalism and Epistemological Behaviouralism：Drawing Illustrations from Migrations within and from China"，*Population*，*Space and Place*，Vol. 22，No. 2，2016，pp. 669-680.
④ 黄静：《潮汕与中国传统侨乡：一个关于移民经验的类型学分析》，《华侨华人历史研究》2003 年第 1 期。

与发展的复杂性特征以及侨乡社会文化的多样性与叠加性特征。也有学者关注到除"侨"因素外，国家发展战略也是影响侨乡发展路径的重要力量。① 他们探讨了侨乡振兴视域下的"华侨村官"与跨国治理资源整合②、侨胞"隐形在场"与侨乡共同富裕③等研究主题，以上研究均间接提及侨乡振兴，但少有学者直接研究侨乡振兴的路径与机制。

侨乡文化具有传统宗族文化与华侨文化叠加的特征，华侨文化若要作用于侨乡振兴必须借助宗族文化，而华侨文化的引入可能会瓦解传统宗族文化的体系，也可能会强化宗族文化对侨乡振兴的作用，二者的合作与竞争关系将是侨乡治理与发展的关键因素。因此，在研究侨乡振兴的过程中，不仅要注重"侨"，同时也需要关注传统文化底色的挖掘。

从侨乡实践来看，当前侨乡振兴实践往往会借助华侨故居、侨批博物馆等华侨历史遗迹，打乡村振兴的"旅游牌"，与唐人街打造中华文化景观发展旅游业有着相似之处，都具有将异域文化标签化的特征，并采用仪式性的方式强化这一标签。异域标签能否真正为侨乡振兴服务，尚需要时间的见证。

根据笔者的实地考察，侨乡风情街打造的方式可以分为四种理想化的类型：（1）商业街区型，（2）旅游景区型，（3）文化社区型，（4）示范园区型，分别对应着乡村振兴的产业、生态、文化、生活方面的振兴功能。但要使这些由政府主导的振兴项目发挥振兴效能，归根结底还需解决社会参与和社会联结问题，这就需要侨乡传统宗族文化发挥其社会联结作用。

海外社会较为成功的唐人街改造工程一方面源自当地政府的规划，另一方面也离不开侨团、侨领等社会力量的推动。唐人街转型成功的路径包括开发商业街区功能、旅游景区功能、生活社区功能等，这些功能得以发挥作用的关键在于联结华侨群体的传统地缘或血缘文化底色在发挥作用。在"侨乡-唐人街"的新视角下，侨乡振兴所需的传统社会联结的修复与再生产，或可从唐人街的改造与发展路径中找到可借鉴的要素。

① 王怡苹：《乡村振兴视野下侨乡的转型发展——以闽南澳头侨乡为例的分析》，《华侨华人历史研究》2022年第2期。
② 陈凤兰：《华侨村官与侨乡社会治理资源的跨国动员——以福建省明溪县为例》，《华侨华人历史研究》2017年第1期。
③ 侯志阳、林春临：《海外侨胞"隐形在场"对侨乡村庄共同富裕的影响——以R村社区福利非商品化为例》，《公共管理学报》2023年第2期。

五　结语与研究展望

（一）结语

《唐人街》一书的主要贡献在于呼吁回归唐人街研究的主体性，并通过多个案例展现了各地唐人街形成与发展的多样化特征，突破了作为少数族裔社区的唐人街研究取向，也为今后唐人街本质研究的深化起到承上启下的作用。但该书的研究局限性也很明显，即唐人街概念使用的模糊性。本书回归主体性的唐人街研究注重探讨当地人眼中的唐人街，各章节虽然都在描述唐人街，但事实上是在描述一个定义模糊而广泛的华人聚居空间，这是该书的特色所在，也是其缺陷所在。因作者在书中的各个章节都充分论证研究对象的特殊性，唐人街本身的普遍性与本书绪言部分强调的唐人街的本质并没有被界定清楚，该书的一致性因此略显欠缺。在第十章总结与思考部分，作者试图对唐人街进行系统性的总结与分析，但在缺乏统一概念认知的基础上进行理论分类和分析难度很高，从这个意义上来讲，我们不应用理论研究的标准苛责作者团队。但如果我们不用理论研究的标准去衡量该书，只将其作为一个区域国别领域下有关华人社区的描述性研究，那么由于使用了唐人街这一名词，却将东南亚区域这一华人数量庞大的地区排除在外，只在最后一章总结部分提到东南亚的唐人街，因此，本书研究内容存在一定缺陷。

（二）研究展望

科技进步为人的全球化流动提供了便捷性的基础，常态化的流动使得移民的起点和终点变得模糊，任何一个空间或者地点只会是流动群体的"中点"。人的全球化流动将为对传统固定场域的治理带来挑战。全球化视域下的侨乡振兴研究与唐人街振兴研究将会被全球治理研究所取代。

唐人街和侨乡的命运几经波折，其背后最核心的因素在于如何处理全球化的动力与国家权力之间的关系，这是全球化程度日益加深且全球力量对比发生变化的大背景下，唐人街振兴与侨乡振兴都需要面对和解决的难题。在国家权力面前，全球化的动力是脆弱的，国家权力对待全球化的态度将直接影响全球化的进程。融入或推动全球化的治理体系，是侨乡与唐人街发展的必由之路。

全球化治理体系的建立有两个层面的含义：一是促进固定场域内全球化异质性群体之间良性互动与和谐相处的治理；二是流动性带来的场域之间的合作治理。而治理的核心在于如何通过"文化式叙事"促进异质性文化之间的融合，进而缓解国家权力与全球化动力之间的冲突。

A Study of the Chinese Community in the Framework of "Overseas Chinese Township-Chinatown"

—Review of *Chinatown: The Gilded Sanctuary, Ethnic Enclave, and Global Cultural Diaspora*

Guo Ruimin

Abstract: The study of North American Chinatowns is part of the research on ethnic minority communities, which has overlooked the autonomy and subjectivity in the study of Chinatowns. The book "Chinatowns around the World: Gilded Ghetto, Ethno polis, and Cultural Diaspora" attempts to return to the essence of Chinatown itself, exploring the emergence, development, and transformation of Chinatown, carrying the call for a subjectivity shift in Chinatown research by several anthropologists. I believe that further expansion of Chinatown research could explore "placing Chinatown and hometowns of overseas Chinese within the same framework," because although the prosperity and decline of Chinatowns occur overseas, their long-term existence and continuous transformation, as well as the underlying cultural factors, are rooted in the hometowns of overseas Chinese. The proposal of the new perspective of "hometown of overseas Chinese-Chinatown" is not only conducive to deepening the academic community's study of the essence of Chinatown, but also conducive to local governments optimizing the revitalization practice of the hometown of overseas Chinese by referring to the transformation experience of Chinatown.

Keywords: Chinatown; Hometowns of Overseas Chinese; Globalization; Ethnic Minority Communities

报刊与生活

《〈华侨日报〉与香港华人社会（1925-1995）》书评 *

王　纳 **

摘　要　香港报业在中国新闻史上具有重要地位，《华侨日报》可谓香港报业史上极具影响力的报刊。《〈华侨日报〉与香港华人社会（1925-1995）》以《华侨日报》作为视角切入，通过梳理"报纸的历史"，探讨报纸与香港华人社会的历史互动。该书从问题意识、研究方法、研究内容等不同层面剖析《华侨日报》，其成果对于今日报刊史、阅读史、社会史及日常生活史的研究，均有重要的借鉴意义。

关键词　《华侨日报》　香港报业　香港华人社会

一　导读

报刊作为非官方的公共媒介，记载着与社会变迁、大众生活紧密联系的诸多资讯。报刊的兴衰历程是其所处时代历经沧桑的生动写照。中国近代报刊的孕育、诞生与发展，均与香港有着密切的关系。香港报业在中国新闻史上地位显著①，其中，《华侨日报》在香港报业史上享有较高地位；该报是香港中文报纸中出版时间最长的老报纸，具有较为丰富的发展史，

＊　本文为国家社科基金"1949年以来香港民众流动对身份认同影响研究"（21CZS072）阶段性成果。

＊＊　王纳，复旦大学马克思主义学院博士生，研究方向为中共党史。

①　鸦片战争后，香港报业率先勃兴，直至19世纪60年代，香港先后出版的报刊数量超过同期包括上海在内的全国其他地区出版报刊数目的总和。参见方汉奇《中国新闻传播史》，中国人民大学出版社，2002，第52页。

且规模颇大，经营稳定。目前学界对《华侨日报》的讨论，大多是从香港报业史的角度进行介绍，但也有学者从某一角度切入，如郑明仁的《沦陷时期香港报业与"汉奸"》以日据时被国民政府视为"汉奸"的《华侨日报》创办人岑维休和战时《华侨日报》的言论为例，深入探讨沦陷区的香港报人生活及精神。① 霍玉英关注《华侨日报》的副刊《儿童周刊》，探讨报刊塑造的儿童形象。② 陈智德也从《华侨日报》的副刊出发，关注《学生周刊》与香港的左翼文化运动。③ 然而，学界鲜少有专门探讨《华侨日报》的著作。丁洁根据其博士学位论文所出版的《〈华侨日报〉与香港华人社会（1925~1995）》④（以下简称"丁著"）一书，可谓关于《华侨日报》研究的一个典范。丁著以《华侨日报》为中心，深入探讨了报刊的变迁史及其与香港华人社会的历史互动。丁著以小见大，对于今日之报刊史、阅读史、社会史与日常生活史的研究，均有重要的参考与借鉴意义，同时亦体现了关于报刊研究的新路径。

本书共有八章。第一章为绪论，作者介绍了研究背景、研究意义及《华侨日报》的创办背景和办报宗旨。第二至七章是基于《华侨日报》的发展脉络对报刊进行历史分期，分章节梳理了《华侨日报》在不同历史时期的发展历程，同时探讨了《华侨日报》在不同历史时期与香港各社会团体之间的联系与互动。第八章则以"一张报纸与一个时代"为题总结全书，讨论了《华侨日报》对香港报业和香港社会的贡献，以及该报在 70 年来的发行历程中与香港华人社会的互动关系。丁著将《华侨日报》置于报刊史与社会发展史的交叉点，在关注报刊自身发展沿革的历史过程中，又能将其与日常生活相连接，超越报刊本身，关注报刊与社会的互动过程，即关注到由《华侨日报》所塑造的公共领域如何形塑了香港华人社会。

---

① 郑明仁：《沦陷时期香港报业与"汉奸"》，香港练习文化实验室，2017，第 74~173 页。
② 霍玉英：《香港〈华侨日报·儿童周刊〉儿童形象研究（1947~1949）》，《昆明学院学报》2010 年第 1 期。
③ 陈智德：《左翼共名与青年文艺——1947 至 1951 年的〈华侨日报〉[学生周刊]》，《政大中文学报》2013 年第 20 期。
④ 丁洁 2012 年毕业于香港浸会大学历史系，根据其博士学位论文写成的《〈华侨日报〉与香港华人社会（1925~1995）》一书于 2014 年首次出版。

二 观点讨论

"报纸者，报告新闻，揭载评论，定期为公众而刊行者也。"① 中国近代报业的发展乃西学东渐之产物，正如戈公振所言，"我国现代报纸之产生，均出自外人之手，最初为月刊，周刊次之，日刊又次之"②。香港报业始于19世纪40年代初，早期出版的报纸均为英文报刊。1853年9月创刊的《遐迩贯珍》虽是香港第一份中文报刊，但其创办者是英国传教士。"华人主持"的第一份中文报纸是由王韬与他人合资创办于1874年的《循环日报》。③《循环日报》由于其独树一帜的政论文章成为政论报纸类的典范。在清末民初的时代背景下，尤其是辛亥革命前，香港的报刊绝大多数具有强烈的政治性。辛亥革命胜利后，革命言论占据上风，其他政论性报纸需要另谋发展，或因时势转舵，或沦为军阀斗争的工具。商业性报纸在此一背景下应运而生。④《华侨日报》则是商业性报纸中的"翘楚"，短短十几年间，便成为战前香港三大商业报纸之一。⑤

（一）作为报刊的《华侨日报》

所谓《华侨日报》在香港中文报业史上具有特殊历史地位的说法，主要涉及下列几个方面：其一，《华侨日报》在香港开了每日出版的先河⑥，成为少数能够在香港做到与英文报纸同日报道新闻消息的报纸；其二，它是香港政府认可的作为登载法律广告有效刊物的首个中文报纸⑦；其三，存续时间长。《华侨日报》从创刊（1925年）至终刊（1995年）走过了70年的风雨历程，是香港中文报业史上存续时间较长的中文报纸。如果从一个更大

① 戈公振：《中国报学史》，中国和平出版社，2014，第6页。
② 戈公振：《中国报学史》，中国和平出版社，2014，第67页。
③ 李谷城：《香港中文报业发展史》，上海古籍出版社，2005，第104页。
④ 李谷城：《香港中文报业发展史》，上海古籍出版社，2005，第243~247页。
⑤ 另外两家为《工商日报》与《星岛日报》，参见李谷城《香港中文报业发展史》，上海古籍出版社，2005，第248页。
⑥ 在《华侨日报》之前的香港报纸，星期日是固定的休息日。
⑦ 丁洁：《〈华侨日报〉与香港华人社会（1925-1995）》，三联书店（香港）有限公司，2014，第241页。

的历史视角看，将"作为'前史'的三种先驱报纸"纳入其中，《华侨日报》的历史可溯源至香港第一家英文报纸，即 1857 年由英国商人创办的西报《孖剌报》①，其存续超过一个世纪。在以往的研究中，一般认为《华侨日报》是岑维休等人承接《香港华商总商会报》后易名出版的报纸。② 而丁著于"前史"中梳理《华侨日报》的创刊缘起，不仅拓展了《华侨日报》的研究边界，同时也填补了香港中文报业史研究空白，这无疑是一种有益的尝试。

丁著将《华侨日报》的历史脉络大致分为以下几个阶段：第一，前期（1925-1945 年），包含奠立时期（1925-1941 年）和沦陷时期（1941-1945 年）两个历史阶段。《华侨日报》创立之初便强调"七大特色"："一、宗旨纯正；二、言论正大；三、消息灵通；四、电报快捷；五、星期号外；六、撰述丰富；七、印刷精美。"③ 报刊创办之初便遭遇了省港大罢工的冲击，但也正是因为报道省港大罢工的相关消息而独占鳌头，打开了销路，跃升为香港地区影响力较大的报纸。1941 年香港沦陷，这一时期香港报业发展受限，渐趋沉寂，但《华侨日报》却成为当时仅存得以正常发行的五个中文报刊之一；并且，为了能够顺利出版发行，报刊还须在内容上符合日本当局的要求。为此，《华侨日报》的编辑可谓是费尽巧思。为能够实现暗中反日的目的，编辑采用了"弦外之音""模棱两可"的方法，与日本当局玩文字游戏。所以说，虽然文化报业在"枪杆子"面前做出了妥协与让步，但是一定程度上保证了报刊的发行。第二，中期（1945-1975 年），从1945 年至 1960 年是该报的复兴时期，《华侨日报》通过增加篇幅和内容、扩充设备改进印刷等方式，逐渐成为战后初期香港第一中文大报；1960 年起至 20 世纪 70 年代中期为《华侨日报》的鼎盛时期，该报在报界享有崇高地位。这一时期的《华侨日报》内容丰富，销量可观，慈善教育活动频繁。④

---

① 《孖剌报》后又附着出版《香港船头货价纸》，《香港船头货价纸》是《香港中外新报》（后来改为《中外新报》）的前身。1919 年香港华商总会承顶《中外新报》，改组为《香港华商总会报》，1925 年岑维休等承顶《香港华商总会报》，创办《华侨日报》。详见丁洁《〈华侨日报〉与香港华人社会（1925-1995）》，三联书店（香港）有限公司，2014，第 42~43 页。

② 李谷城：《香港中文报业发展史》，上海古籍出版社，2005，第 247 页。

③ 丁洁：《〈华侨日报〉与香港华人社会（1925-1995）》，三联书店（香港）有限公司，2014，第 53 页。

④ 主要活动包括发起和举办助学救童运动，提倡中文教育等。参见丁洁《〈华侨日报〉与香港华人社会（1925-1995）》，三联书店（香港）有限公司，2014，第 198~209 页。

第三，后期（1976-1995 年），在《华侨日报》的发展后期，该报面临着社会转型与社会需求改变的困境，虽然报刊通过改革后状况有所好转，但始终无法逃脱"文化生意"的"生意"，最终由南华早报集团接办，1993 年再度转手后于 1995 年 1 月 12 日停刊。

《华侨日报》在走向衰落前，也尝试过多种方式自我拯救，如收购电台、进行内容改版等，但由于种种原因终究未能成功。

（二）与民众生活联结的《华侨日报》

香港中文报业之所以蓬勃发展，得益于香港社会独特的人口构成，其人口的 98% 以上为中国人。这使得"中文报刊的数量、销售量、读者人数比外文多得多"，再加之新闻内容的"本地化"，有力地促进了香港中文报业的繁荣。尤其在 20 世纪 20 年代，报刊作为最兴盛的大众传媒，是民众获得资讯的主要来源，与民众有着密切、深度的互动联系。故而，香港中文报纸对于香港华人社会乃至海外华人社会的影响，是外文报刊所不能比拟的。① 《华侨日报》顾名思义，是作为"华侨"的报纸，但此"华侨"并非现代概念意义上的"华侨"，只是因为当时香港华人被视为"侨民"，日报读者对象主要是在港华人，当然也包括海内外的华侨华人。

报刊作为公共媒介，通过报道记录历史"在场"，展现出不断变化的话语，也在不自觉地形塑着读者的认知，使读者成为历史的见证者。如关于初创时期《华侨日报》对于省港大罢工事件的报道，丁著分析了其前后明显的言论态度转变，首先，以一个"旁观者"的姿态称"五卅运动"为"沪案""沪潮"，此时的态度是不支持在港华人参与罢工。而省港大罢工爆发后，称为"五卅案"，从"沪案"到"五卅案"体现出报纸本身态度的转变，由"旁观者"变为"身处其中的当事人"，且在时评中亦提到"此次罢工乃表同情全国工人为爱国之运动"。② 一方面能够凸显报纸身份认同或者情感上的变化，另一方面，这种变化也与民众的态度息息相关。其次，透过《华侨日报》对重大历史事件的报道，亦可以窥见历史的"实然"。历史的想象与真实的生活在报刊中可以得到答案。从历史叙事上看，省港大罢工从

① 李谷城：《香港中文报业发展史》，上海古籍出版社，2005，第 9~10 页。
② 丁洁：《〈华侨日报〉与香港华人社会（1925-1995）》，三联书店（香港）有限公司，2014，第 77~78 页。

1925 年 6 月 19 日开始，直至 1926 年 10 月 10 日结束。但《华侨日报》对事件的报道集中在 6 月 22 日至 7 月中旬①，这就表明在历史"实然"中，省港大罢工对香港社会及民众影响最为显著的时期主要集中在 1925 年 6 月 22 日至 7 月中旬。可见，报纸的报道是民众生活与社会历史互动的"在场"者。

除此之外，鉴于前身是《香港华商总会报》，《华侨日报》的报道多关注市场动态，此类讯息与民众的日常生活息息相关。当然，报纸中的副刊、专栏、评论等也为读者提供了更为多样化的阅读选择。例如，抗战时期文化领域人士大批转移至香港，该报副刊便在这一时期刊登了诸多文化名人的作品，在满足人们娱乐休闲需求的同时，也进一步形塑香港文化社会。

（三）《华侨日报》与香港华人社会的互动

香港是华洋杂处，华人为主的社会。在《华侨日报》运作的七十年间，是香港华人社会最重要的形塑时期，这一时期，香港社会在多重异质文化共同作用下塑造了独特的文化。由于香港长期被殖民的历史，在社会群体中占大多数的华人社会地位低、话语权弱。但随着华商的发展，香港华人社会逐步走进港英当局的视野，"在香港这样华洋相处的社会里，华人十倍于洋人的居民构成和华人成为缴税主体的经济地位，决定了华人分担管理本地公共事务才是公平的"。② 从港英政治制度权力开始向香港华人上层社会有限的开放，便可看出华商群体的发展与华人社会的崛起，而香港中文报业的发展也反映了这一社会格局的变化。香港报刊最初是从外文报纸开始兴起的，而后才渐渐出现了中文报刊；并且，早期的中文报刊大多是商业性报纸。《华侨日报》作为面向海内外华人群体的中文报纸，其创办则从侧面体现出香港华人社会地位的提高，以及华人公共话语权的提升。随着华商在香港的崛起，他们先后组织了若干社会团体，并在香港的经贸活动和慈善活动中发挥了重要作用，例如在港历史悠久且影响较大的东华三院、保良局、香港中华总商会等社团。③ 这些社团是香港华人社会的重要联结，也是在港华人团结力量、凝聚人心的重要媒介。《华侨日报》敏锐地捕捉到

---

① 丁洁：《〈华侨日报〉与香港华人社会（1925-1995）》，三联书店（香港）有限公司，2014，第 77 页。

② 王凤超：《香港政制发展历程（1843-2015）》，三联书店，2019，第 16 页。

③ 刘蜀永：《香港的历史》，新华出版社，1996，第 125~127 页。

香港华人社会的群体特征，重点关注的议题大都与"华人社会"的社会网络息息相关，如社团、教育、慈善等议题。一方面该报专门设有"社团版"，加强华商社团联系；另一方面，该报经常与东华三院、保良局和香港保护儿童会三个慈善机构携手，发起各种慈善活动。"报纸不仅供应读者以精神食粮，同时也负起辅助福利事业的发展这种神圣工作。"① 正是依靠加强华人社会的社团联合与互动，《华侨日报》受到香港华人社会的青睐。与此同时，《华侨日报》因与香港华人社团的紧密联系，也受到相应的制约。为了"迎合"社团的需要，《华侨日报》上刊登的有关社团的内容与新闻相比缺乏时事价值，但"华侨日报社就是靠这些垃圾得到读者支持"。② 综上，报纸的发展需要华人社团的支持，社团也需要报纸提供信息，设置相关议题帮助社团的发展。故而"公共空间"与"社会实体"的互动过程，形塑出香港华人社会的万千姿态。

三 延伸性思考

丁著从新闻报业史及报纸本身展开，对《华侨日报》的创办经过及其前期进展的分析，为读者呈现出作为新闻报纸的《华侨日报》的完整样貌。该报历经成立、受挫、复兴、鼎盛、滞后、易手至停刊的发展过程，都与香港社会的状况息息相关。换言之，社会变迁、科技发展带动了报业的发展，同时，报业的兴衰也受到时代背景的影响。总的来说，丁著对《华侨日报》与香港华人社会之间的互动关系做了细致入微的刻画，对于报纸本身与社会多面的联结进行了解剖，是香港报业史研究中的重要成果。如何将报纸的历史与社会变迁的历史结合起来，展现其互动过程，丁著做了一个极佳的示范。然而，在史学研究视角越来越丰富的基础上，关于《华侨日报》的研究仍有进一步挖掘与探讨的空间。

（一）在"殖民"与"后殖民"语境下的报刊本身的身份认同问题值得进一步探讨。香港报业的发展与香港在中西方交流中所处的地位有密切

---

① 丁洁：《〈华侨日报〉与香港华人社会（1925-1995）》，三联书店（香港）有限公司，2014，第210页。
② 丁洁：《〈华侨日报〉与香港华人社会（1925-1995）》，三联书店（香港）有限公司，2014，第132~133页。

的关系。从《华侨日报》的兴衰历程中可窥见，不同历史时期，官方为了控制舆论会加强对新闻业的控制，通常采用的方式是出台条例，要求报馆交押金。如"省港大罢工"期间，港英政府认为时局动荡，听任报纸自由发展，将对香港不利，甚或影响人心。港督司徒拔乃敕令华民政务司设新闻监察处，委派人员检查新闻。实行新闻检查后，华民政务司强调，在非常时期要施行报纸注册条例。报馆注册时，大报要交押金3000元，小报交押金2000元。① 到抗战初期，港英政府为了保持香港的"中立"地位，要求在香港办刊物，注册押金为二千港币。凡违反出版法的，将会被判处罚款一千港元以下，并监禁六个月，押金则预作罚款之用。② 中华人民共和国成立后，虽然英国成为第一个承认新中国政权的西方国家，但是1951年香港立法局却通过《一九五一年充实出版物管制条例》，将新闻报纸的保证金由原来的三千元增至一万元，通讯社则由零保证金上升至一千元，一定程度上限制了报业的发展。③《华侨日报》之所以能在动荡的历史环境下坚持下来，主要是其秉承"不偏不党，本平民互助之精神"④，并致力遵循行之。但丁洁在结语处也表明，尽管《华侨日报》总体上在政治倾向上保持中立，但学界多半认为《华侨日报》的政治倾向是"中间偏右"的立场。所谓的"中间偏右"即立足香港本地，从香港本地利益出发。事实上，当时香港报界除了带有明显政治色彩的报纸，大部分报纸的态度都是"中间偏右"。但是值得注意的是，由于香港有着长期被殖民的历史，报刊政治倾向的背后是否隐藏着"无意识"的"殖民"或"后殖民"语境的影响？《华侨日报》本身的身份塑造及其身份认同问题，仍有进一步探讨的空间。

（二）阅读史、日常生活史下的报刊研究值得进一步挖掘。作为近代中国社会的"基础设施"⑤，报刊等媒体如何调度各类社会资源，从而推动历史的变化，并从最隐秘之处形塑人们的日常生活、心智和情感结构，仍有待深究。报刊与社会生活变迁的扣连，特别是报刊对于当时国际上冷战局

① 李谷城：《香港中文报业发展史》，上海古籍出版社，2005，第357页。
② 李谷城：《香港中文报业发展史》，上海古籍出版社，2005，第263页。
③ 丁洁：《〈华侨日报〉与香港华人社会（1925-1995）》，三联书店（香港）有限公司，2014，第109页。
④ 丁洁：《〈华侨日报〉与香港华人社会（1925-1995）》，三联书店（香港）有限公司，2014，第45页。
⑤ 王东杰：《作为近代中国"基础设施"的报刊》，《史林》2021年第5期，第14~19页。

势下普通民众日常生活史的记载，值得进一步关注。尽管丁洁在书中也提到《华侨日报》在发行主业之外，亦发行《华侨晚报》与《香港年鉴》等刊物，这些刊物为进一步了解香港社会的变迁与发展提供了便利，其中特别翔实地记录了港英政府管治香港的政策变迁，治理态度的转变，以及香港民众生活状态的变化。遗憾的是，作者对此仅一语带过，未能进行深入探讨。

（三）概念史视域下的报刊研究。概念作为研究的一个基本单元，近些年逐渐被学界重视并且作为一种新的研究进路。通常情况下，报刊研究是通过分析刊登内容的变化来探讨问题；而在内容的背后，概念同样应该被关注。比如探讨《华侨日报》的身份认同问题，可以通过对文本的分析，讨论体现在文本中的"华人""华侨""洋人"等概念的具体内涵与外延，同时基于词语的不同使用场景，探讨隐藏在话语背后的观念与思想，如何反映近一个世纪的香港社会观念的变迁。

概言之，作为一部研究《华侨日报》的专著，《〈华侨日报〉与香港华人社会（1925-1995）》从报刊与社会的互动关系中凸显"报刊与生活"的主题。不仅如此，丁洁博士还从新闻史的角度，针对"信息模式"的式微分析《华侨日报》衰落的原因，这种跨学科的研究视角为媒介史的研究提供了新的思路。当然，从史学研究的角度出发，作为史料的《华侨日报》内容丰富、体量庞大，仍然有很大的空间可供探讨。

Newspapers and Life: Book Review of *Wah Kiu Yat Po* (*Overseas Chinese Daily News*) and the Development of Chinese Society in Hong Kong, 1925-1995

Wang Na

Abstract: Hong Kong plays an important role in the history of Chinese journalism. As a case study in the history of Hong Kong newspapers, *Wah Kiu Yat Po* (*Overseas Chinese Daily News*) *and the Development of Chinese Society in Hong Kong, 1925-1995* is an influential work. From the perspective of *Wah Kiu Yat Po*, this paper discussed the interaction between newspapers and Hong Kong Chinese society by sorting out the history of newspapers. From the perspective of problem awareness, research methods, research content and conclusions, it is a good academic research. Of course, in the field of research for *Wah Kiu Yat Po*, there are still some questions worth exploring.

Keywords: *Wah Kiu Yat Po* (*Overseas Chinese Daily News*); Newspaper Industry in Hong Kong; Chinese Society in Hong Kong

《华侨华人文献学刊》征稿启事

《华侨华人文献学刊》（*The Journal of World Confederation of Institutes and Libraries for Chinese Overseas Studies*）是世界海外华人研究与文献收藏机构联合会会刊，由华侨大学华侨华人与区域国别研究院和俄亥俄大学邵友保博士海外华人文献研究中心联合主办，旨在为全球华侨华人研究专家提供一个学术交流平台，发表有关华侨华人历史文献、社团组织、族群关系、身份认同、心理行为、宗教信仰、华文教育、企业经营、文化适应、文化冲突、国际问题等原创性成果，从多学科的视角展示华侨华人的最新研究动态。

一、本集刊 2015 年创刊，为半年刊，一年两期，由社会科学文献出版社公开出版发行。

二、本集刊的稿件刊登必须经过学术质量审查、论文重复率检测、政治性审查三个程序，八次审查，请从投稿系统 https://www.iedol.cn 投稿。

三、本集刊实行双向匿名评审，来稿可提供 2~5 名建议审稿专家名单（包括联系方式以及学术简介）以及 2 名回避审稿专家名单（必须说明理由），不提供用稿通知。

四、本集刊不限字数，欢迎长文，供有实力的作者发挥，但书评不少于 5000 字。

五、来稿请先自查，必须包括：中文题目，中文摘要 300 字，中文关键词 3~5 个，作者中文姓名，英文题目，英文摘要，英文关键词，作者英文姓名，作者简介（工作单位、学位、职称、研究方向）。

六、投稿作者请提供联系方式，包括：中英文姓名，电话，地址，邮编，电子邮件，微信号，其他联系方式。以便联系以及稿件刊登后寄送图书。

七、来稿如有插图，请另外同时单独发送高解析度之图片文件，以提高刊物的印刷效果。

八、投稿作者请提供个人学术简历、来函稿件的研究经过，以便编辑部选择合适的专家进行审稿。

九、格式体例以及注释格式请按照"格式规范"处理，编辑部无法为作者提供排版服务。

十、编辑部为作者提供无偿的宣传服务，将在微信公众号、微博、微信群、网站等媒体推广刊登在本集刊上的优质稿件。

十一、本集刊为学术平台，所刊文章仅代表作者个人观点，文责由作者自负，并不代表《华侨华人文献学刊》编委会、编辑部或者主办机构的观点或立场。文章内容侵犯第三方任何可能权利所导致的纠纷，本集刊编委会、编辑部或其任何成员不承担与此相关的任何责任。

十二、凡涉及国内外版权问题，均遵照《中华人民共和国版权法》和有关国际法规执行。本集刊刊登的所有文章，未经授权，一律不得转载、摘发、翻译，一经发现，将追究法律责任。

十三、请勿一稿多投，如出现重复投稿，本集刊将采取严厉措施。本集刊概不退稿，请作者保留底稿。投稿后 6 个月内如没有收到录用或退稿通知，请自行处理。

十四、本集刊有权对拟用稿件做必要的修改与删节。

十五、本集刊取舍稿件重在学术水平，如收到所谓"内部渠道"等刊登稿件消息绝对是诈骗，请勿相信。

十六、本集刊不收版面费。来稿一经刊用即奉当期刊物五册。

十七、本集刊为中国知网全文收入，中国知网《华侨华人文献学刊》主页：https://navi.cnki.net/KNavi/JournalDetail? pcode = CJFD&pykm = HQWX & Year = &Issue = 。另，也可在中国集刊网《华侨华人文献学刊》下载文章，网址为 https://www.jikan.com.cn/HQHR。

《华侨华人文献学刊》编辑部联系方式

华侨大学厦门校区行政研发大楼

地　　址：中国福建省厦门市集美区集美大道 668 号，华侨大学行政研
　　　　　发大楼 1412 室

邮政编码：361021

电子邮箱：hqhrwxxk@ hqu. edu. cn

联系电话：010-6167152

官方网站：https://hqhrwxxk. hqu. edu. cn/index. htm

《华侨华人文献学刊》 文稿格式

一　来稿正文格式

1. 来稿请依题目、作者、摘要、关键词、正文之顺序撰写。摘要以 300 字为限，关键词 3~5 个。

2. 正文每段起首缩排二字，独立成段之引文，不加引号，左边缩排二字，引文每段起首仍缩排二字；紧随独立引文之下段正文起首是否缩排，视其与引文之关系而定。

3. 句子中标点使用中文全角符号。除破折号、删节号各占两格外，其余标点符号各占一格。

4. 注释采用插入脚注方式，注释符号用"①、②、③"的格式标示，注释号码单页起。

5. 正文中数字一般用阿拉伯数字，但具体情况应考虑前后文决定。

示例：二十多人　三十上下　上百人

朝代年份用汉字数字，其后在圆括号内用阿拉伯数字注释公元年份。

示例：康熙十五年（1676 年）

二　注释格式

（一）引用近现代文献

1. 引用专书：作者，书名，出版者，出版年份，页码。

若没有出版者、出版年份，则注明"出版者不详""出版日期不详"。示例如下。

郑振满：《明清福建家族组织与社会变迁》，湖南教育出版社，1992，第 156~159 页。

2. 引用论文集、文集文章：作者，篇名，论文集编者，论文集名，出版者，出版年份，页码。示例如下。

宫崎市定：《宋代宫制序说》，载佐伯富编《宋史职官志索引》，京都大学东洋史研究会，1963，第 16~22 页。

引用文献作者和文集编者相同时，后者可以省略。示例如下。

唐振常：《师承与变法》，《识史集》，上海古籍出版社，1997，第 65 页。

3. 引用期刊论文。

（1）以时间单位出版的刊物：作者，篇名，刊物名，年份，卷，期，页码。示例如下。

汪毅夫：《试论明清时期的闽台乡约》，《中国史研究》2002 年第 1 期，第 9~25 页。

（2）按卷期为单位出版的刊物：作者，篇名，刊物名，卷，期（年份），页码。示例如下。

张兆和：《中越边界跨境交往与广西京族跨国身分认同》，《历史人类学学刊》第 2 卷第 1 期（2004 年），第 130~131 页。

（3）引用期刊的刊名与其他期刊相同，应标注出版地点以示区别。示例如下。

费成康：《葡萄牙人如何进入澳门问题辨正》，《社会科学》（上海）1999 年第 9 期，第 17~35 页。

4. 引用刊载于报纸的文章：作者，篇名，报纸名，发表时间，第×版。示例如下。

郑树森：《四十年来的中国小说》，《联合报》1989 年 8 月 11 日，第 27 版。

5. 引用会议论文：作者，篇名，××会议论文，会议地点，年份。示例如下。

中岛乐章：《明前期徽州的民事诉讼个案研究》，国际徽学研讨会论文，安徽绩溪，1998。

6. 引用未刊学位论文：作者，篇名，×士学位论文，大学及具体院系，年份，页码。示例如下。

李丰楙：《魏晋南北朝文士与道教之间的关系》，博士学位论文，台湾政治大学中文系，1978，第 192 页。

7. 引用未刊手稿、函电、私人收藏等，标明作者、文献标题、文献性质、收藏地点和收藏者、收藏编号。示例如下。

陈序经：《文化论丛》，手稿，南开大学图书馆藏。

《陈云致王明信》（1937 年 5 月 16 日），缩微胶卷，莫斯科俄罗斯当代文献保管与研究中心藏，495/74/290。

《傅良佐致国务院电》（1917 年 9 月 15 日），中国第二历史档案馆藏，北洋档案 1011-5961。

8. 采用作者访谈整理的口述史料，标明"口述史料"、访谈对象姓名身份及其出生年份，访谈时间、地点。示例如下。

口述史料：达濠从德善堂坛生、紫豪阁录文李明典（1920 年生），2005 年 6 月 7 日，汕头镇邦街李明典寓所。

9. 采用作者收集整理的碑刻材料，标注"碑刻材料"：置立时间、置立者《碑刻名称》，目前位置，抄录时间。示例如下。

碑刻材料：甲戌年（1934 年）江亢虎《饶山天洞》，汕头市礐石风景区汕头慈爱善堂，2012 年 8 月 30 日陈嘉顺抄录。

10. 采用互联网文献，标注"互联网文献"：责任者，文章名，网站名称，网址。示例如下。

互联网文献：潮汕历史文化研究中心：《潮汕历史文化研究中心征集青年委员会委员启事》，潮人网，http://www.chaorenwang.com/channel/whdt/show-dontai.asp? nos=341。

（二）引用古代文献

1. 采用影印版古籍，请标明影印版本信息。示例如下。

王鸣盛：《十七史商榷》卷一二，乐天书局，1972 年影印广雅书局本，第 1 页。

2. 古代文集的标注方式。

（1）别集：先列书名，再列篇名。示例如下。

蓝鼎元：《鹿洲初集》卷一二《大埔县图说》，收入《近代中国史料丛刊》续辑第 403 册，文海出版社，1976 年影印光绪六年版，第 897 页。

（2）总集：先列文章作者（从文集的名称看需要再考虑是否列出），再列总集作者以及总集名。示例如下。

陈一松：《为恳天恩赐留保宪臣以急救民疏》，收入冯奉初《潮州耆旧集》卷一九，香港潮州会馆，1980 年影印光绪三十四年版，第 336 页。

3. 古籍中部类的标注方式。示例如下。

赵尔巽等撰《清史稿》卷三四五《列传·永保》，中华书局，1977，第 11166 页。

4. 正史中人物传之附传的标注方式。示例如下。

《魏书》卷六七《崔光传附崔鸿传》。

5. 引证编年体典籍，通常注出文字所属之年月日（甲子）。示例如下。

《资治通鉴》卷二〇〇，唐高宗永徽六年（655 年）十月乙卯。

6. 一些古籍的版本可以直接通过某丛书来反映，可省去具体出版情况。示例如下。

朱熹：《家礼》（《文渊阁钦定四库全书》版）卷一，第 1 页。

（三）引用英文文献

基本规范同于中文注释。

作（编）者姓名按通常顺序排列，即名在前，姓在后。作者为两人，两人姓名之间用"and"连接。

编者后加 ed. ，两人及以上的加 eds. 。

期刊名称和书名使用斜体标注，论文和文章用引号标注，主标题与副标题之间用冒号相隔。

页码方面，单页标注 p. ，多页标注 pp. 。

1. 专著的引用格式。

Kenneth N. Waltz, *Theory of International Politics*, McGraw-Hill Publishing Company, 1979, p. 81.

Hans J. Morgenthau, *Politics among Nations*：*The Struggle for Power and Peace*, Alfred A. Knopf Inc. , 1985, pp. 389-392.

2. 编著的引用格式。

David Baldwin （ ed. ）, *Neorealism and Neoliberalism*：*The Contemporary Debate*, Columbia University Press, 1993, p. 106.

Klause Knorr and James N. Rosenau （eds. ）, *Contending Approaches to International Politics*, Princeton University Press, 1969, pp. 225-227.

3. 译著的引用格式。

Homer, *The Odyssey*, trans. Robert Fagles, Viking, 1996, p. 22.

4. 论文的引用格式。

Robert Levaold, "Soviet Learning in the 1980s," in George W. Breslauer and Philip E. Tetlock （eds. ）, *Learning in US and Soviet Foreign Policy*, Westview Press, 1991, p. 27.

Stephen Van Evera, "Primed for Peace：Europe after the Cold War," *International Security*, Vol. 15, No. 3, 1990/1991, p. 23.

Nayan Chanda, "Fear of Dragon," *Far Eastern Economics Review*, April 13, 1995, pp. 24-28.

5. 报纸的引用格式。

Rick Atkinson and Gary Lee, "Soviet Army Coming Apart at the Seams," *Washington Post*, November 18, 1990.

6. 政府出版物的引用格式。

Central Intelligence Agency, Directorate of Intelligence, *Handbook of Economic Statistics*, US Government Printing Office, 1988, p. 74.

7. 会议论文的引用格式。

Albina Tretyakava，"Fuel and Energy in the CIS，" paper delivered to Ecology '90 conference，sponsored by the America Enterprise Institute for Public Policy Research，Airlie House，Virginia，April 19-22，1990.

8. 学位论文的引用格式。

Steven Flank，"Reconstructing Rockets：The Politics of Developing Military Technologies in Brazil，Indian and Israel"，Ph. D. Dissertation，MIT，1993.

9. 互联网文献的引用格式。

Astrid Forland， "Norway's Nuclear Odyssey，" *The Nonproliferation Review*，Vol. 4，Winter 1997，http://cns. miis. edu/npr/forland. htm.

10. 转引文献的引用格式。

F. G. Bailey（ed.），*Gifts and Poisons：The Politics of Reputation*，Basil Blackwell，1971，p. 4，quote from Paul Ian Midford，"Making the Best of a Bad Reputation：Japanese and Russian Grand Strategies in East Asia，" Dissertation，UMI，No. 9998195，2001，p. 14.

三　注释说明

1. 中文书名、期刊名、报纸名、剧本名的符号为《》；论文名、诗名为《》；学位论文采用《》。

2. 撰著在作者姓名之后加冒号表示。如果是"编""主编""编著""整理""校注""校点"等其他责任形式，不加冒号。示例如下。

《京族简史》编写组编《京族简史》，广西民族出版社，1984，第 84 页。

3. 两个或三个责任方式相同的责任者，用顿号隔开；有三个以上时，只取第一责任者，其后加"等"字。示例如下。

徐寿凯、施培毅校点《吴汝纶尺牍》，黄山书社，1992。

许毅等：《清代外债史论》，中国财政经济出版社，1996。

4. 责任方式不同的责任者，用逗号分开，译著的翻译者，古籍的点校者、整理者可按此例。示例如下。

（清）欧阳兆熊、（清）金安清：《水窗春呓》，谢兴尧点校，中华书局，1984，第 192 页。

5. 书名原有的补充说明等文字，应放在书名号之内。示例如下。

任继愈主编《中国哲学发展史（先秦）》，人民出版社，1983。

6. 非公元纪年的出版时间应照录，其后加公元纪年，1949 年后用公元纪年。示例如下。

陈恭禄：《中国近代史》，商务印书馆，民国二十四年（1935 年）。

7. 引用图书版权页中表示版本的文字（如"修订本""增订本"等）应照录。示例如下。

蔡尚思、方行编《谭嗣同全集》（增订本），中华书局，1981。

8. 引证书信集、文件汇编及档案汇编中的文献，应标注原始文献形成的时间。示例如下。

蔡元培：《复孙毓修函》（1911 年 6 月 3 日），载高平叔、王世儒编注《蔡元培书信集》（上），浙江教育出版社，2000，第 99 页。

9. 同一本书只需在第一次出现时标明版本，以后若用同一版本则可省略版本信息。

图书在版编目（CIP）数据

华侨华人文献学刊. 第十二辑／吴小安，张禹东，
庄国土主编. --北京：社会科学文献出版社，2024.
12. --ISBN 978-7-5228-4798-6

Ⅰ. D634. 3-53

中国国家版本馆 CIP 数据核字第 2024KD5583 号

华侨华人文献学刊（第十二辑）

主　　编／吴小安　张禹东　庄国土

出 版 人／冀祥德
组稿编辑／黄金平
责任编辑／刘学谦
责任印制／王京美

出　　版／社会科学文献出版社·文化传媒分社（010）59367004
　　　　　　地址：北京市北三环中路甲 29 号院华龙大厦　邮编：100029
　　　　　　网址：www.ssap.com.cn
发　　行／社会科学文献出版社（010）59367028
印　　装／三河市东方印刷有限公司

规　　格／开　本：787mm×1092mm　1/16
　　　　　　印　张：12　字　数：191 千字
版　　次／2024 年 12 月第 1 版　2024 年 12 月第 1 次印刷
书　　号／ISBN 978-7-5228-4798-6
定　　价／78.00 元

读者服务电话：4008918866